职业自由及其限制

ZHIYE ZIYOU JIQI XIANZHI

薛华勇 著

苏州大学出版社
Soochow University Press

图书在版编目(CIP)数据

职业自由及其限制 / 薛华勇著. —苏州：苏州大学出版社,2016.12
ISBN 978-7-5672-2029-4

Ⅰ. ①职… Ⅱ. ①薛… Ⅲ. ①职业－自由－研究 Ⅳ. ①C913.2

中国版本图书馆 CIP 数据核字(2016)第 323896 号

书　　名	职业自由及其限制
著　　者	薛华勇
责任编辑	薛华强
出版发行	苏州大学出版社
	（地址：苏州市十梓街 1 号　215006）
印　　刷	常州市武进第三印刷有限公司
开　　本	787 mm×960 mm　1/16
字　　数	250 千
印　　张	14
版　　次	2016 年 12 月第 1 版
	2016 年 12 月第 1 次印刷
书　　号	ISBN 978-7-5672-2029-4
定　　价	38.00 元

苏州大学出版社网址　http://www.sudapress.com

序

为职业自由而斗争
——《职业自由及其限制》序
周永坤

  这本书论述的主题是职业自由,对于大多数国人来说,这是一个相当陌生的话题,然而它却事关每个人的基本权利。2001年,福建省教师资格检查中有一条规定是:男教师的身高不低于1.6米,女教师身高不低于1.5米。王老师毕业于福建师范大学,但他只有1.57米,医生在他的身高栏上写上"不合格",这意味着他将丢掉已经端了将近10年的教师饭碗。一个京外人要在北京落户,可谓势比登天,而没有北京户口你能在北京就职吗? 连开个网约出租车都别想![1] 律师要年检,通不过就别想从业,律师还要分级,使你只能在圈定的小范围内执业。年年竞争得你死我活的公务员考试及招录,更是限制无数:年龄、性别、城乡、党派、学历,更有许多岗位只对"自己人"开放。女同胞们的遭遇肯定更加刻骨铭心:数不清的机关、企业明目张胆地拒绝女性。前几年,不少想跳槽的专家可能有过这样的经历:想换个地方,但是拿不到原单位的档案。这一切都是职业自由问题。

  职业自由是依法选择职业、执行职业和结束职业的自由。应当注意,这里的"法"主要指制定法,但不仅仅是制定法,它还包括超越制定法的"自然法"或者现代法律的精神。如果仅仅指制定法,那么,一旦法律禁止职业自

---

[1] 《北京市人民政府办公厅关于深化改革推进出租汽车行业健康发展的实施意见》(京政办发〔2016〕49号)明确规定:"网约车驾驶员须为本市户籍。"

由,职业自由就不复存在。这就是说,职业自由是法律内的自由,但是法律对职业自由的限制又必须受到职业自由这一现代法律精神的限制,立法者有保障职业自由的义务。在现代国家,不合理地限制职业自由的立法将会受到司法审查而失去"法"的属性或规范效力。

然而,职业自由有什么意义?"包分配"制度不是很好吗?否!职业自由对于个人、对于社会、对于政治都具有重要的意义。

职业自由对于个人价值的实现与人格发展的意义是再怎么说也不会过分的。如果不能自由地从事职业,个人的生存就失去了物质基础。不仅如此,职业自由是个人获得平等的社会地位的条件,如果只能从事"低贱"的、低收入的职业,就不可能成为社会平等的一员。职业自由还是个人价值实现的条件。马斯洛将人的需求分成五个层次:生理需求、安全需求、社交需求、尊重需求和自我实现需求,其中个人价值的自我实现是最高的需求。自我价值的实现当然离不开职业自由。从权利实现的角度来看,职业自由是横跨自由权与平等权两个权利领域的重要权利,如果职业自由受到侵犯,就可能不仅侵犯了自由权,而且同时侵犯了平等权。职业自由还有一个重要的功能:对抗公权力的不法侵害,使个人在公权力面前直起腰来。所以,职业自由与人的全面发展息息相关。如果一个人生下来就为地域、种族、身份、性别等这些非本人所能左右的条件所束缚,或者受到他的政治倾向所限制而失去职业自由,他将失去多少创造、想象的空间?他怎能去追求自己的幸福与自由发展?诚如启蒙哲学大师黑格尔所言:"人无工作,一如无物。"

既然职业自由是个体发展的前提条件,那么,职业自由对于社会本身发展的意义也就一目了然了。社会的创造力来自个体,职业自由为个体创造力的发挥提供了规范保障,由享受职业自由的个体组成的社会必然充满活力。相反,当职业由政治权力或不利的社会地位强加于个人时,从业就成为个体的重轭,希冀如负重轭的人充分发挥创造性是不可能的。职业自由对于社会的另一个意义是,它增进社会的和谐。如果没有职业自由,人与人、行业与行业间就会产生隔膜、嫉妒甚至仇恨;相反,职业自由为个体的选择提供了充分的机遇,增加了社会流动性,势必增加各行各业间的相互理解,增进社会的和谐。如今颇受诟病的所谓"社会互害"现象,一个重要的原因就是因职业自由不足而带来的社会流动性低下所导致。

职业自由也是一个正义社会的必要条件。罗尔斯提出正义的两大原则中就包含了"职务和地位向所有人开放"①,公职与地位被少数人垄断甚至世袭,其不公正是不证自明的,因为公职不仅带来经济利益,而且事关政治决策,因此,公职被垄断即意味着政治决策权的垄断,这样的决策体制下必然产生严重的社会不公。公职垄断正是中世纪社会的主要弊端,也是中世纪最终被现代社会所取代的重要原因。

职业自由还具有重要的政治意义。职业自由作为权利主要是一种私权利,但不仅仅是私权利,其中担任公职的权利就是公权利,如果公职为个别集团所垄断,则毫无疑问将损害现代政治制度,严格说来,这样的制度不具备现代性。另外,职业自由作为针对国家的"消极防御权",它具有对抗权力滥用、促进政治清明、反对腐败的政治意义。

职业从不自由到自由经历了漫长的历史进程,职业自由是身份社会的瓦解带给人类的礼物,它是契约社会的基本标志之一。

古代社会无不存在种种职业禁止或职业垄断,从事不同职业是身份的重要标志之一。职业垄断之最非古印度的种姓制度莫属。在那里,婆罗门职事教化,刹帝利执掌军政,吠舍从事农耕,首陀罗则串街走巷出卖手艺。最不堪的是"贱民"或曰"不可接触者",他们只能从事洗衣、清扫、屠宰、殡葬等所谓"不洁行业"。低种姓的人若是从事了高种姓的职业,则被认为是犯了罪。即使在民主的希腊,担任公职的权利也一度为贵族所垄断。古代中国在这方面要好于印度。古代中国农、工、商互通,三教九流也没听说有什么法律上的"入流禁止",不过,低等级的臣民(例如部曲、惰民、乐籍、乐户、疍户、官妓等)一生下来就被固定在种种"低贱"的职业上,而且世代罔替。中国古代还存在一种"官奴制",官奴们一出生他们的职业就被决定了——为皇室提供某种服务,例如清代的"包衣奴"。就公职的开放性而言,前科举时代官员职位的取得主要依仗血统,"高贵血统"的人组成特殊的集团,他们相互提携,形成事实上的"集团世袭制",官者世代为官,民者世代为民。科举考试是一个伟大的进步,它除了排斥某些特殊的职业(例如商人)、政治上的不可靠分子(罪犯或罪犯之子孙)外,保持了适度的开放性。但是平等是

---

① 罗尔斯提出的正义二大原则是:"第一个原则:每个人对与其他人所拥有的最广泛的基本自由体系相容的类似自由体系都应有一种平等的权利。第二个原则:社会的和经济的不平等应这样安排,使它们:(1)被合理地期望适合于每一个人的利益;并且(2)依系于地位和职务向所有人开放。"[美]约翰·罗尔斯:《正义论》,何怀宏等译,中国社会科学出版社1988年版,第56页。

谈不上的,因为与科举的"前门"同在的还有种种"后门",加上科举的"高知识门槛"及对教育的垄断,使绝大部分人断了入仕的念头。不过在法律上,中国古代并不存在城乡藩篱是值得称道的。

中国走上职业自由之路殊属不易,且还有漫长的路要走。

1912年的《中华民国临时约法》规定了法律面前人人平等,相关法律规定了职业自由,开启了职业自由的时代,尽管它存在许多旧时代的痕迹。1949年以后,在阶级斗争为纲思想、计划经济、公有制特别是户籍制度的严密管控下①,公民成了为国家机器提供不同服务的"螺丝钉",种种职业禁止层出不穷。其最为突出者有三:一是以户籍制度为藩篱的城乡隔离制度,农不得为工,甚至农民进城就可能成为"盲流",要被强制"押解回乡"。二是公职的垄断。前改革开放时代不存在任何形式的、向社会公开的公务员考试制度,公职的取得主要由公权力内部会议决定。与此相关的是高考制度,由于当时只要考取大学国家就包分配并取得公务员身份,因此政府对高考实行严格限制②,以维系公职垄断。三是种种职业的国家垄断。到"文革"时期,已经形成农者恒农、工者恒工、干者恒干的新职业制度。这种职业制度在"文化大革命"时期达到巅峰,以至在改革开放初期,在"回城知青"的就业问题上还实行过"顶替"制度③,其实质是"世袭"。不仅如此,社会还形成了与此种新职业制度相应的意识形态,所谓"螺丝钉精神"就是其重要组成部分。

改革开放以来,社会发生了翻天覆地的变革,职业自由不仅是改革开放最为显著的成果,也为改革开放提供了动力。不过,这是一个艰难的进程。改革开放初期,为了保住"城里人"的饭碗,各地都实行过针对外来人口的就业限制,当年南京对外来者的就业限制就曾被讥为"外来人除了捡垃圾外,

---

① 户籍制代表了最严厉的职业禁止。1958年1月9日颁布的《中华人民共和国户口登记条例》(1958年1月9日全国人民代表大会常务委员会第九十一次会议通过),建立起城乡二元户籍制度,农民失去迁徙自由,一方面农民进城谋职在法律上成为非法,另一方面城镇居民因无法取得土地而无法务农。改革开放时代虽经多次户籍改革,至今仍然积重难返。

② 1959年高考时进行秘密"政审",将考生分为5类:(1)推荐留苏生和保送生;(2)可录取机密专业;(3)可录取一般专业;(4)降格录取;(5)不宜录取。不宜录取的并非本人表现不好或成绩不好,而是家庭出身不好。家长出身是地主富农的或家长是右派或有港台关系的不宜录取。就是在1977年恢复高考的时候还实行"政审",还有人因为家庭成分问题而不允许参加高考。

③ 所谓"顶替"是指父母亲提前退休腾出岗位、子女顶岗的制度。由于一个岗位可能有多个子女要顶,结果造成兄弟姐妹相争、甚至父母子女失睦的现象,令人伤感。

什么都不能干"。现在,大量的职业禁止已经成为过去,私人企业千千万万,个体户更是布满大街小巷。但是实事求是地说,职业自由还有很长的路要走。别的不说,据我的统计,我国的就业歧视最起码有10种:性别歧视、年龄歧视、户籍歧视、身高歧视、经验歧视、学历歧视、血型歧视、地区歧视、出身歧视、政治歧视,一些正当的职业至今仍受禁止,就在2016年,还有人因为从事玉米买卖而被判刑。①

《职业自由及其限制》由华勇君当年的同名博士论文精雕细刻而成,作者试图通过对职业自由的基本法理研究来推进中国的职业自由,其情可嘉。说实话,当时我并不看好这个选题,原因不是它没有价值,而是因为难度太大,除了其他原因之外,一个重要原因是研究资料太少,相关的论文寥寥无几,专著更是寥若晨星。但是华勇君不避艰难选择了这一既有理论价值又有实践意义且具有挑战性的主题,最终形成了洋洋20万言的专著,令人欣慰。

本书对职业自由的概念、职业自由的价值、职业自由的限制及其审查基准诸方面都有独到的见解。我特别赞赏的是作者对中国问题的直言不讳,提出并论证了职业自由入宪问题。作者从自由的内在逻辑、市场经济的需求、国际义务的履行、人权保障的必要等方面论证职业自由应当入宪,其论证既立意高远——依托普世价值,又脚踏实地——立足于中国实际,可谓有理有据。

职业自由入宪的得益者无疑是社会下层民众,为他们自由择业、从业、弃业寻求宪法保障,这体现了法律的根本精神:保护弱者。诚然,从事实的角度来看,历史上确实不乏欺压弱者的法律,但是不管何时代,法律的主要倾向或精神还是保护弱者,守护良善,正所谓"除暴安良"。发端于两河流域及基督教的西方法律传统有一种根深蒂固的保护弱者情结。许多苏美尔国王的法律文本都提到他的法律"使强不凌弱"。《乌尔纳姆法典》的序言宣称禁止欺凌孤儿寡妇,不许富者虐待贫者。《汉谟拉比法典》的前言和后记两次强调法律要"使强不能凌弱",该法典第48条很清楚地体现了这种精神。②

---

① 2016年4月5日,家住内蒙古自治区巴彦淖尔市临河区白脑包镇永胜村十组的公民王力军,因贩卖玉米被临河区法院以非法经营罪判处有期徒刑一年缓刑二年,并处罚金二万元,退缴"非法获利"6000元。中华网 http://news.china.com/socialgd/10000169/20170101/30132523.html。

② 该条规定:"如果一个人身负债务而暴风雨又冲毁了他的田,或是由于缺水田没有长出大麦,那么那一年他可不向他的债主交粮,他可修改他的借贷契约,不付那一年的利息。"

作者"职业自由入宪"的呼吁,为"贩夫走卒,引车卖浆者流"伸张正义,不仅体现了作者对法律精神的深刻理解,也体现了他对人类的大爱。

这部著作从开始选题到现在已历时9年,期间我数次催促出版,但是华勇君一直坚持不断雕琢,体现了"良工不示人以璞"的优良职业伦理。摆在我们面前的这部著作,无论是行文的流畅、逻辑的严密、资料的翔实、眼界的开阔,还是现实的关怀等诸方面都可圈可点。期待它能得到学界与民众的认同。

——是为序
2016年11月20日于苏州高尔夫花园

目 录 CONTENTS

导言 /001
    一、选题缘起 /001
    二、研究现状 /003
        （一）国外研究现状 /003
        （二）国内研究现状 /004
    三、研究意义 /005
    四、研究方法和研究内容 /005

CHAPTER 1　职业自由的概念 /007
    第一节　职业、自由与职业自由 /008
        一、职业的概念 /008
        二、自由的含义与界定 /018
        三、作为基本权利的职业自由 /024
    第二节　职业自由的含义 /027
        一、职业自由的权利主体 /029
        二、职业自由的义务主体 /036
        三、职业自由的保障内容 /040
        四、职业自由的权利性质 /044
    第三节　职业自由与相关概念的关系 /046
        一、职业自由与劳动权（工作权）/046
        二、职业自由与营业自由 /052
    本章小结 /055

CHAPTER 2　职业自由的价值 /057
    第一节　职业自由的价值体现 /059
        一、个体的生存与人格发展 /059

二、社会的发展与进步／064

第二节　职业自由价值的不可通约／065

　　一、独有的本质规定／065

　　二、特定的生存土壤／066

　　三、不同的理论接受／066

　　四、特殊的中国语境／067

第三节　职业自由入宪的必要／069

　　一、自由的应有之义／070

　　二、市场的必然要求／072

　　三、义务的国际呼唤／072

　　四、人权的当然保护／073

　　五、历史的无缝衔接／074

第四节　小摊贩的职业自由——一个苦涩的例子／077

　　一、小摊贩的谋生之困／077

　　二、小摊贩的职业属性／079

　　三、小摊贩治理难题的破解／079

本章小结／081

CHAPTER 3　职业自由的限制／083

第一节　职业自由的限制理由／084

　　一、自由的非绝对与可限制性／085

　　二、职业自由的特殊可限制性／086

第二节　限制职业自由的依据／088

　　一、公共利益的需要／089

　　二、法律父爱主义的反思／093

    三、民主"多数统治"的谦抑 / 100
  第三节 限制职业自由的类型与方式 / 103
    一、选择职业自由的限制 / 103
    二、执行职业自由的限制 / 106
    三、放弃职业自由的限制 / 107
  第四节 职业自由的限制之限制 / 108
    一、法律保留原则的适用 / 108
    二、比例原则的适用 / 113
    三、非歧视原则的适用 / 115

 本章小结 / 119

CHAPTER 4 职业自由限制的审查基准 / 121

  第一节 德国的"三阶段审查模式" / 122
    一、三层密度审查基准的确立 / 122
    二、"三阶段理论"与"三阶段审查模式" / 126
  第二节 美国的类型化审查模式 / 129
    一、从双重审查基准到三重审查基准 / 129
    二、嫌疑分类与准嫌疑分类 / 132
    三、三重审查基准的内容 / 143
  第三节 日本的双重审查模式 / 145
    一、双重标准理论的确立与实践 / 145
    二、规制目的的消极与积极之分 / 146
  第四节 对德、美、日三国审查基准的检视 / 148
    一、德国的三阶段审查基准 / 148
    二、美国的三重审查基准 / 151
    三、日本的双重审查基准 / 152

第五节　中国职业自由限制审查模式的构建 / 153

本章小结 / 155

CHAPTER 5　职业自由的保障:"双线审查模式"的尝试 / 157

第一节　公职招录中"双线审查模式"的尝试 / 159

一、公职及其限制 / 159

二、中国公职录用中的职业限制类型及特点 / 160

三、"双线审查模式"的尝试 / 167

第二节　营业自由中"双线审查模式"的尝试 / 179

一、营业自由及其限制 / 179

二、"自由权"审查基准的运用 / 180

三、"平等权"审查基准的运用 / 187

本章小结 / 192

结　　语 / 193

参考文献 / 196

跋(一) / 206

跋(二) / 209

导　言

■ 一、选题缘起

　　这是一个权利领域"通货膨胀"的时代。20世纪80年代以来，中国公民的权利意识迅速萌发，诸多权利被写进宪法、法律之中，一些"新型"权利，诸如生存权、环境权、发展权甚至亲吻权、祭奠权、安宁权、视觉心理卫生权等纷纷出现，得到了民众的关注热议和学界的研究探讨，这无疑彰显了法治的进步与权利意识的提升。然而，某些重要的基本权利，却罕见地少人提及，更缺乏深入的学术讨论。这其中，作为"经济人基本权利"的职业自由即是一例。职业自由是市场经济国家公民的基本权利，它赋予个体依法选择职业、执行职业和结束职业的自由。哈耶克将经济自由定义为"行为自由"，认为包括职业自由在内的经济自由为个人自由的本质性实现创造了物质前提，是其他自由包括思想自由与政治自由的前提和基础。[①] 职业不仅为个人提供生存的物质基础，更关涉个人的尊严与其人格的发展，因此能否自由择业与执业是一个人的安身立命之本。正如德国联邦宪法法院在判例中所阐述的："职业自由涉及人格整体，盖人格唯有在个人执行该项其认为属生活任务与生活基础的职业活动，且透过该职业活动，能同时为社会整体做出贡献时，才得以实现。此一基本权对社会各阶层皆有此种意义，即一项工作如被视为'职业'，则对每个人皆有相同的价值和相同的尊严。"[②] 正因如此，职

---

① 参见[德]格尔哈德·帕普克：《知识、自由与秩序》，中国社会科学出版社2001年版，第140页。

② 李惠宗：《德国基本法所保障之职业自由——德国联邦宪法法院有关职业自由保障判决之研究》，载《德国联邦宪法法院裁判选辑》（七），台湾"司法院"1997年编印，第425页。

业自由作为公民的基本权利,被越来越多的国家载入宪法,①并被规定于诸多国际公约之中。② 然而在中国,职业自由在宪法上付诸阙如,在理论界鲜有探索,在公众的观念中更为模糊,这使得职业自由常常遭到公权力的侵犯而难以得到有效的救济。

中国在从1954年到1982年的历次宪法中都规定了公民的劳动权。计划经济时期,劳动权是实现公民充分就业的权利保障,并以此区别于存在失业现象的资本主义国家,成为社会主义优越性的体现。然而在计划经济时期,"完全就业"的另一面是职业流动所面临的森严壁垒,个人的职业由国家计划来安排,每个人都成为整体经济中的"螺丝钉",被牢牢地钉在所分配的岗位上,职业的自由根本无从实现,甚至连主张职业自由都会被打入另类。这样的劳动权无疑是社会权,而并非自由权。这种状况使得政府、企业事业单位不必通过交易,不必考虑劳动者的意愿,可以不计成本地直接占有个人的劳动。这就阻碍了人才的流通,造成了人力资源的浪费。实行市场经济以后,物质领域的生产要素自由流通已为人们广为接受,然而人力资源的自由流通却步履维艰,个人职业的选择面临着重重阻碍。中国宪法和劳动法规中重视的是劳动者"平等地"享有劳动权,而对公民"自主地"选择职业的权利则没有明确的规定,这使得我国公民在职业选择方面的权利先天不足。一些学者虽然试图通过对宪法所规定的劳动权的重新阐释,从而发掘出职业自由的意蕴,然而由于劳动权与职业自由之间的本质区别,这种试图对劳动权作扩大的解释,以在宪法上证成并确立公民职业自由的理论尝试由于难以突破理论上的限制而无法成功。职业自由这一宪法权利的缺失及理论上的局限与当前中国公民职业自由受到的严重限制直接相关。

职业自由是个人生存的基础,与个人尊严和人格发展紧密相关;职业自由还是社会经济发展的源泉。职业自由是可以限制的,但应当如何限制,又如何保证这些限制不会侵犯公民的职业自由?应当如何设计对这些限制进行审查的具体而精微的审查模式?这些都是我国当前理论界关注不够、相关理论贮备严重不足的地方。

---

① 据统计,在世界上一百多部成文宪法里,规定了选择职业自由的宪法大约占到近三分之一。考虑到统计资料的陈旧性,实际上的数量应当更多。参见[荷]亨利·范·马尔塞文:《成文宪法的比较研究》,陈云生译,华夏出版社1987年版,第155页。

② 《世界人权宣言》《公民权利和政治权利国际公约》《经济、社会与文化权利国际公约》等都对自由选择职业作了规定。

民国时期,在"多研究问题少讨论主义"的呼声下,张东荪先生提出了一个"隐蔽"的问题——职业自由的问题。他一改当时人们关注的话题"我们有什么权利不耕而食不织而衣?"为"我们有什么权利去耕和去织?"如此一改,有如"天问",直启人心。张东荪先生认为,这后一句话里所包含的真理,不见得比前一句话来得浅薄。因为若不打破职业的这种垄断性,"不但是职业不能自由,而且是事业不能发达。所以我今天提出这个问题,我以为若要各种事业自己发达,非要使人人有择业的自由不可。换一句话来讲,就是打破现在各种职业的垄断性,使一切职业都公开起来。这就是职业自由的要求"①。

时间已经过去了将近一个世纪,而张东荪先生提出的问题依然是当今中国所要面对的问题。

二、研究现状

(一) 国外研究现状

1. 德国

德国学界对职业自由的研究成果斐然,这与其宪法中对职业自由的规定和丰富的司法实践相关。学界对职业自由的研究主要围绕"德国基本法"第12条第1款关于职业自由的具体规定展开,学者的研究主要集中在职业的概念、职业自由的保护范围、职业活动的表现形式以及对职业自由的保护与限制等方面。其中最引人注目的贡献在于,将德国联邦宪法法院在判例中发展出来的对职业自由限制进行审查的"三阶段理论"予以提炼和论证,从而确立了限制职业自由的审查基准。"三阶段审查模式"是针对自由权的审查,但如果涉及对部分人职业自由的限制,三阶段审查就没有了用武之地。对此,德国另外发展出了基于"事物的本质"的审查方法,但由于概念的抽象和难以把握,一直没能发展成在实践中具体可行的审查基准。

2. 日本

日本宪法规定了公民的职业选择自由。学者将职业选择自由与迁徙自由、财产自由并称为经济自由权,认为职业选择自由包括了职业执行自由,也包括了营业自由。学者对职业自由的研究主要集中在对职业自由的规制

---

① 参见张东荪:《职业自由的要求》,载《中国现代哲学史资料汇编》(第一集第二册),辽宁大学哲学系中国哲学史研究室1982年编,第25—26页。

手段和限制方式上。值得关注的是,日本学者在对职业自由的限制上,发展出了基于积极目的规制和消极目的规制的不同审查基准。但由于在积极目的与消极目的区分上的问题,实践中很容易造成对职业自由的保障不足;更为关键的是这种审查模式的出发点是由限制人权的理由决定的,而不是由被限制的人权的性质和重要性所决定的,因此招致了一些学者的批评。

3. 美国

美国宪法中没有职业自由的规定,学界和司法实践中都将职业自由当作个人的基本自由,通过平等原则和正当法律程序予以保护。值得关注的是美国对职业自由这类经济自由的限制所适用的审查模式。美国在自由权与平等权两方面建构起"双线"类型化审查基准,对职业自由这种经济自由的审查适用"合理性基准",但对职业自由限制对象若涉及"嫌疑分类"或"准嫌疑分类"的,就将其从自由权的审查中移出,放在平等权的审查之中,借以提高审查基准,从而发展出次一级的类型化基准,使得审查更为精细化,也更具实用性。

德国和日本学者的研究多取法释义学视角,关注实践中的司法判例。美国和英国学界普遍视职业自由为个人的基本自由,因此很少进行纯粹的价值论证,而多表现为对职业许可进行经济分析,虽然缺少体系性的研究,但往往能从有关职业自由的具体案例中,分析得出一般性的结论。

(二) 国内研究现状

1. 中国台湾地区

中华民国时期的宪法中规定了职业自由,学界也对职业自由展开了初步的研究,之后,台湾地区承继了这一研究。台湾地区法学深受德国的影响,因此对职业自由的研究也很深入。其研究的内容非常广泛,主要集中于职业自由的概念、性质、内容、限制以及与台湾"宪法"中所规定的"工作权"的关系上。此外,台湾地区法学界对德国的"三阶段审查模式"进行了详细的介绍和分析,并将其运用于对相关法律法规的审查。总体研究特点是高度关注实践,这种状况与台湾"大法官会议解释"中相当数量为职业自由解释的司法实践密切相关。

2. 中国大陆地区

由于宪法未明确规定公民的职业自由,因此大陆学者在研究宪法权利时,对职业自由甚少提及。2000年之后,职业自由开始进入大陆学者的研究视野,并产生了一些研究成果。这些研究主要涉及以下几个论题:(1) 职业自由的含义及内容；(2)职业自由的宪法保护；(3)职业自由的限制。这些研究筚路蓝缕,开创了大陆职业自由的研究领域,并且积累了一定的文献。然而,这些研究总体上较为薄弱,也不成体系。主要表现在：(1)笼统介绍的多,系统、深入研究的少；(2)价值层面的研究多,制度、技术层面的研究少；(3)介绍国外的多,关注中国现实的少。

三、研究意义

对职业自由的研究不但有理论上的重要价值,而且有重要的实践意义。

(1)职业自由是个人生存的保障,与个人尊严和人格发展紧密相关；职业自由还是社会经济发展的源泉。

(2)中国宪法中没有规定职业自由,而只是规定了劳动权。宪法中职业自由的缺位,使我国公民的职业选择和自主创业以及营业自由等得不到有效保护,这是现实中公民职业自由频遭侵害而得不到有效救济的重要原因。

(3)中国学界对职业自由的研究非常薄弱,而且存在理论上的误区。绝大多数学者认为职业自由是广义上的劳动权的组成部分,通过劳动权加以保护；也有学者从"积极自由"的角度阐释职业自由,认为职业自由是一种积极自由等。这些理论上的误区和研究上的不足亟待学术上的澄清。

四、研究方法和研究内容

（一）研究方法

本著拟在充分吸收国内外相关研究成果的基础上,采用多种研究方法,坚持理论联系实际,紧紧围绕我国的基本权利宪法保护实际,有针对性地展开研究。详言之：

(1)语义分析的方法。主要是对本著的核心概念——"职业"、"自由"、"劳动权"等进行分析,避免自说自话,以形成真正有价值的讨论。

(2)历史考察的方法。在梳理职业自由的历史发展时采用历史考察的方法,以使未来的制度设计与历史衔接,同时以过去为镜鉴。

(3)案例分析的方法。主要就职业自由的限制问题结合我国公职招录及营业自由中的典型案例进行分析,使本著所构建的以人格尊严为统一法理基础的"双线"审查模式得以在实践中运用。

(4)比较分析法。该方法重在考查德国、美国、日本以及我国台湾地区对职业自由限制的审查模式时采用,这些相关法律制度及理论实践能为未来中国相关制度的建设与司法实践提供可贵的经验。

(二) 研究内容

本著旨在对职业自由及其法制保障进行体系化的研究。围绕这一核心命题,将研究立足于我国宪法的历史发展和社会转型的实际,重视域外相关制度经验和理论学说的科学借鉴,运用宪法学和法理学基本理论,围绕法治之下的职业自由这个基本命题展开研究。研究的逻辑脉络是:概念—价值—限制—审查基准—保障。理论层面上的概念诠释,是后面深入讨论的概念前提;对职业自由价值意蕴的挖掘,凸显了对公民职业自由进行保障的现实紧迫性;对职业自由限制的法理依据与尺度的论述,为讨论职业自由限制的审查基准提供了理论上的准备;而"双线"审查模式的构建,又为探索中国职业自由法治保障的目标与路径提供了可能。详言之:

(1) 职业自由的概念。主要对"职业"和"自由"的概念做出界定,介绍职业自由的内涵,并阐述职业自由与劳动权、工作权、营业自由这些相关概念之间的关系。

(2) 职业自由的价值。这部分叙述职业自由对个人和社会所具有的独特价值,着重分析职业自由与劳动权的不同价值面向,指出不能以劳动权的价值与职业自由的价值通约,并进而论证在中国宪法中规定职业自由的必要性。

(3) 职业自由的限制。首先陈述职业自由的限制理由,接着分析对职业自由限制的依据应当是基于"公共利益",驳斥了以"法律父爱主义"限制职业自由的观点,之后着重介绍职业自由的限制形式与限制的类型与手段。

(4) 职业自由的限制之限制。这部分分别介绍德国对职业自由限制的"三阶段"审查模式、美国对职业自由限制的类型化审查模式和日本对职业自由限制的基于不同规制目的的双重审查模式,并对这三国限制职业自由的审查基准进行分析和评价,以为建立适合中国的职业自由限制审查基准提供理论上的准备。

(5) 职业自由的保障。这部分重点梳理并分析中国公职录用以及企业营业自由的限制问题,并引入相关典型案例,通过将两种审查基准在这些案例中的应用,尝试在实践中探寻适合于中国职业限制的审查模式。

CHAPTER 1

职业自由的概念

> 人无工作,一如无物。
>
> ——[德]黑格尔
>
> 自由是一个稀有和脆弱的被培育出来的东西。
>
> ——[美]米尔顿·弗里德曼

职业自由的概念是对职业自由本质的追问。为了形成真正有价值的讨论,避免理论上的自说自话,我们就必须界定职业自由的概念。什么是职业?什么又是自由?这些看似简单的概念却常常如同"普罗透斯"(Proteus)的面庞,让人陷入思索的困境。职业自由的内涵是什么?它要保障的内容是什么?它是什么性质的权利?它与劳动权、工作权、营业自由这些概念之间又有什么样的关系?这些都是本章所要思考、解决的问题。

第一节 职业、自由与职业自由

一、职业的概念

职业(occupation),是社会分工的产物。从个人角度而言,职业是一个人所从事的工作,并以之作为谋生的手段;以社会角度观之,职业是不同种类、不同性质、不同内容的专门岗位。对职业的描述,古已有之。所谓"事业所恶也,功利所好也,职业无分,如是,则人有树事之患而有争功之祸矣"[1],"以君经纬礼律,为民轨仪,使安职业,无或迁志"[2]。民间所说的"三百六十行,行行出状元",就道出了职业的广泛性。[3]

(一)职业的定义

对职业的概念,很多学者都进行过探讨。韦伯认为:"职业是指个人各

---

[1] 《荀子·富国》(杨倞之注:"职业,谓官职及私人之业也。")。
[2] (汉)潘勖:《册魏公九锡文》。
[3] 一般认为,职业是行业与职能的交集点,一种职业应由行业和职能两个维度构成。

种劳务的明细化、专门化与结合,并且以此为一种持续性的生计机会与盈利机会的基础。"①阿布照哉认为,职业"系指人为获得最低的生计,所从事经济、社会的活动"②。德国学者罗尔夫·施托贝尔如是定义职业:"职业,就是所有以创造并且维持生活来源为目的的长期活动。赢利目的并不是职业概念的必要部分。职业属性和维持收支平衡的活动构成了充分的基本特征。职业具有长期性,也将职业区别于一次性经营活动以及其他受基本法保护的经济活动。"③台湾地区学者李惠宗教授认为:"职业系指于一定期间内所执行或从事,旨在作为生活基础创造与维持之活动,是个人为其自身经济安全与人格形成所执行之自由且自主之活动。"④他进一步解释道,职业"作为生活基础之创造与维持活动"之性质指一种在一定期间之活动在"主观上"可以创造与维持生活之基础即可,不必该所执职业之人因此生活无虞。所以,纵使是一种副业,不论是否足以供足生活所需,亦符合"生活基础之创造与维持之活动"之意义。⑤

由以上学者对职业的定义可以看出,职业具有三个方面的特征:(专门)劳务性、生存目的性和持续性。首先,(专门)劳务性是职业的本质属性,体现了一种劳务的专门化与明细化。职业是社会分工的产物,随着社会的发展,某些人得以专门从事某方面的特别劳动,从而具有某方面的技能,这是职业形成的基础。其次,生存目的性体现了职业对个人生命体的维持与人格之发展的基础性价值。职业是个体藉以获取及维持生活的基础,不过基于职业开放性的考虑,此项特征不宜作狭义的认定。某项行为是否能被定为职业,并非取决于其是否事实上能成为行为人藉以获取及维持生活之基础,只要该行为依其性质适于由行为人藉以获取及维持生活之基础即可。例如一个在街头为他人画肖像的画家,虽然收入难以维持生存,尚需要家庭

---

① [德]韦伯:《经济行动与社会团体》,康乐、简惠美译,广西师范大学出版社2004年版,第114页。
② [日]阿部照哉等编著:《宪法(下)——基本人权篇》,周宗宪译,元照出版有限公司2001年版,第184页。
③ [德]罗尔夫·施托贝尔:《经济宪法与经济行政法》,谢立斌译,商务印书馆2008年版,第166页。
④ 李惠宗:《德国基本法所保障之职业自由——德国联邦宪法法院有关职业自由保障判决之研究》,载《德国联邦宪法法院裁判选辑》(七),台湾"司法院"1997年编印,第728页。
⑤ 李惠宗:《德国基本法所保障之职业自由——德国联邦宪法法院有关职业自由保障判决之研究》,载《德国联邦宪法法院裁判选辑》(七),台湾"司法院"1997年编印,第728页。

或朋友的接济，但这并不能否认他的这种行为具有职业的特征。再次，持续性体现了职业的稳定状态，与那些一次性经营活动或偶尔的体验式工作相区分。一般认为，持续性的判断标准，可由主观与客观两方面判断。主观上，行为人至少有继续从事该项行为之意图；客观上，该项行为依其性质应有持续从事之可能。如缺少后者，则其不可能为个人藉以获取及维持生活基础之行为；若缺少前者，则行为人既已无继续从事该项行为之意图，自然无法成为一项职业。持续性标准，将职业与日常生活中"偶然的营利行为"，如将自己闲置的家具出卖给他人的行为区别开来。

（二）职业的判断标准

值得注意的是，有一些学者认为，职业必须获得法律（社会）许可，并且对社会有益。这就涉及职业的判断标准问题。如有学者认为："职业是任何长期性的、法律许可的并且旨在建立或者维持个人的生存基础的活动。从法律上看，职业具有三个特征，即长期性、合法性以及维持个体生存的目的性。"① 台湾地区学者刘建宏也认为职业"系指一切持续经营，并得藉以获取及维持生活基础，且为社会所容许，具有经济意义，个人得以藉此对社会公益提供贡献之行为"②。问题是，"为法律（社会）许可，对社会有益"是否能成为职业的判断标准？

实务上，德国联邦宪法法院曾这样定义职业："一切持续经营，并得藉以获取及维持生活基础，且为社会所容许，具有经济意义，个人得以藉此对社会公益提供贡献之行为。"③ 由于"为社会所容许"、"具有经济意义"等概念的模糊与不确定性，这个定义引起了很多争论。

1. 何谓"具有经济意义"？

"具有经济意义"为极度不确定之法律概念，在适用于具体案件时，几乎不可能建立一个客观而明确的判断标准。据此，有学者认为，德国基本法既然允许行为人有权决定选择何种社会活动作为其生活基础之保障，那么原则上，该项社会活动之经济意义亦应委诸行为人自行认定，除非该活动对于社会公益构成危害或有构成危害之危险，国家不得再自行制定任何标准以

---

① W. Frot Scher, Wirts chaft sverfassungs-und Wirtschaftsverwaltung srecht, Beck, 1999, S. 26. 转引自吴越：《经济宪法学导论》，法律出版社 2007 年版，第 133 页。
② 刘建宏：《基本权各论基础讲座（七）——工作权》，载《法学讲座》第 23 期，第 4 页。
③ 刘建宏：《论人民职业自由之保障——德国基本法第十二条第一项之研究》，台湾辅仁大学法律学研究所硕士论文（1991 年），第 10 页。

判断该活动是否具有经济意义。① 我们认为,由国家制定标准以确认职业的经济意义,不但在实践中难以操作,更有滥权之危险,会侵害职业概念的开放性。因此,是否"具有经济意义",不宜作为界定职业的标准。

2. 何谓"得以藉此对社会公益提供贡献之行为"?

职业应有社会贡献,亦即个人"得以藉此对社会公益提供贡献"而言,该项职业之特征不具有规范约束力。因为若承认"职业应有社会贡献"之职业特征具有规范拘束力,则无异于认为国家得依其意志决定制定标准,对于某一行为是否具有社会贡献加以判断,并且为满足社会整体需求、总体经济生产,间接对于各种职业行为予以支配,这会导致政府的道德专断。因此,"工作的意义并不强调一种活动必对社会有积极贡献,宪法所保障之职业自由具有'社会价值中立性'。只要活动不对社会共同体造成伤害,即属职业自由所要保障之行为"②。

3. 何谓"为社会所容许"?③

德国联邦行政法院曾在判决中表示:"构成刑法第284条赌博罪之行为,其不具备可容许性,故非基本法第12条第1项之职业,因此,以经营赌博为业的人不受职业自由之保障。"将可容许性视为职业之概念特征,并以是否违反刑法规定作为有无可容许性之判断标准的思考方式,招致学说上的批评。Otto Bachof 认为,以是否违反刑法规定作为有无可容许性之判断标准,并不妥当。因为基本权利保障制度的内容,即在于决定哪些行为得由立法者以法律加以限制或禁止。申言之,哪些行为应受职业自由权之保障,这一问题应由基本法条文本身的解释得到答案,不得径以一般的法律(包括刑法以及其他位阶低于宪法之法律法规)加以决定,如以刑法规定为有无可容许性之判断标准,而将所有违反刑法规定的行为均摒除于职业概念之外,则无异于为立法者开启限制职业自由这个基本权利之后门,并进而使职业自由的保障落空。罗尔夫·施托贝尔也认为"对职业的解释,应当考虑到职业对个人所具有的意义,也要考虑到法律共同体的一些基本要求,这就说明应当广泛地理解职业的含义",而且"宪法概念应当参照宪法本身来解释。并不

---

① 刘建宏:《论人民职业自由之保障——德国基本法第十二条第一项之研究》,台湾辅仁大学法律学研究所硕士论文(1991年),第10页。

② 李惠宗:《宪法要义》,元照出版有限公司2001年版,第230页。

③ 对于职业"为社会所容许"的探讨,参见刘建宏:《论人民职业自由之保障——德国基本法第十二条第一项之研究》,台湾辅仁大学法律学研究所硕士论文(1991年),第13—15页。

仅仅因为一项活动在刑法上受到禁止,或者因为宗教、科学、风俗、秩序原因或者出于其他原因而有争议,或者社会上一部分人认为这项活动不是真正有意义的工作,并且不承认它对社会财富创造能够做出贡献,《基本法》第1条就不对其提供职业自由的保护"①。Otto Bachof 等人的意见受到实务界的重视与采纳。联邦行政法院在其后的判决中修正其见解认为:"某种行为并不因单纯地为法律所禁止,或被宣告为可罚,即当然丧失其作为基本法保障之职业的性质。行为是否受基本法上职业自由权之保障,此一问题应由基本法法条文字之解释加以决定,而非取决于其他法律。"至此,德国联邦行政法院放弃以刑法规定作为有无可容许性之判断标准。

为寻求合理之判断标准,联邦行政法院继续采纳 Otto Bachof 之见解,改由"社会价值"之观点加以探讨。这实际上是以是否"对社会有益"来决定职业的范畴。然而,职业要对社会有益,这本身即是一个模糊的、流变的要求。且不说谁有资格来判断一项职业是否对社会有益,就"对社会有益"自身而言,也是一个难以界定而又不断变化的标准。令人担忧的是,以此标准衡量职业,就会使基于各种偏见的道德要求否定个体的职业选择,这种道德的专制往往与多数的暴政一起,构成扼杀个体选择自由、阻止新型职业发展的障碍。应当说,在理想状态下,每种职业均有其积极的社会价值。然而,所谓"社会价值"之内涵,常因社会之发展、变迁而有所不同,以今日社会观点观之毫无社会价值之活动,或许成为明日社会中不可或缺之职业,因此,所谓职业之社会价值,并非局限于积极之社会价值,凡是不具有"社会无价值性"之行为,均应承认其具有广义之社会价值。Otto Bachof 将行为是否具有社会价值区分为三个领域:行为有"积极社会价值"、行为有"社会无价值性"以及行为有"中性社会价值"。除具有"社会无价值性"之行为外,均应属于职业之概念范畴。此外,以职业自由之精神加以观察,基本法未要求其所保障之职业均具有积极之社会价值。联邦宪法法院将有"积极社会价值"以及"中性社会价值"之行为,与有"社会无价值性"之行为加以区分,并以有"社会无价值性之行为"为"绝对危害社会"之行为,因其欠缺职业可容许性之概念特征而不受保护。联邦行政法院认为,所谓"绝对危害社会之行为",指该行为为一般社会通念所不能容许,且不被容许、被禁止、可罚性或社会

---

① 参见[德]罗尔夫·施托贝尔:《经济宪法与经济行政法》,谢立斌译,商务印书馆2008年版,第165页。

危害性为该项行为之本质,与其履行方式无关者,如盗窃、杀人等。

(三)职业概念的开放性

由于社会生活行为态样复杂,并且势将因为社会之不断发展而更趋复杂,企图以数项标准区分社会中各种行为是否构成宪法所保护的"职业",不易周全。"现代工业、服务和信息社会面临各种技术和经济变迁。这种背景下,职业的概念是动态的。这一基本权利在很大程度上具有面向未来的性质,非常广泛。"① 因为职业的概念与经济、社会以及文化生活均有关联,其范围原本极为广泛;并且,职业概念在本质上有"针对未来"之性质,今日生活不承认的职业类型,往往成为明日社会典型之职业形态,因此,职业之概念应具有开放性,不应受过多限制,使职业自由基本权之保障领域得以与社会之发展维持同步。如日本学者阿部照哉就认为,由于现代社会分工越发进展,可能会出现各种新奇的职业(如犬猫旅馆业等)。② 德国学界普遍认为,宪法之所以没有给职业下定义,就是为了防止一些活动被排除在基本法第12条第1款的规定之外,从而导致这条基本权利的适用范围受到很大限制。③ 正如施托贝尔所说:"保持职业自由保护范围的开放性是有必要的。这种开放性有利于个人的自我决定和自我责任。"同时,他也认识到了事物的另一方面:"开放的职业自由保护范围当然也是可以通过法律加以限制的。"④ 对此,有学者表达了相同的观点。D. P. Kommers 认为,在基本法的意义上,"职业的概念不仅包括那些被习俗或法律所承认的工作,而且还包括自由选择的活动;后者不见得对应于贸易或职业的法律或传统的概念"⑤。

应该看到,对于职业的概念,无论判断标准如何明确,适应于具体个案之时,仍不免发生争议。如娼妓业、解梦业、占星业、捡垃圾、乞丐等是否能成为一种职业,就存在不同的意见。特别是对能否认可娼妓业为一种职业,

---

① 法治斌、董保城:《法治新论》,元照出版有限公司2006年版,第253页。
② [日]阿部照哉等编著:《宪法(下)——基本人权篇》,周宗宪译,台湾元照出版社2001年版,第184页。
③ [德]罗尔夫·施托贝尔:《经济宪法与经济行政法》,谢立斌译,商务印书馆2008年版,第165页。
④ [德]罗尔夫·施托贝尔:《经济宪法与经济行政法》,谢立斌译,商务印书馆2008年版,第166页。
⑤ D. P. Kommers. The Constitutional Jurisprudence of the Federal Republic of Germany, Durham/London: Duke University Press(1989), pp. 286-290. 转引自张千帆:《西方宪政体系》(下册·欧洲宪法),中国政法大学出版社2005年版,第331页。

争论尤其激烈。反对者常常将妓女的存在与贫穷、疾病、黑社会、拐卖妇女、女性身体商业化等负面现象相联系,视其为父权结构和资本主义的受害者,同时又沦为助长社会色情风气、促使社会整体道德标准下降、误导青少年价值观的加害者形象。因此,卖淫是可耻的,禁娼让妓女从良就能保障她们的权益。赞成者多从人性的弱点出发,认为此种现象难以根绝,与其禁止,不如使其合法化,不但能使娼妓受到法律的保护,有助于减少对娼妓的伤害、歧视及被黑社会操控,而且有利于控制艾滋病等性病的蔓延,对社会风化案的遏制也有一定的作用,此外,政府还可得到一定的税收。

然而,无论是反对者还是赞成者,都从道德净化和社会控制的角度,站在道德高地上审视妓女问题,又何尝站在妓女的角度思考过?这种显示着自身优越的态度何尝能深入问题的根本?正如一专门研究"性工作者"的学者所指出的,哪怕是主流妇女团体,从过去到现在,"对待性工作者似乎只有三种态度,一是救援,二是扫荡,三就是比较新的所谓管理监督之说。可是这三条路都是由外至内,由上至下的心态和作为;受管的被救的被扫的女人都没有说话或自主的权利。这难道就是我们对待姊妹之态度?因此,女性主义的性工作立场必须是从性工作者主体位置出发"①。因此,我们要超越传统的看问题的视角,视妓女为权利主体,并从他们的角度来思考问题。作为性工作者,他们有权利支配自己的身体,选择这样一种生存的方式,并视其为一种职业。的确,在一些性工作者看来,妓女同样是一种职业选择。②因此,从事娼妓业,这是其职业自由的体现。当然,这种权利也要受到一定的限制,但这毕竟是公民的基本权利,不能随意否定。同样的,对于乞讨者,我们也应该换一个视角,从他们的角度认识乞讨问题,这何尝不是一种职业?

因此,对于娼妓业这类有着巨大争议的"职业",应该摒弃道德的专断,以宽容的态度对待。道德的多元与宽容的原则,应当成为我们评价事物的重要标尺。

---

① 何春蕤:《性工作:妓权观点》,高雄复文图书出版社2003年版,第231页。
② 路透社报道,印度一个50多岁而且所受教育极少的妓女通过口述的方式写了一本书《性工作者自传》,试图为性工作者正名。她直言不讳地将性工作称为一种"职业选择"。她说道:"我喜欢作为一个性工作者。一些人成为律师或医生,我的选择是成为一名性工作者。"这一观点已经在保守的印度掀起了激烈的论战。中国经济网:http://www.ce.cn/ztpd/hqmt/main/yaowen/200512/17/t20051217_5549269.shtml,2012年10月20日访问。

1. 道德的多样性①

道德是普遍的,但是,"在每个地方都存在道德的同时,并不是每个地方都存在同样的道德。各种美德、原则和规则并不是一成不变的,也不是在每个地方都一样的。'道德的多样性'不仅现在存在,而且过去就一直存在"②。道德是多元的,这体现在公共道德之外,还存在着私人道德领域,存在着对同一事物的不同道德评价,而且道德会随着社会的发展变化而变化。认识到这一点,才能避免道德的傲慢与专断。

首先,私人道德的保留。1957年,英国"沃尔芬登委员会"③在其法律改革的建议中提到,"法应当给予个人就私人道德问题做出选择和行动的自由","干预公民私人生活或试图强制特殊的行为模式,对于实现上述目的来说,并非必要",卖淫和同性恋实质上都是私人道德,故无禁止的必要。④ 而且,"在私人道德问题上持不同见解的人并不一定是不忠诚的公民"⑤。

其次,道德认识的差异。社会是复杂的有机体,基于宗教、文化以及个人成长、教育等复杂的原因,对于同样的事物,人们往往会有不同的认识,也因此会有不同的道德评判。容忍与保持道德认识的多元对社会的存在与发展意义重大。瑟曼·阿诺德(Thurman Arnold)认为:"只有价值怀疑论和价值多元论才能防止产生偏狭且极权的政治统治。"⑥同样,对道德多元的认识和肯定,能防止道德专断与道德强制。

再次,道德进化的可能。伦理道德不是一成不变的存在,而是会随着经济、文化与社会的发展而不断更新、变化的。"一些在过去被认为是不道德的因而需要用法律加以禁止的行为,则有可能被划出法律领域而被归入个

---

① 这一术语由 Maurice Ginsberg 创造。见其论文 The Diversity of Morals,该文收入 Essays in Sociology and Social Philosophy (London: Heinemann, 1957) vol. Ⅰ. 参见[英]A.J.M. 米尔恩:《人的权利与人的多样性——人权哲学》,夏勇、张志铭译,中国大百科全书出版社 1995 年版,第 214 页。
② [英]A.J.M. 米尔恩:《人的权利与人的多样性——人权哲学》,夏勇、张志铭译,中国大百科全书出版社 1995 年版,第 56 页。
③ 英国在 20 世纪 50 年代初期发生了关于同性恋和卖淫的道德、宗教与法律争论。1954 年,英国议会任命议员沃尔芬登为首组成一个特别委员会——"同性恋和卖淫调查委员会"(简称"沃尔芬登委员会"),专门负责调查研究同性恋和卖淫问题,并就此提出法律改革的立法建议。
④ 参见张文显:《二十世纪西方法哲学思潮研究》,法律出版社 2006 年版,第 354 页。
⑤ 参见张文显:《二十世纪西方法哲学思潮研究》,法律出版社 2006 年版,第 362 页。
⑥ [美]E·博登海默:《法理学——法律哲学与法律方法》,邓正来译,中国政法大学出版社 1999 年版,第 156 页。

人道德判断的领域之中。"①这从很多国家对婚外性行为、同性恋以及堕胎等行为的态度变化可知。

最后,"崩溃命题"的否定。围绕着"道德的法律强制",在德福林(P. Devlin)与哈特(H. L. A. Hart)、德沃金(Ronald M. Dworkin)等人之间展开了一场论战。德福林认为,社会不是个人的简单集合,而是观念的共同体。没有共同的政治观、道德观和伦理观,任何社会都不可能存在。哈特将这种观点称为"崩溃命题",并指出这是德福林道德的法律强制理论的"基石",并进而提出有力的批驳。哈特认为应把道德划分为两部分,即维系社会存在所必需的基本部分和非基本部分。基本道德是那些对任何社会的存在都是不可缺少的限制和禁令,也就是霍布斯和休谟所概括的社会生活必需的最低限度的道德——限制任意使用暴力的规则,有关诚实、信守诺言、公平处置的规则,财产权利规则,以及禁止盗窃诈骗的规则。其他的道德都是非基本的。德福林所经常论及的有关同性恋、通奸、婚前同居的道德并不是一切社会都必需的道德,而且很难说是某一特定社会所必需的。而且,道德观念的变化,并不必定威胁社会的"生存",除非"生存"意味着固守当代的道德信念。此外,社会应当允许"道德试验",即允许大多数人现在认为是不道德的行为的存在。如果多数社会成员能够看到少数人"偏离"一般的行为模式,他们就能够做出更加可靠的判断。② 因此,对卖淫等行为并不应该进行社会的道德强制,对这种行为的允许并不会导致社会的崩溃。这从一些国家(如荷兰)卖淫合法化后的社会效果可以看出来。

2. 宽容的原则

胡适先生回忆康奈尔大学的史学大师布尔先生(George Burr)曾对他说过一句他忘记不了的话:"我年纪越大,越感到容忍(tolerance)比自由更重要。"胡适先生觉得这是一句不可磨灭的格言,他甚至觉得容忍是一切自由的根本:没有容忍,就没有自由。③ 然而,容忍还不能说是真正的宽容。这种宽容是对他人不同信仰或不同想法的一种"容忍",至于他人是否可能正确,自己是否可能不正确,则完全未予考量。这样的"宽容"实际上是一种将他人视作"错误者"予以容忍,是强者对弱者的一种风度;而真正的宽容,或"积

---

① [美]E·博登海默:《法理学——法律哲学与法律方法》,邓正来译,中国政法大学出版社1999年版,第377页。
② 参见张文显:《二十世纪西方法哲学思潮研究》,法律出版社2006年版,第355—362页。
③ 胡适:《容忍与自由》,法律出版社2011年版,第131页。

极的宽容",是确信他人在真理性的问题上可以和自己进行令人尊敬的讨论与辩难。因此,宽容的结果必须是承认,承认他人与自己是相同价值的人类。① "容忍式的宽容"是单向的。"容忍是和高傲狂害着相似的一种病症。"②这种宽容的背后是宽容者的骄傲:他拥有真理,但对别人的错误能慷慨承受。这是一种典型的"主客体"思维。"积极的宽容"是双向的,是对他人主体地位的承认和对他人人格的尊重,是理性的谦逊,是一种"主体际"的思维。

正如考夫曼教授所说,"自由的条件是宽容",而"宽容的目的是真理"。只有在自由的讨论辩难之下,真理才有机会显现;而唯有从分享真理中才能产生真正的自由。然而,人们本身是习惯于把自己的确信绝对化,并强加在他人身上,因此,"宽容在一个自然具有侵略性的本性上,是一种高度自我超越的表征"③。宽容不是简单的事情,学会真正的宽容,需要"精神上的苦行"。要在自由之中承受现代社会的复杂与风险,就需要宽容,在兼容并蓄的宽容方面,需要高度的精神成熟。

以 Rawls 的区分原则,也即"以最低的社会地位决定伦理上较好"的论点,我们可以得出宽容的优先规则,也即宽容的原则:保护少数人与弱势者。④ 这是因为宽容特别是要给予那些生存受威胁的人:穷人、饥饿者、游民、被蔑视者等。性工作者正是这样一些被蔑视的人。因此,对他们的宽容是一个开放的社会应有的态度。"对于饥饿与口渴的人,上帝只能显示出面包与水的形式。"对于那些由于各种际遇而从事性工作、以自己的身体换取生存的物质条件而被社会所蔑视的人,我们还是放下道德的武器,投以宽容的目光吧。——

你有时坐在窗边看过往行人。
望着望着地,你也许看见一个尼姑向你右手边走来,
一个妓女向你左手边走来。

你也许在无意中说出:"这一个多么高洁而那一个又是多么卑贱。"
假如你闭起眼睛静听一会,你会听到太空中有个声音低语说:

---

① [德]考夫曼:《法律哲学》,刘幸义等译,法律出版社 2004 年版,第 453—455 页。
② [黎巴嫩]纪伯伦:《先知·沙与沫》,冰心译,湖南文艺出版社 1991 年版,第 118 页。
③ [德]考夫曼:《法律哲学》,刘幸义等译,法律出版社 2004 年版,第 467—69 页。
④ [德]考夫曼:《法律哲学》,刘幸义等译,法律出版社 2004 年版,第 472 页。

"这一个在祈祷中寻求我,那一个在痛苦中寻求我。在各人的心灵里,都有一座供奉我的心灵的庵堂。"

——纪伯伦:《先知·沙与沫》①

我们应该意识到,职业的概念与经济、社会以及文化生活均有关联,其范围原本极为广泛;并且,职业概念在本质上有"针对未来"之性质,今日生活不承认的职业类型,往往成为明日社会典型之职业形态,因此,职业之概念应具有开放性,不应受过多限制,使职业自由基本权之保障领域得以与社会之发展维持同步。

故此,我们认为职业就是所有以创造并维持生活基础为目的的一切持续性活动。职业有(专门)劳务性、生存目的性、持续性和社会价值性。这里的社会价值性既指积极性社会价值,也包括中性社会价值,换言之,只要不是"绝对危害社会"的无社会价值性,都应视为有社会价值的行为。因此,某一种营利性活动是否具有成为职业、进而成为维生之依据的价值,有职业自由之保障者自己的认定,无须具有客观之经济性价值或所谓足以促进人格发展的价值,亦不应局限于传统的职业图像之中。必须强调的是,职业自由是以防御性自由权而发挥功能,因此即不容许国家预先限定所谓"职业"的概念、种类与价值,只要是营利性活动具有持续性,非仅是单一或偶发行为者,均可主张此营利活动为"职业"。②

职业自由是一项宪法权利,不能以刑法或其他法律、法规甚至政策、文件乃至笼统的社会道德等随意否定一项职业的存在。

■二、自由的含义与界定

"要求自由的欲望乃是人类根深蒂固的一种欲望"③,而"整个法律和正义的哲学就是以自由观念为核心而建构起来的"④。尽管观念史学家记录了

---

① [黎巴嫩]纪伯伦:《先知·沙与沫》,冰心译,湖南文艺出版社1991年版,第131页。
② J. Wieland, GG—Kanmenter(Fn.4), Art·12, Rn.49.转引自蔡宗珍《营业自由之保障及其限制——"最高行政法院"2005年11月22日庭长法官联席会议决议评析》,《台大法学论丛》第三十五卷第三期。
③ [美]E·博登海默:《法理学——法律哲学与法律方法》,邓正来译,中国政法大学出版社1999年版,第278页。
④ [美]E·博登海默:《法理学——法律哲学与法律方法》,邓正来译,中国政法大学出版社1999年版,第279页。

多达两百余种自由的定义,然而,"同幸福与善、自然与实在一样,自由是一个意义漏洞百出以至于没有任何解释能够站得住脚的词"①。正因为如此,在讨论职业自由这个概念之前,应该对职业领域所涉及的"自由"概念作必要的界定。

(一) 积极自由与消极自由

正如柏林所指出的,在所有自由的含义中,有两种核心性的含义,在这两种含义的背后,有着丰富的人类历史,而且仍将会有丰富的人类历史,这就是消极自由与积极自由。② 因此,我们也将职业自由中所涉及的自由,放在这两种含义中加以讨论。

20 世纪下半叶,以赛亚·柏林开始用"两种自由"的概念来划分自由:"消极自由"和"积极自由"。消极自由回答的问题是:"主体(以个人或人的群体)被允许或必须被允许不受别人干涉地做他有能力做的事、成为他愿意成为的人的那个领域是什么?"而积极自由回答的问题是:"什么东西或什么人,是决定某人做这个、成为这样而不是做那个、成为那样的那种控制或干涉的根源?"③对于消极自由与积极自由,通常最简明的解释是:消极自由即"免予……的自由"(free from),而积极自由则是"做……的自由"(free to do)。前者意味着不受禁止,后者意味着得到保障,两者分别代表着近代体制的两种趋势,即自由放任与福利国家。但这两者往往很难区分,容易陷入同义反复,因为许多权利都兼有否定与肯定两层意思:免予别人干预的自由,从另一个角度讲就是我能做某事但不做某事的自由,这和我能做某事的自由实际上是一个意思,只不过强调的重点不同,一个是强调外力的不得干涉,一个是强调自我的主动性。由此,引发了对于消极自由与积极自由的争论。其实,围绕消极自由与积极自由的种种争论,一个容易被忽视的问题是,争论各方在从不同的角度看问题。

对此,有学者提出应当从权力的角度来区分,才能清楚柏林两种自由的本来意义。一种"自由"意味着一个人或一种权力应当尽量不去干预别人,以免妨碍、限制乃至剥夺别人的自由;而另一种"自由"则意味着一个人或一种权力应当力图"使别人自由",即更多地给别人以帮助和保障,以防止别人

---

① [英]以赛亚·柏林:《自由论》,胡传胜译,译林出版社 2003 年版,第 189 页。
② [英]以赛亚·柏林:《自由论》,胡传胜译,译林出版社 2003 年版,第 189 页。
③ [英]以赛亚·柏林:《自由论》,胡传胜译,译林出版社 2003 年版,第 189 页。

"自愿的奴役"。对于这"别人"来说,那就分别是"免予束缚的自由"和"享受保护的自由",或曰消极的自由和积极的自由。[①] 应当说,这种解释很好地区分了消极自由与积极自由,指出了积极自由的本质特点,但以权力的视角划分自由,却使得自由的主体隐藏在权力之后,背离了自由的本来含义。

  我们认为,要明确消极自由与积极自由,必须探究其历史的流变。积极自由有三种形式,一种是斯多葛式的"奴隶式"自由,是在屈从与死亡间的"自由"选择,这种选择很难说是自由。另一种是"精神避难"式的自由,在我的"城堡"里、我的理性与灵魂世界里寻找我的自由,我与自己、与外在世界和解,以欲望的消灭挣脱世俗的樊笼,以放弃道路消灭路上的障碍,以此来获得自由。这种禁欲主义的、孤立主义的自我否定是完善、宁静与精神力量的源泉,但很难说是扩大了自由。还有一种是"自我实现"的自由,是要做自己的主人、自我的主人的自由。斯多葛式的积极自由和精神避难式的积极自由是哲学、道德上的自由,而"自我实现"式的积极自由则从哲学、道德领域延伸到政治领域,从内在延伸到外在,最终从自由走向强制。我要做自己的主人、自我的主人,然而,什么是"真正的自我"?在人的身上,同时存在着理性和易泛滥的激情,而只有理性才是真正的自我。理性是普遍的,所以理性也存在于他人之中。所以,他人由于理性对我的限制就是普遍理性的限制,就是"真正的自我"的限制,哪怕我没有真正意识到我是自由的,这种限制也不是奴役,因为这种理性的强制是为了自由。所以如果我不具有真正的理性,别人、社会、法律的强制就是合理的,我的服从就是我追求自由的方式。吊诡的是,作为主体的个人成为被强制的对象,而他却并没有觉得被客体化,因为他认为自己没有意识到真正的理性,需要帮助来实现,所以服从他人就是服从理性,外在的力量成为理性力量的代表,就此内外打通,外在的力量进入内部,外在与自我的界限模糊,外在的力量以此侵入内在,直至取消、替代自我,以一个他在的意识取代自我的意识,而"我"还要意识到,这个他在的意识才是那个我没有发掘的真正的理性,而我原来的意识是非理性的,应该抛弃的,该被"割尾巴"。这样一来,"我"的灵魂经过彻底的洗刷,与原来的非理性的我彻底决裂,以真正的理性填补灵魂,于是,我便自由了!这是多么令人震惊的转换?原来的"我"被取消了,"真正的我"替代了"虚假的(非理性的)我","有价值的我"摒弃了"没有价值的我"。"我"似乎分裂成

[①] 参见秦晖:《实践自由》,浙江人民出版社 2004 年版,第 188—189 页。

两个不同的"我"。"奴役是自由",是因为那个奴役我的人是真正的理性,看似奴役,实际是为了我的自由;"自由是奴役",是由于那个非理性的自由,不能带我到自由王国,所以是奴役!

经过这么一系列转换:自己做自己的主人→我的理性是我的主人→理性的普遍性→理性是主人→那些掌握真正理性的人是我的主人→强制是自由,自由便异化为不自由和强制。从此,积极自由从道德、哲学领域延伸到政治领域,从自我的决定到理性的决定,到代表理性的他人的决定,自由以强制的方式得以实现,完成了自由的异化过程。"沿着这条路径,从绝对自由主义的神化,我们逐渐看到绝对专制主义的观念。"①

消极自由观是不受别人控制的自我选择,而积极自由观是做自己的主人。一种是控制的范围问题,一种是控制的来源问题。前一种是在自我和外在的力量之间划一个界线,外在的力量不得侵入;后一种是我是自己的主人,拥有能做某事的自由。消极自由是国家不干预,公民可以做的自由。公民可以做,是由于国家的消极不干预。国家的不干预既可能是出于恩赐(古代专制统治者的恩赐),也可能是对国家公权力的约束的产物。积极自由是国家为了追求积极的社会目标,为了公民的"真正"自由或最终的自由,这种自由在于设定了一个"真理性"的自由,一种宏大的政治理想。然而,现实中阻碍这种自由实现的因素很多,包括个人的"自由",因此,国家为了自由的目标,积极采取其认为应当采取的措施,甚至是强制性的措施,以限制公民自由的方式实现其由于理性欠缺所不能领悟的真正的自由。这种自由是由真正理性的人所领悟,并在其他人当前由于不理性和短视等原因所无法理解甚至抗拒的情况下,采取强制措施以实现的自由。消极的自由是摆脱外在的障碍,但并不意味着就有能力去做成功某件事;而积极的自由则是需要具备做某件事的能力,是自我能力的具备,是自我决定,做自己的主人,这时所面临的阻碍不是外在的,而是自身能力的欠缺,表现为理性不足等,需要他人和社会"父爱"式的帮助,但当需要变成了强制,而不是"选择",自由就走到了反面。积极自由是一种建构性的自由,是精英主义的产物,与哈耶克的自生自发秩序相反,然而在实践上,却常以追求自由始,以践踏自由终。

消极自由是规范的自由,它为人们的行为划出了边界。积极自由从规范自由侵入到道德自由,模糊了自我与外在的边界,直至以取消自我来实现

---

① [英]以赛亚·柏林:《自由及其背叛》,赵国新译,译林出版社 2005 年版,第 48 页。

自我,强制我的行为以实现我的自由。为了你、限制你、强制你,真正的自我消失了,自由成了强制,自由也就死亡了! 以自由的名义来奴役,以将主体客体化而造就主体,就此完成了一个可怕的逻辑转换! 问题是,谁是理性的发现者、持有者? 现实中,权力者很自然地承担起"父亲"这个角色,这就使对权力的限制难以进行,权力却以模糊的难以界定的"理性"无限地侵入个人的自由,个体的自由受到了最大的侵犯! 这才有了罗兰夫人的那句感叹:"自由,多少罪恶假汝之手以行!"

(二)职业自由是消极自由

杰拉尔德·麦卡勒姆认为,无论什么时候,人们谈到某个(或某些)主体的自由,自由总是指主体不受某种限制去做或不做某事或成为或不成为什么的自由。"X is free Y to do(not to do)Z"很好地表达了自由的意思。X指主体,Y指强制,Z指行为。① 罗尔斯赞成这个说法,"对自由的一半描述可以采取下列公式:这人或那人(或群体)是自由(或不自由)于这种或那种限制(或某些限制)去做(或不做)某某事情"②。因此,职业自由应当是消极自由。当然,这种消极自由不是出于统治者的恩赐或不干预,而是通过对权力的约束、摆脱对权力的依赖而享有的自由,也就是斯金纳所说的"第三种自由"③。

我们应该警惕自由的积极方面的含义。"在物质领域中,劫掠一个国家的财富要通过通货膨胀过程才能实现,同样,今天人们也会目睹通货膨胀过程被用于权利领域。这个过程需要新宣布的'权利'以这样一种方式增长,即不会让人们注意到这个概念的意义正朝着相反方向转变。就像劣币驱逐良币一样,这些'纸上谈兵的权利'也将否定真正的权利。"④自由含义从消极

---

① 参见应奇、刘训练编:《第三种自由》,东方出版社2006年版,第41—42页。

② J. Rawls, A Theory of Justice, Harvard University Press, 1971, p.60.转引自张文显:《二十世纪西方方法哲学思潮研究》,法律出版社2006年版,第440页。

③ 斯金纳(Quentin Skinner)并非提出了消极自由和积极自由以外的"第三种自由"。斯金纳与伯林的不同或发展不在于在消极自由、积极自由以外发现了新的自由,而是在于立基于"对自由的新的理解"之上的。正如斯金纳自己所言,他同意伯林关于消极自由和积极自由的主张,但是不同意伯林进一步的假设:"不管我们什么时候谈论消极自由,我们必定是在谈论干涉的缺席。"基于此,斯金纳将罗马共和主义自由观纳入消极自由,将消极自由加以扩大。总之,斯金纳与伯林关于自由的第三种概念不同的就是:自由可以分成消极自由和积极自由,消极自由指干涉的不存在和依赖的不存在(专断权力的不存在)。斯金纳的新自由观是建立在共和主义的自由观之上的,是对罗马共和主义自由观的继承与发展,因此被称为新罗马自由观。参见周永坤:"什么是'第三种自由'?"http://guyan.fyfz.cn/b/576583,2012年12月12日访问。

④ [美]安·兰德:《自私的德性》,焦晓菊译,华夏出版社2007年版,第94页。

方面到积极方面的转换就是这么一个显著表现。

在计划经济年代的中国,公民失去了职业选择的自由,作为"螺丝钉"一样的劳动者,等待着职业的"分配"。劳动者被按照国家的"需要"而安排"最适合于"他的工作,毫无怨言地接受并满怀热情地从事分配给他的工作,被认为是光荣的。这里没有自由的职业选择,劳动者被一个"理性的手"所支配,指引着一条通往美好未来的路。每个劳动者只要服从国家的职业安排,努力工作,生活就会美好,国家就会富强,人们就会最终步入"自由王国"。人们对职业安排的服从,恰恰是为了"自由",这背后的理论支撑就是自由的积极方面的含义。认为职业自由是积极自由的观点,在实践中很容易与法律父爱主义接轨,由政府对公民的职业选择施加限制,以一个宏大长远的理想目标限制甚至取消职业选择的自由。苏联宪法规定的"不劳动者不得食"就是这种国家理性的极致产物。也许,这种职业安排的国家理性一直以来都是人类的一个"美好"理想。精英统治的倡导者们脑海里有一个简单而又深远的目标:每个人都有一个职位而且每个人都有恰当的位子。上帝一度被认为是与这个努力合作的;现在国家被要求这样做。——

> 某些方面必须是伟大的。伟大的职位
> 要有伟大的才能。上帝赐给每个人
> 德行、性情、理智、品位,把他
> 推入生活,使他正好落在他注定
> 要填的坑里。
>
> ——William Cowper,The Task

但这是一个关于社会秩序的神话理解,完全没有抓住我们对人和职位的复杂理解。① 柏拉图在谈到选择职业时就认为,"对不同样的禀赋就给以不同样的职业"②,"全体公民无例外地,每个人天赋适合做什么,就应该派给他什么任务,以便大家各就各业"③,"这样一来,整个国家将得到非常和谐的发展,各个阶级将得到自然赋予他们的那一份幸福"④。可惜,这种个人选择

---

① 参见迈克尔·沃尔泽:《正义诸领域——为多元主义与平等一辩》,褚松燕译,译林出版社2002年版,第186页。
② [古希腊]柏拉图:《理想国》,郭斌和、张竹明译,商务印书馆1986年版,第185页。
③ [古希腊]柏拉图:《理想国》,郭斌和、张竹明译,商务印书馆1986年版,第138页。
④ [古希腊]柏拉图:《理想国》,郭斌和、张竹明译,商务印书馆1986年版,第134页。

和国家分配完全合一的理想状态,是一个根本不可能实现的"理想"。现实中不存在这样绝对理性的"哲学王",因此就只有个人职业选择自由的牺牲。从另一方面说,个人理性的不足也许会导致错误的职业选择,但自由选择赋予其不断试错的机会,直至寻求到其认为合适的职业。这也是个人人格独立、成长的必要过程。因此,对于个人的职业选择,国家应持宽容的态度。"'Freedom'和'Liberty'这些字眼常常被滥用,以致我们在使用它们表明它们当时所代表的理想时,也颇费踌躇。宽容或许是唯一还能保留这个原则完整意义的字眼儿。"[1]的确,自由意味着宽容,对个人职业选择的尊重和宽容,是对个人人格的尊重,是新的职业种类产生的必要条件。对此,我们要警惕"宗教裁判所"式的积极自由观。

因此,我们必须明确,职业自由就是这样一种消极自由,它包括三个相互联系的核心思想:第一,自由就是不受他人的干预。无能力不是缺乏自由;手段的缺乏只影响自由的价值,而不影响自由的本质,因为手段只与自由的行使有关,而与自由的占有无关。假使他没能力走进自由王国,自由之门仍然对他开放着。第二,限制自由是因为存在着与自由的价值同等或比自由的价值更高的价值。第三,必须保留最低限度的自由。[2]虽然应对自由加以限制,但是,这种限制不能无边无沿,应该给个人保留一定的绝对的不受侵犯的自由领域。必须在私人生活的范围和公共权力的范围之间划出一条界线。不管划分的原则是什么,不管是自然法和自然权利,或是功利原则,或是道德的绝对命令的原则,或是其他的什么原则,自由在这里意味着"免予……的自由",要求任何干预都不应越过虽是可变的,但总是可以确定的边界。

三、作为基本权利的职业自由

霍菲尔德认为,作为法律关系的"自由"(或者广义上的一般"权利"),若有任何确定内容的话,就一定和特权完全是一码事。[3]而"特权是某人免受

---

[1] [英]哈耶克:《通往奴役之路》,王明毅、冯兴元等译,中国社会科学出版社1997年版,第21页。
[2] 参见张文显:《二十世纪西方法哲学思潮研究》,法律出版社2006年版,第442—444页。
[3] 参见[美]霍菲尔德:《基本法律概念》,张书友编译,中国法制出版社2009年版,第39页。

他人的权利或请求权约束之自由"①。霍菲尔德宣称"权利"一词包含要求、特权或自由、权力以及豁免这四种情形。它们都是资格,也就是法律授予这些权利的享有者所拥有的优势。所以,A. J. M. 米尔恩将它们分别作为要求权、自由权、权力权和豁免权来介绍。② 在约翰·斯图亚特·密尔的语汇中,自由权是"自主"行为的权利,权力权则是"主他"行为的权利。③ 一项自由权赋予权利人自得其乐的资格,却没有赋予他主宰他人行为的资格。由此可见,法律关系中的"自由"就是权利,而职业自由就是公民的一项基本权利。

"职业自由系在保障人民将任何其自认为适任之活动当作其生活塑造之根基,并藉此自行决定其对于社会整体表现贡献之自由。"④正是职业所具有的生存目的性与人格发展性,能否自由地选择与从事某种职业,对公民有着非同寻常的意义。

当今世界,职业自由已经成为公民的一项基本权利。作为基本权利,职业自由在很多国家的宪法中都有了明确的规定。从世界范围来看,许多国家和地区正是通过其宪法及宪法性法律明确规定公民的选择职业自由。据统计,在世界上一百多部成文宪法里,规定了选择职业自由的宪法大约占到近三分之一。⑤ 考虑到这个统计资料的陈旧性,实际上的数量应当更多。⑥ 而根据我国学者近年的研究,在 107 部宪法性文件中,明确规定职业自由的占到 55.1%。⑦

德国基本法第 12 条第 1 款规定:"所有德国人均有自由选择其职业、工作地点及训练地点之权利,职业之执行得依法律管理之。"日本国宪法第 22 条第 1 款规定:"任何人在不违反公共福祉之范围内,均享有居住、迁移及职

---

① [美]霍菲尔德:《基本法律概念》,张书友编译,中国法制出版社 2009 年版,第 70 页。
② [英]A. J. M. 米尔恩:《人的权利与人的多样性——人权哲学》,夏勇、张志铭译,中国大百科全书出版社 1995 年版,第 118 页。
③ Raphael, Problems of Political Philosophy, pp. 68 - 70. 转引自[英]A. J. M. 米尔恩:《人的权利与人的多样性——人权哲学》,夏勇、张志铭译,中国大百科全书出版社 1995 年版,第 119 页。
④ 陈怡如:《从德国职业自由三阶说评析释字第五八四号之问题》,http://jyfd0916.googlepages.com/index.htm,2010 年 10 月 8 日访问。
⑤ 参见[荷]亨利·范·马尔塞文等:《成文宪法的比较研究》,陈云生译,华夏出版社 1987 年版,第 155 页。
⑥ 苏联解体与东欧剧变后,俄罗斯和东欧国家的宪法中普遍规定了公民的职业自由,因此,宪法中规定职业自由的国家实际上更多。
⑦ 王惠玲:《成文宪法的比较研究——以 107 部宪法文本为研究对象》,对外经济贸易大学出版社 2010 年版,第 101 页。

业选择之自由。"韩国1981年宪法第119条第1项规定："大韩民国的经济秩序以尊重个人与企业的经济自由与创意为基础。"英美法系国家则通过判例确立了公民的职业自由。英国奥德森男爵(Baron Alderson)在 Hilton v. Eckerley 案中的判词写道："不言自明,自由国家中的商人在所有不违法的事项上皆有特权依自身之判断和选择决定如何行事。"①凯夫大法官(Justice Cave)在 Allen v. Flood 案中指出："我们最耳熟能详的人身权利(personal rights)包括1. 名誉权;2. 身体安全和自由权(rights of bodily safety and freedom);3. 财产权。换言之,即有关心灵、肉体及财产之权利……"②可见,职业自由在英国被视为一种"特权",一种当然的人身权利。在美国,工作自由权(即职业自由)作为宪法权利一开始并没有出现在美国宪法第1条修正案中,事实上在美国宪法中找不到关于工作自由权的条款。美国宪法第13条修正案仅仅规定"苦役或强迫劳役,除用以惩罚依法判刑的罪犯之外,不得在合众国境内或受合众国管辖之任何地方存在。国会有权以适当立法实施本条。"但至19世纪末,最高法院通过宪法诉讼案例把这项权利宣布为"不可让渡的个人权利之一,虽然基本法未明确规定,但却是固有的"。1915年,美国联邦最高法院更是明确指出："显而易见,寻求公共职业的权利是最根本的个人自由,也是第14条修正案所要保障的机会。""现在,个人选择职业的权利牢固地确立在宪法的个人自由之中。"可见,实行判例法的美国以另一种形式逐步确立了工作自由权的宪法基本权利地位。③ 同为发展中国家的印度,其1979年宪法第19条第1款第7项规定,一切公民均享有"从事任何专业、职业、商业或事业"之权利。而经历了社会转型的俄罗斯,其1993年宪法第34条第1款也规定："每个人都享有自由地利用自己的能力和财产从事企业家的以及其他不受法律禁止的经济活动的权利。"

  在国际人权文献中,也多有关于职业自由的规定。《世界人权宣言》(1948)第23条第1项规定："人人有权工作、自由选择职业……"《经济、社会、文化权利国际公约》(1966)第6条第1款规定："……人人应有机会凭其自由选择和接受的工作来谋生的权利……"《关于就业政策的公约》(1964)第1条第1项规定："自由选择职业,使每一个人都有最大可能的机会去获得

---

① [美]霍菲尔德:《基本法律概念》,张书友编译,中国法制出版社2009年版,第47页。
② [美]霍菲尔德:《基本法律概念》,张书友编译,中国法制出版社2009年版,第48页。
③ 参见杜承铭:《论工作自由权的宪法权利属性及其实现》,载《武汉大学学报》(社会科学版),2002年第4期。

担任他很适合于担任的工作的资格,并对该项工作使用他的技能和才干……"其他一些区域性国际条约中也规定了职业自由,如《欧洲社会宪章》(1961)第 2 部分第 1 条第 2 项规定:"有效地保护个人在自由选取的职业中谋生的权利。"《美洲人权利和义务宣言》(1948)第 14 条规定:"人人有权在适当的条件下工作并有权在现有就业条件所许可的范围内自由选择职业。"

历史上,职业自由曾经一度出现在中国的宪法中,在实践中也曾经出现过对公民职业自由的捍卫行为。[①] 当今中国的宪法中仅规定了公民的劳动权,没有规定职业自由,这与我国经济与社会的发展不相协调,也与公民权利的保障多有轩轾。因此,对职业自由含义的探讨,无疑有重要的理论价值与现实意义。

第二节 职业自由的含义

对于职业自由的具体表述,很多国家和地区的宪法及宪法性文件上各不相同。如德国魏玛宪法把职业自由表述为"自由营生",越南宪法把职业自由表述为"依法自由地从事经营",巴西宪法则表述为"从事任何职业均属自由"等等;不仅如此,一些国家和地区把职业自由规定得比较简单,而另外一些国家和地区则把职业自由规定得非常详细,如德国基本法规定了"所有德国人都有自由选择他们的营业、职业或专业、工作地点和受培训地点的权利",我国澳门地区基本法规定了"澳门居民有选择职业和工作的自由"[②]。

[①] 1940 年 12 月 6 日,时任重庆大学商学院院长的马寅初,因为公开批评蒋介石集团中孔祥熙、宋子文的贪污问题而被拘留。在第二届第二次国民参政会上,张澜提出了《请政府恢复马寅初之职业自由以励直言而裨国政案》,提案写道:"在马寅初当时有慨于民困国贫,为感情所急,所言或不无过失,然安置偏方已逾一年,犹未获返,无怪忧时爱国之士,皆有多言不如默尔之戒惧。"又说:"应请政府迅予恢复马寅初之职业自由,并使忧时爱国志士,闻而自励,皆愿竭忠献党,拾遗补阙,以襄助抗战建国之成功。"中国民主同盟官网:http://www.dem-league.org.cn/qywc/1204/13792.aspx.,2012 年 1 月 18 日访问。

[②] 参见张学慧、谭红、游文丽:《论选择职业自由》,《同济大学学报》(社会科学版),2008 年第 6 期。

对于职业自由的名称和含义,学界的观点也不尽一致。大致说来,职业自由的相同或相似表述有选择职业自由、工作自由、劳动自由等。对其概念的具体阐述,德国学者和我国台湾学者比较相似,表述得也比较全面。这与德国在审判实践中所发展起来的对职业自由进行宪法审查的"三阶段理论"以及我国台湾地区学者的德国学术背景相关。如德国学者乌茨·施利斯基认为,职业自由中"择业和从业作为生活的两个阶段被统一调整"①。罗尔夫·施托贝尔更明确了"个人在其选择的职业中利用、保留以及放弃就业机会的决定都受到保护"②。因此,德国学界一般认为"职业"包含了"营业"(Gewerbe),亦有将"职业选择自由"与"执行职业自由"解为不可分的一体,合称为"职业自由"者。③ 我国台湾地区学者陈爱娥认为职业自由是"职业选择、职业行使和废弃职业之自由"④。日本学者多用"选择职业自由"这样的概念,这是因为日本宪法中明确使用了"选择职业自由"这样的表述,所以强调对职业"选择"自由的尊重。如三浦隆认为,"所谓选择职业之自由,就是决定自己应该从事的职业的自由"⑤。阿部照哉也认为"'职业选择自由',乃是指各人得从事自己所选择的职业,不受国家妨碍"⑥。对于职业自由,日本判例多未加区分地以"职业选择自由"一词称之,但亦有使用"执行职业自由"、"职业自由"、"营业自由"、"营业活动自由"等用语者。因此,日本学界普遍认为,宪法中所规定的职业选择自由,亦保障从事所选择的职业之自由,也即执行职业的自由或营业的自由。⑦ 美国宪法没有明确公民的职业自由,所以缺少职业自由的理论探讨。著名的公法学者孙斯坦认为,职业自由至少包括三个方面的内容:对进入职业的保护,选择自己职业的自由和禁止

---

① [德]乌茨·施利斯基:《经济公法》,喻文光译,法律出版有限公司,2006年版,第81页。
② [德]罗尔夫·施托贝尔:《经济宪法与经济行政法》,谢立斌译,商务印书馆2008年版,第163页。
③ [日]阿部照哉等编著:《宪法(下)——基本人权篇》,周宗宪译,元照出版有限公司2001年版,第185页。
④ 陈爱娥:"宪法工作权含义之演变——我国与德国法制之比较",http://www.law1954.com/article/sort06/info-25094-2html,2010年12月5日访问。
⑤ [日]三浦隆:《实践宪法学》,李力、白云海译,中国人民公安大学出版社,2002年7月版,第131页。
⑥ [日]阿部照哉等编著:《宪法(下)——基本人权篇》,周宗宪译,元照出版有限公司2001年版,第184页。
⑦ [日]阿部照哉等编著:《宪法(下)——基本人权篇》,周宗宪译,元照出版有限公司2001年版,第185页。

强迫劳动。① 可以看出,孙斯坦对职业自由的理解,除了选择职业自由外,还包括了劳动法方面的内容。我国大陆学者吴越认为,职业自由包括两层含义,即"个体有依法选择职业和结束职业的自由,这是积极的职业自由的含义。个体也有权拒绝从事自己不愿意从事的任何职业的自由,任何人没有法律的依据不得强迫他人从事任何职业,也不得强迫他人在法律规定的限度之外从事职业活动,这是职业自由的消极含义"②。此外,张学慧等学者还专门对"选择职业自由"的概念进行了分析。③ 可见,我国大陆学者对职业自由的概念理解主要借鉴于德国、日本和我国台湾地区,毕竟这些国家和地区已经有了比较成熟的理论和审判实践。

我们认为,个体不仅有职业选择的自由,也有在执行职业中的自由,即执业自由,当然也包括放弃职业的自由。因此,职业自由就是个体依法选择职业、执行职业和结束职业的自由。

一、职业自由的权利主体

职业自由之主体,也即谁能够主张职业自由。那么,能够主张职业自由的法律主体究竟有哪些?

(一)职业自由的权利主体是本国人

基于近代立宪主义思想,作为国家必需的成员的国民,系基本权的享有主体,是毋庸置疑的。传统国家观认为,"国家系由依据对人格权所划定的持有国籍者,所组成的政治共同体"④,因而本国国民与他国国民的区别,是国家与宪法典所重视的问题。而"外国人有否主张基本权之余地,涉及基本权种类的问题。如为基本人权,因其系先国家之权利,故外国人仍得享有之。若为宪法所赋予,外国人即无主张之余地"⑤。而职业自由是经济自由权的内涵之一,"惟经济自由在本质上即与精神自由不同,属人权序列的非

---

① 参见[美]凯斯·R. 孙斯坦:《自由市场与社会正义》,金朝武等译,中国政法大学出版社 2002 年版,第 293 页。
② 吴越:《经济宪法学导论》,法律出版社 2007 年版,第 133 页。
③ 张学慧、谭红、游文丽:《论选择职业自由》,《同济大学学报》(社会科学版),2008 年第 6 期。
④ [日]阿部照哉等编著:《宪法(下)——基本人权篇》,周宗宪译,元照出版有限公司 2001 年版,第 44-45 页。
⑤ 李惠宗:《宪法要义》,敦煌书局 1994 年版,第 78 页。

本质性人权"①，加之职业自由与经济、教育资源、劳动力市场以及国家财政等有密切关联，因此应属于"国民权"，而非"基本人权"或"本质性人权"，外国人、无国籍人等皆不得享受。如德国基本法第12条规定"所有德国人皆享有职业选择自由"，换言之，此种经济基本权在德国属"国民权"，以国籍为要素。② 荷兰宪法第19条第3款规定："每一荷兰国民都有自由选择职业的权利，但不得违反法律所规定的限制。"日本宪法第22条第1款规定："在不违反公共福祉的范围内，任何人都有居住、迁徙和选择职业的自由。"而该条规定于第三章"国民之权利与义务"之下，因此，此处的"任何人"无疑是指本国之国民。

在现代社会，随着国际交流的急速进展与人权保障的国际实践，本国国民与他国国民的区别，亦被相对化，因此，外国人基本权利享有的主体性问题也被提了出来。③ 在这个问题上，学界有否定说与肯定说的对立，而持肯定说者对于如何划分外国人得享有的基本权种类，也存在着对立的观点。通说主张依照权利性质，肯定外国人得享有若干基本权，这就是所谓的"权利性质说"。④ 权利性质说虽被认为是妥当的学说，但对于以何种基准识别外国人得享有的基本权之性质这个最初的疑问，该说并没能予以回答。因此，对这个问题只能以传统的基本权类型化为基础，予以个别化的分析。林纪东先生认为，工作权⑤等"此类权利的保障，为个人所属国家之责任……外国人虽亦享有此类权利，然其保障之责任，在于其所属之国家，因此类权利之保障，与国家之责任，有不可分离之关系，为其所属国家之责任，他国并无责任也"⑥。对于外国人能否成为职业自由的权利主体，各国基本上都采取否定的态度。特别是对于服公职权，"则根据国民主权原理，国家权力属于

---

① 许庆雄：《宪法入门》，元照出版有限公司2000年版，第124页。
② 李惠宗：《宪法要义》，元照出版有限公司2001年版，第231页。
③ 当然，这里所说的外国人的基本权主体性问题，是针对业已进入主权国家的外国人而论的。无论本国国民与他国国民的区别如何被相对化，是否使不具本国国籍者（亦即"外国人"）入境，系委诸主权国家自由判断之，外国人无"入境的自由"。参见［日］阿部照哉等编著：《宪法（下）——基本人权篇》，周宗宪译，元照出版有限公司2001年版，第45页。
④ 参见［日］阿部照哉等编著：《宪法（下）——基本人权篇》，周宗宪译，元照出版有限公司2001年版，第47页。
⑤ 依台湾地区学界通说及"大法官会议"之解释，工作权是消极意义上的自由权，与职业自由同义。
⑥ 林纪东：《"中华民国宪法"逐条释义》，三民书局股份有限公司，1998年版，第66页。

国民全体，也来自国民全体，则参与形成国家权力或行使国家权力的权利，例如……以及服公职权等，唯限于本国人民始能拥有，自属当然道理"①。当然，这并非指外国人和无国籍人的职业自由即完全不受保障，立法者得基于基本法的"许可保留"制度，赋予外国人或无国籍人在职业自由保障上享有与本国人相等的法律地位。此种保障虽不具备宪法之位阶，但对他们职业自由的保障仍能发挥相当之功能。②"外国人的职业自由往往是双边开业条约的客体。外国人的职业自由的保障依据各国宪法、行政法、外国人法和劳动法的规定，各国都可以根据其经济法上的主权，决定是否以及在多大程度上授予外国人职业自由。"③因此，一个国家可通过国内法律、国际条约或采取对等原则，赋予外国人或无国籍人主张职业自由的权利，虽然这并不意味着他们能成为该项基本权利的主体。

（二）职业自由的权利主体既包括本国公民，也包括本国私法人及非法人团体

本国公民，不因其年龄或实际上能否行使该权利而受影响，因为主体之能力为依照法律性质之可能能力，也即权利能力，而非依照自然事实性质之实际能力，也即非行为能力。职业自由的主体是自然人，这一点没有什么争论，问题是，法人这一"人格拟制"的组织，能否主张职业自由？这涉及私法人的基本权主体问题。

私法人能否成为基本权主体？持否定观点的学者认为，基本权利无论就其历史渊源或其"本质"来看，其目的都在于保护自然人，并不含法人，即令其保护例外及于法人，亦无非是藉此以达到保护隐身于该法人背后之自然人的目的。保护法人本身只是手段，保护自然人才是最终目的，因此只有具有一定"自然人关联"的法人，才有基本权保护的必要，也就是说，唯限于以自然人为其构成成员的"人合"团体，才能承认其基本权的主体资格。至于非由自然人，而纯是一定财产组成的法人，亦即财团法人，由于不具有自然人关联，当然就无法分享基本权利保护的必要。而持赞成观点的学者认为，纵令就历史渊源看，基本权提出的原始目的的确是在保护自然人，但当

---

① 许宗力：《基本权利第三讲：基本权主体》，《月旦法学教室》2003年第4期，第81页。
② 刘建宏：《论人民职业自由之保障——德国基本法第十二条第一项之研究》，台湾辅仁大学法律学研究所硕士论文（1991年），第22页。
③ ［德］罗尔夫·施托贝尔：《经济宪法与经济行政法》，谢立斌译，商务印书馆2008年版，第179页。

社会的变迁与法制的发展在诉说法人（当然包括财团法人）的保护必要时，就应扩大基本权的保护圈，赋予基本权崭新的意义与精神。再说即便同意基本权的本质在于对有人性尊严之自然人的保护，亦不表示基本权除此之外绝不能再额外增添其他特质与功能。总之，法人，无论是财团法人抑或社团法人，都同受基本权保护，且其所以同受保护，乃因其自身独立的保护必要与保护价值的缘故，与自然人自身的保护并无必然联系。① 当然，一个不能忽略的基本事实，即法人无论如何毕竟是法律的产物，其拥有的权利能力及一定的作用领域，会或多或少受到立法者的制约，比如说，立法者基于政策考量，在一定范围内限制财团法人买卖股票从事营利活动，或只允许保险业由股份有限公司经营等，就是适例。可见，法人所拥有的基本权利能力充其量只是部分的，而非完全的基本权利能力。② 此外，法人的基本权利能力除自始受到立法者的制约外，另方面还会因其本身与自然人有别的性质而受到进一步的限缩。

对于私法人能否主张职业自由，德国理论界有不同的观点。③ 否定说认为职业自由为一"与人格密切关联之权利"，故不适用于法人；而且该权利可由法人之构成成员主张，因此法人主张该权利并无特殊的必要；赞成说认为，职业自由之保障内容，包含营业自由，而今日社会营业主体多半为法人，则为保障法人之营业自由，应使法人成为主体；如果由法人的构成成员分别主张，则会增加行使权利的困难。

日本宪法下，关于法人的人权享有主体性，通说是依照权利性质而加以肯定的"权利性质说"。也就是说，日本主流学说承认法人是"基本权利"主体，但对于法人可享有何种性质的基本权利之理由、判断基准，实际上也不明确。④ 具体到职业自由，宪法规定的职业选择自由被学界普遍理解为包含营业自由，而私法人作为营业自由的主要主体，就自然成为职业自由的主体了。

---

① 参见许宗力：《基本权利第三讲：基本权主体》，《月旦法学教室》2003年第4期，第84页。
② Stern, Das Staatsrecht der Bundersrepublik Deutschland, Bd. Ⅲ/I, S. 1002. 转引自许宗力：《基本权利第三讲：基本权主体》，《月旦法学教室》第2003年4期，第84页。
③ 关于德国法律界对法人能否成为职业自由的权利主体，参见刘建宏：《论人民职业自由之保障——德国基本法第十二条第一项之研究》，台湾辅仁大学法律学研究所硕士论文（1991年），第22—25页。
④ 参见［日］阿部照哉等编著：《宪法（下）——基本人权篇》，周宗宪译，元照出版有限公司2001年版，第42—44页。

美国自第 14 修正案通过后,尤其是 19 世纪 80 年代以来,联邦最高法院逐渐将宪法的保护扩大适用于公司。美国宪法中,权利主体是公民(citizens),并没有提到公司(corporation),因此,公司在美国宪法中的地位是不明确的。长期以来,在美国的审判实践中,一般认为作为法定主体(artificial entity)的公司有别于其成员,虽然公司有权在联邦法院起诉和被诉,但公司不是严格意义上的公民。"公民"这一术语仅仅指自然人,它不包括由各州立法机关创设的法人(artificial persons),所以,公司不是宪法意义上的人。[①]然而,1868 年美国宪法第 14 修正案中先后三次使用了"人(person)"的概念,这就为对"人"这个概念的扩大解释提供了思路。在 1882 年的 The Railroad Tax Cases 案中,法官 Sawyer 认为,"人"这个词的意义要比公民更为宽广。宪法第 14 修正案第一款由首句规定的"公民",转变为末句具有更深意义的"人",这个转变应当认真对待和考虑,它的目的就在于拓展宪法的保护,使之延伸到需要这种全方位保障的所有情形。[②] 法官 Field 也认为,"如果保护个人免受各州不公正和歧视性立法的宪法条款,在个人转变成为公司成员之际不能为他提供这种保护,这种结果令人殊不可解"[③]。因此,宪法第 14 修正案的平等保护条款既适用于个人,也适用于公司,公司不过是人们为了一定目的的联合而已,当然应包含于"人"的名号之下。虽然也有不同的声音,但此后,美国联邦最高法院通过一系列的案件,通过对"人"的扩大解释,使公司不但成为宪法第 14 修正案的权利主体,还使公司享有受宪法第1、第 4、第 5、第 7 修正案保护的权利,这迎合了美国经济发展的需要。当然,公司毕竟有别于公民,在宪法的保护程度上较公民为低。美国法院对公司的经济活动和政治活动的保护程度是不同的。对于前者,法院视公司为宪法第 14 修正案意义上的"人",给予其全方位的保护;而对于后者,非但法院的诸多裁判都没有一般性地讨论公司是否为"权利法案"意义上的"人"的问题,而且法院对公司政治参与的保护程度较低,这在公司的商业言论保护和

[①] Bank U. S V. Peveaux,9U. S. (5 Cranch)(1809),p. 88;Bank of Augusta V. Earle,38U. S (13 Pet.)(1829),P586;75U. S(8 Wall.)(1868),P178.

[②] 13F. Cas. (1882),P. 759. 转引自杜强强:《论法人的基本权利主体地位》,载《法学家》2009 年第 2 期。

[③] 13F. Cas. (1882),P. 722. 转引自杜强强:《论法人的基本权利主体地位》,载《法学家》2009 年第 2 期。

政治贡献问题上表现得很明确。① 因此,美国宪法虽然没有明确规定公司是基本权利主体,但通过宪法解释,将宪法的保护扩大适用于公司。

因此,法人虽然可以作为宪法权利主体,但是这种主体地位与自然人相比,仍然有其局限性。德国学者认为,基本权之原始意义在于保障自然人,基本权为超实定法之权利,只有先于法秩序而存在之自然人始得享有之,经由实定法秩序所创设之法人原不得作为基本权之权利主体,经宪法之特别规定,基本权扩及至法人。实务上,联邦宪法法院认为,基本权之价值体系以保障自然人之权利为其目的,将法人纳入基本权之保障范围,并不影响基本权之本质与原始理念。因此,只有当法人之设立及活动系表彰自然人之权利,尤其是为延伸保障法人所属之自然人所必要时,才能列入基本权之保障范围。为此,德国基本法第19条第3项明文规定:"基本权利亦适应于国内法人,但以依其性质得使用者为限。"对于法人的职业自由,联邦宪法法院认为:"当法人之营业活动依其性质及其中立于自然人之职业活动同其方式时,法人之营业自由应受保障。"因此,受到基本法第12条第1款保护的"人"包括所有德国公民和基本法第19条第3款规定的在德国设立的法人。②

中国当前宪法规定的基本权利主体非常单一,仅仅是公民,并且没有使用"人"这个可以扩大解释,具有较强包容性的概念。因此,公民是我国当前唯一的基本权利主体。这一点已经与我国当前的经济发展与社会进步不相适应。随着国家对经济生活的全方位高度管制政策的日渐宽松,随着市场经济的深入发展、市场主体的独立化和利益的多元化,我国应该承认法人(企业事业组织)的宪法基本权利主体地位。③ 我国有学者认为,2004年"人权条款"入宪后,法人可借助这一条款成为基本权利主体。④ 然而,"人权"在本质上是自然人的权利,因此,通过概念的扩展将法人权利纳入"人权"进而使法人成为基本权利主体的做法面临理论上的困境。

我们认为,法人是公民为了一定目的的联合,它拥有自己的名称、组织机构,是独立的法律实体,人们在联合为"法人"这一集合体时,并没有放弃自己在宪法上的权利。法人是自然人为了一定目的而组成的集合体,法人经济权利是公民基本经济权利的自然延伸;法人与自然人具有法律上"人"

---

① 参见杜强强:《论法人的基本权利主体地位》,载《法学家》2009年第2期。
② 参见[德]乌茨·施利斯基:《经济公法》,喻文光译,法律出版社2006年版,第81页。
③ 当然保护的范围和强度还需要进一步界定与研究。
④ 参见韩大元:《宪法学》,高等教育出版社2006年版,第136页。

的可类比性。从公民基本权利到企业基本经济权利,是经济发展的历史过程和法律制度的自然演进。中国宪法没有将企业作为基本权利主体加以规定,导致企业基本经济权利缺乏宪法依据,使企业营业自由无法成为宪法上的权利,这也是当前中国企业的营业自由无法受到有效保护的重要原因。

此外,非法人团体,即不具有独立法律人格的团体,能否成为职业自由的主体?有学者认为,"法人与非法人团体间,只是程度上,而不是本质上之差异。所以,如果法人如前所述享有基本权利能力,也就没有否认非法人团体之基本权能力的理由。"① 德国联邦宪法法院基于保障基本权之观点,将基本法第十九条第三款扩张解释,认为如果依照基本权利之性质,可适用于非法人团体者,该非法人团体亦可享有基本权利,并允许其提起宪法诉愿(Verfassungsbeschwerde)。② 因此,非法人团体也可以成为职业自由的主体。

(三)国内公法人不能成为职业自由的权利主体

从基本权的发展史观察,基本权是用以对抗国家者,因此国家机关并无主张基本权的余地。国家机关是受基本权所拘束的客体,不得成为基本权的主体,"此乃是自由主义国家中的'分配原理'之归结"③。地方自治团体的法人能否成为基本权的主体而对国家主张基本权?例如,地方政府可否主张"工作权"而要求不经中央许可发行彩票?我们认为,此为中央与地方分权问题,尚不涉及基本权保障的问题。"盖其为人民主张基本权之对象,非基本权之主体。"④总之,公法人的基本权利能力与基本权本旨不相符。其理由在于⑤:(1) 就基本权利的本质而言,基本权利的价值体系是建立在各个自然人的尊严与自由之上,而公法人之活动,却无法表现自然人的人性尊严与自由发展。(2) 公法人于履行公任务行使公权力时,本身即系基本权利拘束之对象,亦即公法人乃是基本权利之义务人,此时不可能还承认其得以主张基本权利,而使公法人同时成为基本权利之权利人与义务人,否则将使公

---

① Ebenda, s. 1005f. 转引自许宗力:《基本权利第三讲:基本权主体》,《月旦法学教室》第 2003 年 4 期,第 85 页。
② BVerfGE 4, 7 (12); 10, 89 (99); 20, 257, (265); 42, 347 (383). 转引自法治斌、董保城:《宪法新论》,元照出版有限公司 2005 年版,第 157 页。
③ [日]阿部照哉等编著:《宪法(下)——基本人权篇》,周宗宪译,元照出版有限公司 2001 年版,第 39 页。
④ 李惠宗:《宪法要义》,敦煌书局 1994 年版,第 78—79 页。
⑤ 法治斌、董保城:《宪法新论》,元照出版有限公司 2005 年版,第 158—159 页。

法人在角色的"同一性"上产生严重的混淆。(3)除了国家之外,法律虽然也会创设出其他公法人,但这些公法人其性质乃是"国家延长之手臂",亦即其系为了分担国家公任务之履行而被创设,而与国家之间具有"行政一体性"之关系,若承认公法人得以成为基本权利主体,则国家一旦决定将某一公任务收回,而裁撤某一公法人,则该公法人将得以主张基本权利而对抗国家,如此一来恐将造成国家行政组织权的瘫痪。(4)在某些情况下,国家虽然似乎会对公法人造成"侵害",但此种"侵害"与"基本权利侵害"二者基本性质并不相同,因为国家与公法人(或公法人与公法人)彼此间存在的是"权限分配关系",若有所冲突,那也是公权力主体之间的"权限冲突",而非"基本权利侵害"。(5)基本权利必须由人民自己行使,公法人不能以作为"人民基本权利之代言人或受托人"为由,而据以成为基本权利主体。因此,从基本权利的本质、功能与价值体系来观察,公法人并不能成为权利主体。

因此,国内的公法人,包括国家、地方自治团体等不得主张职业自由。基本权有针对国家性,亦以国家为限制对象,而非保护对象;职业自由是保障主体自由发展人格,公法人主张该自由与基本权价值体系不符。也正如学者所言,"对于职业自由这种完全以保障人民经济活动自由为考量的基本权,若有公法人主张,属于不可想象,会导致国家组织权之瘫痪"[①]。

综上所述,我们认为,职业自由的权利主体既包括公民,也包括一国的私法人和非法人团体,但不包括公法人等。

二、职业自由的义务主体

古典的基本权所适用的对象只限于公民与国家间的垂直关系(Vertikale Richtung),亦即从基本权的防御功能导出,基本权只能对抗国家机关,即执行公权力之公机关。[②] 因而,国家机关就成为基本权的义务主体。基本权的义务主体,"系指受基本权拘束者,亦即对基本权负有不得违法侵害及保障之义务者"[③]。职业自由作为一种基本权利,是人民针对国家的防御权,适用于人民与国家间的垂直关系,因此,国家机关应是其义务人。国家机关之所以成为职业自由的义务主体,主要是因为其行使公权力之故。

[①] 李惠宗:《宪法要义》,元照出版有限公司2001年版,第231页。
[②] 李惠宗:《宪法要义》,敦煌书局1994年版,第79页。
[③] 陈慈阳:《宪法学》,元照出版公司2005年版,第293页。

因此,如果国家机关将一部分公权力委托给私人或团体行使,也即该私人或团体以自己名义履行具高权性质之国家任务(所谓的"国家间接行政"),受委托行使权力的私人或团体也同样受到拘束,成为职业自由的义务主体。一般而言,职业自由的义务主体所承担的义务主要体现在两个方面,即不得违法侵害职业自由与保障职业自由。

(一)违法侵害禁止义务

一般而论,国家机关对职业自由的侵害可分为合(宪)法性侵害与违(宪)法性侵害。合(宪)法性侵害是指职业自由的权利主体在行使其权利时,可能会造成与公共利益或其他主体的合法权利的冲突,在符合宪法和法律的情况下,形成对职业自由的限制行为。没有任何自由是绝对的,况且作为一种经济自由,职业自由还有其特殊的可限制性。① 当然,国家对职业自由的限制必须在法律的框架内进行,还须通过可能的司法审查。违(宪)法性侵害是国家(国家机关)非法侵入职业自由保护领域之行为,主要体现为对权利主体自由选择职业与执行职业的各种不合法、不合理的限制。这种行为可能是个别具体的行政处分行为②,也可能是普遍抽象的立法行为,如法律、行政法规或自治性法规等③。图示如下:

职业自由侵害行为 { 合(宪)法性侵害行为→符合宪法与法律
违(宪)法性侵害行为→恢复原状及国家赔偿责任

(二)保障义务

此义务课以国家保护人民职业自由的义务。这就是所谓的"基本权具体化",即利用国家各种行为方式去开启或促进基本权之实践。职业自由属于"具法规范所塑造之保护领域",是经由法秩序来形成并确认其内容的,因此必须由国家制度性保障机制来确保。④ 因此,国家就负有创设此机制的义务,但这并不表示立法者就可以自由支配其保护领域,而是必须在经济社会发展的基础上确定其界限及范围。具体说来,此种保障义务主要体现在三

---

① 参见第三章"职业自由的限制"部分。
② 如某法院在法官的考试招录中将女性排除在外,只限招录男性,就涉嫌性别歧视,构成对职业自由的侵犯。
③ 如我国人事部 1994 年 6 月颁布的《国家公务员录用暂行规定》关于"报考资格审查"的第十四条第六项规定,报考国家公务员,必须"身体健康,年龄为三十五岁以下",就涉嫌年龄歧视,构成对职业自由的侵犯。
④ 参见陈慈阳:《宪法学》,元照出版公司 2005 年版,第 403 页。

个方面：

(1) 立法机关负有制定保护职业自由的规范之义务；①

(2) 行政机关负有执行保护职业自由的法律之义务；

(3) 法院有以保护义务为准则，审理案件，并作裁判之义务。此外，在有违宪审查制度的国家，法院还有审查立法者及行政权之相关作为及不作为之义务。

值得注意的是，法领域内的自由问题是多面向的，它不仅存在于人们与国家之间(垂直的自由问题)，也存在于人们相互之间(水平的自由问题)。这就产生一个问题：国家之外的私人(公民、私法人等)能否成为职业自由的义务主体？

这个问题涉及"基本权利第三人效力"理论，即私法主体如何受基本权利拘束的问题。所谓第三人效力或称放射性作用是指，"基本权作用更进一步进入私法法律关系，申言之，基本权不仅对抗国家之不法侵害，还更进一步对抗第三人对基本权利主体之基本权侵害"②。基本权第三人作用主要探讨的是基本权之作用是否及于基本权主体与其他权利主体之间的法律关系，或者换句话说：对于私人侵害基本权的行为，能否依据宪法的规定，请求法院的救济？

基本权是否适用于民事法律关系的问题，学说争执激烈，基本上形成了三种观点：直接适用说(直接效力说)、间接适用说(间接效力说)和不适用说。直接适用说认为"宪法不仅是规定国家的组织，亦是作为客观的价值秩序，规定支配国民的全体生活之法准则"③。此说主张宪法基本权规定亦适用于私人间之关系，认为基本权已不再是用以防御国家的自由权，而应当让其直接适用于民事关系，以扩张其效力；间接适用说认为，宪法所定的价值秩序，应能适用于国民的全体生活，但此说尊重私法的独立性与私法的自治原则，否定基本权规定对私人间的直接效力，主张以私法的一般条款为媒

---

① 如德国联邦宪法法院从基本法第十二条第一项之规定，导出立法者负有在民法中创设若干预防性规定之义务，藉以保护职业自由免于受到契约自由之侵害。(法院强调)于缺乏实力均等的情况下，国家规范应有所介入，发挥其调和之作用，以落实基本权利之保护。参见 Christian Starck:《基本权利之保护义务》，李建良译；载[德]史塔克:《法学、宪法法院审判权与基本权利》，元照出版公司 2006 年版，第 427 页。

② 陈慈阳:《宪法学》，元照出版公司 2005 年版，第 395 页。

③ [日]阿部照哉等编著:《宪法(下)——基本人权篇》，周宗宪译，元照出版有限公司 2001 年版，第 53 页。

介,使宪法基本权保障的旨趣及于私人之间。① 该说认为基本权属于公权力,因此不能直接适用于民事关系,但可透过民事上一般条款的适用,使基本权间接适用于民事关系;不适用说认为基本权关系只涉及人民与国家之间的公法关系,民事关系应依民事法律法规处理,以维持公法私法的区别。在当前的学说与实务上,间接适用说可谓通说。

只要基本权利课以国家保护及保障的义务,或赋予基本权保障的任务,这些权利通常都会直接影响到私法,换句话说,民法的立法者也须承受相关的义务与任务。然而,"即使私人在彼此的交往上必须相互尊重对方的生命、名誉与财产,但之所以要相互尊重,并非因为人们皆应受基本权利拘束的缘故,而是源自于人类共同生活的传统常规。这个传统常规是最基本的,连基本权利也是以它为基础而建构出来的"②。正因为如此,"水平的自由问题"在德国很少被当作基本权保障的问题看待③,从法条的用语可以明确看出,设计基本权利的目的乃是在于界定国家权力的界限。所以,一个人的自由必须与他人的自由取得协调,涉及的并非私人相互间应受基本权约束的问题。④ 因此,有学者认为,所谓"基本权第三人效力"其实是片面的观察,基本权在私法关系上,绝非一方有基本权,而他方全无的状态。基本权于私法关系上,毋宁属于基本权冲突如何衡量的问题。⑤

例如很多企业在招募员工时都有性别限制,如"只限男性"等,这种限制可能会对女性求职者的职业选择自由构成侵害,但能否认为企业是职业自由的义务主体呢?在此,企业是否也可以主张招募什么样的员工是其营业自由(职业自由)呢?类似的情形还经常出现在企业约束员工跳槽的"竞业禁止条款"以及企业与女性求职者签订的"单身条款"上。显然,以"基本权第三人效力"理论无法解决这个问题。这里涉及的其实是基本权利冲突的问题。在此,作为基本权义务主体的国家就应出现,履行其对基本权的保障

---

① 参见[日]阿部照哉等编著:《宪法(下)——基本人权篇》,周宗宪译,元照出版有限公司2001年版,第53页。
② Christian Starck:《基本权利的解释与影响作用》,许宗力译,载[德]史塔克:《法学、宪法法院审判权与基本权利》,元照出版有限公司2006年版,第328页。
③ 即使把个别"水平的自由问题"当作基本权保障的问题来处理,例如德国基本法所规定的劳工团结自由,也一定会把它明文纳入保障。没有明文纳入保障的,不能作为基本权保障问题来处理。
④ 参见 Christian Starck:《基本权利的解释与影响作用》,许宗力译,载《法学、宪法法院审判权与基本权利》,元照出版公司2006年版,第327页。
⑤ 参见李惠宗:《宪法要义》,元照出版有限公司2001年版,第244页。

义务。实践中,德国联邦宪法法院对基本权冲突的衡量问题,采用"基本权价值位序"、"手段"与"目的取向"的衡量方式。此外,还有学者尝试提出"基本权核心接近理论",以之作为私人间基本权冲突利益衡量的另一项基准,①目的是使利益衡量的判断能尽量趋向于客观。

从以上叙述可以看出,职业自由的义务主体是国家(国家机关),私人不应成为职业自由的义务主体。

三、职业自由的保障内容

我们认为,职业自由所保障的内容包括职业的类型和职业的行为态样。

(一)职业的类型

(1)受雇人(非独立之职业者/受雇佣者)。受雇于他人之非独立职业之从业人员,如劳工、职员等,是从业人员最多、最重要的一个类型。

(2)营业(独立之职业者)。独立之职业,即指营业而言。一般认为职业自由之保障范围,包括独立的职业,也包括非独立的职业,而所谓独立的职业,就是指营业。实务上,德国联邦宪法法院在判决中一再确认营业自由属于基本法第12条第1款的保障范围。因此,各种企业经营活动,应受职业自由之保障。

(3)自由业。自由职业,即以高度之职业道德、人格及专业之职业独立性,对一般大众之特别责任以及其委任人或当事人之特殊信任关系为基础之职业。德国联邦宪法法院对自由业的定义是:"在经济关系中,具有高度责任及大量危险,以自己责任执行职业,并拥有特殊专业及独立地位之职业。"②一般认为,自由业主要包括医师、牙医、律师、建筑师、工程师、会计师、药剂师、助产士以及所有知识性、艺术性、文字性质工作者。

(4)自由共同从业人员。自由共同从业人员为介于独立性与非独立性职业间之特殊职业形态,如广播电台与电视之从业人员。

(5)其他非典型之职业形态。基于职业概念开放性之考量,非典型之职业也应受职业自由的保障,当然这种非典型职业也应当符合职业之概念特征。

---

① 参见李惠宗:《宪法要义》,元照出版有限公司2001年版,第244页。
② 刘建宏:《论人民职业自由之保障——德国基本法第十二条第一项之研究》,台湾辅仁大学法律学研究所硕士论文(1991年),第51页。

（二）职业的行为态样

职业的行为态样包括自职业开始至职业完结中一切形式之职业活动。一项职业活动以选择职业开始，继而执行该职业，最后终止该职业，构成了职业活动的全过程。选择职业是职业活动的起点，然而，如果仅有选择职业的自由，而没有执行职业的自由，就会使选择职业自由变得毫无意义，况且，"事实上择业和执业并不总是能够清楚分开"，因此，"职业自由是一项统一的权利"①。另一德国学者乌茨·施利斯基也持同样观点，他认为作为宪法中的职业自由条款是对职业自由的统一的基本权利保障，在该条款中，"择业和从业作为生活的两个阶段被统一调整"②。职业自由被视为一项统一的基本自由，所以在回答"某一行为是否受到基本法第12条第1款保护的问题时，不再区分该行为是择业行为还是从业行为。不过择业和从业的区分对侵害行为合法化还是具有重要意义的"③。

因此，我们认为，职业自由的内容应包括选择职业自由、执行职业自由和放弃职业自由，即择业自由、执业自由和弃业自由。

（1）职业选择自由。职业选择自由是个体选择某一特定行业从事之谓。"人民基于本身之生理与心理及才智等不同，自有自己选择工作之权，而国家不得强迫人民必须担任某种工作，此即职业选择之自由也。"④职业选择自由是个体职业活动的开始。

值得注意的是，职业选择自由内在地包含职位选择自由。职位选择自由指"具体的职业工作关系"之选择与维持的自由，系特定工作关系之形成自由。⑤ 职位选择自由与前述之职业选择自由有特别法与普通法的关系。职位选择与职业选择因此有一部分即属重叠，故对于职位选择自由有所限制，必定对职业选择自由（创业自由）造成限制；相反的，对职业选择自由限制，不尽然会对职位选择自由造成侵害。例如限制担任某一特定公职，必连带侵害选择自由；相反的，对公务员设定兼职之限制，未必就侵害职位选择自由。区别职业选择自由与职位选择自由的目的在于：职位选择自由因属

---

① ［德］罗尔夫·施托贝尔：《经济宪法与经济行政法》，谢立斌译，商务印书馆2008年版，第170页。
② ［德］乌茨·施利斯基：《经济公法》，喻文光译，法律出版社2006年版，第81页。
③ ［德］乌茨·施利斯基：《经济公法》，喻文光译，法律出版社2006年版，第82页。
④ 谢瑞智：《宪法新论》，文笙书局1999年版，第279页。
⑤ 李惠宗：《宪法要义》，元照出版有限公司2001年版，第237页。

特别规定,因此有特别限制之可能性,亦即对职位选择自由之立法裁量权限较大。某些自由业,须先加入公会始得执行业务,如律师业等。从职位选择自由的角度看,个人离职自由亦应受到保障,但个人离职会受到离职证明书记载之影响,这同时也涉及竞业禁止的问题。

(2) 职业执行自由。即以什么方式执行职业的自由。职业执行自由的范围涵括较广,包括营业时间自由、营业地点自由、营业方式自由、广告自由、营业内容自由、营业对象自由、进用员工自由、投资自由等。如某企业为了促进商场成功而作的形象展示以及广告当属于职业执行的自由,都属于职业自由的保护范围。①

(3) 弃业自由。指自然人或法人终止其职业或营业之自由。此属消极自由权,但行使此种自由如涉及其他人时,应当有所限制。如企业有未了结的债务时,未经法定程序,不得终止其营业。

以上职业自由的内容,体现了一种职业的实现时序,而且以人格发展自由的角度观之,择业自由与权利主体人格发展自由的关系最密切;而执业自由与弃业自由则由于与社会人群关系逐渐密切,因此对主体而言其人格发展自由就会受到越来越多的限制。从"自由权"的角度观之,愈属前者,即表示愈属私人的领域,国家之干预权限愈小,愈往后者,必愈与社会共同体之成员发生关系,国家基于其经济任务,自愈有形成之空间。② 因此,对人格自由愈有关联的职业自由所为之限制,立法裁量的范围应愈小。对某种外部经济行为之限制,如果以较后阶段的限制方式即可达成公共利益之目的,则不必以较前阶段的方法限制之。

此外,有些学者认为,职业自由尚包括职业培训与教育的自由与不选择职业的自由。"职业培训自由是个体的职业自由的必要延伸。职业培训自由的意义在于,一个人一生可能并非只从事一种职业,而且职业培训质量的高低也会影响到其职业自由权的实现。"③有学者认为职业自由的内容包括选择职业之自由权、选择工作场所之自由、选择教育场所之自由、执行职业之自由、禁止强迫从事某特定工作以及消极职业自由,亦即不从事职业之自由。④ 更有学者认为,职业自由涉及人民在国家中各个层次的经济活动,基

---

① 参见[德]乌茨·施利斯基:《经济公法》,喻文光译,法律出版社2006年版,第81页。
② 李惠宗:《宪法要义》,元照出版有限公司2001年版,第238页。
③ 吴越:《经济宪法学导论》,法律出版社2007年版,第138页。
④ 参见法治斌、董保城:《法治新论》,元照出版有限公司2006年版,第253页。

于"基本权充分实现原则",应对自由权做扩张解释,故凡与职业或经营业务有关之核心权利及其准备行为,都应包括在职业自由的内容之内。因为"职业固不以一定能力为要素,但自由经济的职业市场,若未具备一定职业能力,则往往对职业所拟促进之人格发展自由,有一定之妨害"①。所以,职业自由包括了职业培训自由,也即选择培训时间、地点的自由。

我们认为,职业教育、职业培训虽然是个人具备一定职业能力所必需的,而且这种职业能力的养成对于个人在自由职业市场的就业具有重要意义,但首先,这种教育与培训只是个人职业能力的养成,是一种进入职业市场的内在条件,并非一种外在的、客观的障碍;是进入职业的准备阶段,而非真正进入职业阶段;是实现职业自由的有利条件,但并不是职业自由本身。其次,职业教育与培训可以纳入公民的"受教育权",经由"受教育权"来实现。再次,职业教育和培训,是一个国家基本国策的实现,受到社会经济发展、国家政策等的影响,难以在法律上积极主张。因此,职业教育、职业培训固然重要,但不宜纳入职业自由的内容。

另外,职业自由是否包括不从事职业的自由,即不择业自由权?这在理论和实践中是有争议的。对此,有学者持肯定态度。如有学者从积极与消极两个方面来认识职业自由,即"个体有依法选择职业和结束职业的自由,这是积极的职业自由的含义。个体也有权拒绝从事自己不愿意从事的任何职业的自由,任何人没有法律的依据不得强迫他人从事任何职业,也不得强迫他人在法律规定的限度之外从事职业活动,这是职业自由的消极含义"②。台湾地区也有学者持同样的观点,认为职业自由包括消极职业自由,亦即不从事职业之自由。③ 对此,我们认为,消极职业自由对于公民人权的保障具有重要意义。④ 但是,职业自由是否包含不择业的自由,首先应从职业自由的本来意义上理解。职业自由自1849年在德国《保罗教堂宪法》中开始出现,就与迁徙的自由以及财产权有关,总称为经济自由权。这些权利是近代市民阶级排除封建性的约束,为进行自由的经济活动而主张的权利,其初衷

---

① 李惠宗:《宪法要义》,元照出版有限公司2001年版,第235页。
② 吴越:《经济宪法学导论》,法律出版社2007年版,第133页。
③ 参见法治斌、董保城:《法治新论》,元照出版有限公司2006年版,第253页;李惠宗:《宪法要义》,元照出版公司2001年版,第238页。
④ 苏联宪法曾规定"不劳动者不得食",因此,公民的不从事职业的自由,对于保障人权具有重要的价值。

是为了解除个体职业选择的来自于国家和社会的种种束缚,而不是保护个体不选择职业的自由。另外,不择业自由实际上就是免于强迫劳动的权利,而该权利已被国际人权法承认为一项独立的权利,对其的保护可诉诸一般人身自由条款,因此也不宜作为职业自由的内容。

四、职业自由的权利性质

基本权利的性质,一般可划分为自由权与社会权。[①] 职业自由无疑是一种自由权,在德国基本法中,这一点非常清楚。魏玛宪法曾开创性地规定了公民的劳动权,这无疑是一种社会权,而后来的德国基本法没有再规定劳动权,而代之以职业自由,明确了其自由权之性质,即公民的职业选择自由不受非法干涉,但国家并无提供职业之义务。国家虽然有义务促进就业,但这是政策,非法定权利可主张。然而由于世界各国和地区立法的差异,以及概念表述等问题,对于职业自由的性质仍然有着不同的争论。

日本宪法中规定了公民有选择职业的自由,此外,日本宪法中同时规定了公民的劳动权,日本学界认为,劳动权是社会权,职业自由是自由权,这一点当无疑义。[②]

我国台湾地区虽然深受德国法律传统的影响,但其"宪法"中没有采用职业自由这个概念,而是以"工作权"代之。其"宪法"第15条规定:人民之生存权、工作权及财产权,应予保障。"由于将工作权与具典型受益权性质的生存权及自由权性质之财产权并列,以致学说上对于'宪法'工作权保障之性质有自由权说,自由权兼受益权说,与自由权说三种。"[③] 自由权说为多数学者之见解,认为工作权属防止国家侵害的防御权。司法实践中亦复如是。"司法院大法官"历来所著之解释,皆是从"防御权"的"工作自由权"出发。例如,释字第510号解释称"宪法"第15条规定人民之工作权应予保障,人民从事工作并有选择职业之自由,释字第514号解释亦称人民营业之自由为"宪法"上工作权及财产权所保障。

美国宪法中并没有明确规定职业自由,而是将其内涵于自由权之中,通

[①] 关于自由权与社会权的讨论,参见本著第51页。

[②] 参见[日]大须贺明:《生存权论》,法律出版社2001年版,第10—13页;[日]阿部照哉等编著:《宪法(下)——基本人权篇》,周宗宪译,元照出版有限公司2001年版,第184、236页。

[③] 法治斌、董保城:《法治新论》,2006年版,元照出版有限公司,第252页。

过宪法第5修正案与第14修正案予以保护。① 在1872年屠宰厂案中,屠宰商们抗议1872年路易斯安那州立法机关给予某一公司以垄断权,使其保持在新奥尔良市的牲畜屠宰场所,并规定其他屠宰商在使用他的设施时可以收取费用。此一律令既剥夺了他们的财产,也剥夺了他们的自由。在最高法院对此案的审理过程中,希拉德利法官称"一个人选择专业的权利是自由的基本内容,这也是政府保护的对象;而这种专业一旦被选定,它就成为一个人的财产和权利。他们的选择权是他们的自由权的一部分;他们的职业就是他们的财产"②。因此,美国立法及司法实践都是将职业自由视为一项自由权。

值得注意的是,一些学者认为职业自由是自由权,然而却以"积极"的角度观之。台湾地区有学者认为,职业自由这类自由权,于现代给付国家时代潮流中,已由"免于国家干涉自由的自由权"趋向"向国家积极请求之自由"的受益权概念发展。例如为实现工作权之保障,国家除不能干涉外,并应积极提供实现该自由权的相关完善配套,例如设立职业介绍所、转业训练、提供中小企业融资及失业救济等。这也说明,工作权除具自由权之性质外,亦兼具受益权之属性,如此职业自由已从原有消极防御性,免于国家干预自由,渐与强化收益权与保护功能发展趋势不谋而合。③

中国大陆也有学者持类似观点。由于中国宪法没有规定公民的职业自由,因此,有学者试图在劳动权中注入自由权的成分,从自由权的角度阐释劳动权,从而使职业自由包含于劳动权之中。他们认为,劳动权实际上应被视为一种自由权,对劳动者而言,国家不干预他们的劳动自由属于劳动权的消极自由方面,国家在对劳动者享有的自由方面,有所不能为,即不去干涉、不去强制。除此之外,广义的自由权还包括积极的方面,劳动者有权利要求国家的保护与帮助,甚至有权利要求国家提供诉讼救济。在此,作者区分了社会权与积极自由,认为,主张劳动权仅作为一种社会权,即要求国家对经济上的弱者进行保护与帮助,实质上是把劳动者看成是消极被动的主体,而如果从"积极自由"的角度看,把国家对劳动者的保护和帮助看作是劳动者

---

① Right to follow a trade, business, or occupation,从事商业、贸易或就业权。为美国宪法第十四条修正案所保障,指从事一定行业得以谋生的权利。这是一项未经正当法律程序不得剥夺的财产权。参见《元照英美法词典》,法律出版社2003年版,第1204页。
② 参见肖海军:《营业权论》,法律出版社2007年版,第118页。
③ 法治斌、董保城:《法治新论》,元照出版有限公司2006年版,第252页。

自身的积极行为的权利,其实质就是把劳动者看作是能动的主体,而不再是被动的给予者。① 这种观点的实质是视自由权为一种广义的权利,不仅包括消极自由方面,还包括所谓的"积极自由"方面,这方面即是社会权的内容。不过作者认为以社会权的视角看待劳动权,劳动者会被视作消极被动的主体,而积极自由的实质是把劳动者视为能动的主体。可以看出,作者的论述看似独辟蹊径,实际上仍然认为劳动权是一种自由权,不过通过广义的解释,以所谓积极自由的视角取代了社会权方面的内容。这不但是对社会权的误读,而且是对"积极自由"的误读。社会权实际上就是一种积极的权利,是权利主体,包括劳动者积极要求国家给予保护和帮助的权利,而对"积极自由"的阐释,更是误读了柏林的两个自由的分类。

因此,我们认为职业自由是自由权,是针对国家的消极防御权。

第三节　职业自由与相关概念的关系

劳动权、工作权、营业自由等概念,与职业自由非常相近,甚至存在着交叉,有些学者甚至对这些概念不加区别地使用,这些都造成了概念上的混乱和理论研究上的自说自话。因此,对这几个概念加以界定,是很有必要的。

一、职业自由与劳动权(工作权)

中国的宪法没有职业自由的规定,而是规定了劳动权,台湾地区的"中华民国宪法"规定了工作权,日本的宪法既规定了职业选择的自由权,又规定了劳动权。那么,职业自由与劳动权、工作权之间是什么样的关系?

(一)劳动权与工作权

从概念上看,一般情况下,工作权与劳动权并无实质的区别,很多学者

---

① 陈学超、杨春福:《劳动权性质论——自由主义视野下的初步探讨》,载《南京社会科学》2004年第3期。

都是在相同的含义上使用这两个概念的。"Right to work"经常被不加区别地翻译成工作权或劳动权。"该词至少有两个经常混淆的含义。一是指免受限制性规则的阻挠,获得工作的自由。这项权利是法定权利。二是指要求获得工作的权利。尽管经常有人主张后者是一项权利,但它不是一项法定权利,因为工作能否获得总是取决于经济因素,而非由法律决定。然而,前者是个人一项重要自由。"① 如台湾地区学者黄越钦就认为两者并无区别,"工作权亦称劳动权"②。日本学者山口重克认为,不同国家对劳动权与工作权的概念使用,更多的是基于一种文化原因或传统观念。③

然而,也有学者认为劳动权与工作权两个概念之间存在着区别。学者吴越就主张以工作权的概念取代劳动权,认为这样做更符合国际惯例。如《经济、社会、文化权利国际公约》第 6 条规定的是工作权（working rights）,而非劳动权（labor rights）,国际劳工组织所颁布的公约及标准中也有"laborers rights"的概念,但后者仅仅是对从事体力劳动的职业者的基本权利的规定。即使如此,该组织所称劳工权利在英文中仍然被表达为"工作的权利"（rights at work）。④ 另外,劳动权和工作权无论是在语境上还是在内涵上都存在较大的差异。劳动权中所体现的"劳动观"更多地与中央集权的计划经济时代相连,个体被视为集权的计划经济的部分。劳动是光荣的,但并

---

① 《元照英美法词典》,法律出版社 2003 年版,第 1204 页。
② 黄越钦:《劳动法新论》,中国政法大学出版社 2003 年版,第 57 页。
③ 英国等国一般称工作权,而不称劳动权。英语对劳动的称呼有两个单词:"work"和"labour"。这两个单词差异很大。"Work"指能感觉到劳动喜悦的劳动,"labour"则多少带有一些无聊并单纯是体力上的痛苦的意味。因此有称呼艺术家或音乐家的工作为"Work"的,但没有称呼他们的工作为"labour"的。虽然有时英国的工人也在自己的同伴之间自我嘲讽地称呼自己是"labouring class",但更多的是喜欢自称"worker"或"working class"。这种时候,可以认为他们是以自己的工作为自豪的。日本则称为劳动权,这是有其自身的文化原因。在日本,"工人"这个词汇已经成为死语。很久以来,"工人"这样的语汇遭到不同劳动人群的否认而拒绝使用。在日本,"工人阶级"或"工人"之类的语汇是有所谓左派味道的外来语,也许是由于这一原因,这类语汇的使用受到阻碍而得不到普及。与英国相反,日本的劳动者不使用"工人"或"工人阶级"这样的语汇去称呼自己,其原因在于,日本的劳动者能够在工作中感受到更多的自豪和生活意义。从英语的微妙含义来看,"work"和"labour"正好与日本语言中的工作和劳动相对应。日语所说的"劳动",这一词汇的意思更接近于"labour"。与英语"worker"不同,日语的"工人"一词不能表现出对自己劳动的自豪,因此许多日本的劳动者不称呼自己为"工人"或"工人阶级"。参见［日］山口重克:《市场经济:历史·思想·现在》,张季风等译,社会科学文献出版社 2007 年版,第 149 页。
④ 国际劳工组织的《工作基本原则与基本权利宣言》在英文中被表述为 fundamental principles and rights at work,参见该组织的网站:http://www.ilo.org。

非是自由的,因为在计划经济观念之下,个体的劳动更多的是一种义务。而且这种劳动观十分重视"体力活"而鄙视脑力劳动或者管理劳动这类"不劳而获"的人。到了20世纪70年代末期中国实行改革开放的时候,这种义务式的劳动观才逐渐为工作观(职业观)所取代。"劳动"与"工作"虽然都有"劳作"之意,但是后者已经远离了义务性质的无自由选择性质的含义。工作观(职业观)是一种自由取向的、平等地适用于体力劳动和脑力劳动者并且是以等价交换为前提的个体价值观,它符合市场经济的基本价值:自由、平等和等价交换。① 因此可以说,从劳动观到职业观的变迁是社会经济发展和价值观变迁的结果。

但是,也有学者认为劳动权与工作权两个概念有根本的区别。工作权有自由权的一面或者就是一种自由权,而劳动权则是社会权。我国台湾地区"宪法"规定了工作权,且工作权一般被认为是自由权,包括了职业选择的自由。"所谓工作权乃指人民有从事工作并有自由选择职业及工作场所之权利,工作权更是达成生存权之必要手段。人民工作权若遭侵犯,其生存权必遭威胁,国家若欲限制,必须符合宪法第23条之规定。"② 这里的工作权实际上就是工作自由(freedom to work),即"个人有工作或不工作、选择行业或职业的自由。但并不意味着有获得工作或任何特定工作的法律权利,这是法律所不能规定的,实际上也是不可能达到的"③。

学者李惠宗认为工作权有自由权之工作权与社会权之工作权之分。自由权之工作权系古典基本权之意义,系属防止国家侵害的防御权。④ 社会权之工作权可称之为"劳动权",系落实社会安全政策的一环。工作权作为一种社会权,旨在要求国家应透过法律所建构的制度及形成政策,对于从事劳动职业的劳工,给予适当保护,不致使劳动者的劳动力只是企业经营者获得利润的一种工具。⑤

因此,劳动权与工作权之间的关系呈现出并不清晰的图像,两个概念或者在同一意思上使用,两者之间并无不同;或者认为工作权是自由权,与作为社会权的劳动权不同;或者认为工作权兼有自由权与社会权,而劳动权则只是社会权。

---

① 吴越:《经济宪法学导论》,法律出版社2007年版,第135页。
② 法治斌、董保城:《法治新论》,元照出版公司2006年版,第252页。
③ 《元照英美法词典》,法律出版社2003年版,第582页。
④ 李惠宗:《宪法要义》,元照出版公司2001年版,第232页。
⑤ 李惠宗:《宪法要义》,元照出版公司2001年版,第249页。

（二）职业自由与工作权

我国宪法及法律中一般不使用"工作权"这个概念。而在理论界，工作权这个概念却日益被提及。台湾地区"宪法"第 15 条规定了"工作权"，而不是像德国基本法一样规定职业自由。这就在宪法学理上引发了关于工作权概念的争议。大致说来，有以下几种理解：其一，将"工作权"理解为自由权，其具体保障范围，除自由选择职业外，亦及于自由选择工作场所之权利。其二，将"工作权"理解为受益权（或社会权），其意指"人民于失业之际，请求国家予以适当就业机会，以维持其生存之权利"。此说复可区分为两派见解，一为认其仅具方针、纲领性质，二则将之解为具体的受益权，赋予其得为请求之力。其三，认为"工作权"兼具自由权与受益权之性质，其一方面可排除来自国家的不法侵害，另一方面亦得于失业时请求国家救济。①"选择职业的自由就是自由权意义的工作权，指人民有工作自由与职业自由，亦即人民为维持其生计，得以志趣能力以选择相合职业。当然工作权还包括收益权意义的工作权，指国家必须保障人民的工作机会与工作条件，亦即人民有权要求政府给予适当工作机会。"②在释"宪"实务上，"司法院大法官"释字第 404 号解释文指出："第十五条规定人民之工作权应予保障，故人民得自由选择工作及职业，以维持生计。惟人民之工作与公共福祉有密切关系，为增进公共利益之必要，对于人民从事工作之方法及应具备之资格或其他要件，得以法律为适当之限制，此观第二十三条规定自明。"之后，释字第 411 号与释字第 510 号解释一再援引第 404 号解释文内容。因此可以确认，释"宪"实务上，台湾地区"司法院大法官"会议一贯地将"宪法"15 条的"工作权"理解为职业自由权。③ 职业自由与工作权概念分歧的背后，往往闪烁着意识形态的影子。在 1984 年议题名为"基本法第 12 条——职业自由与工作权"的德国德意志公法学家年会上，这一基本权概念本身的意识形态内涵得以彰显。学者 Hans-Jurgen Papier 指出，基本法第 12 条第 1 项保障所有德国人，选择所有其认为适当的活动，作为其职业，质言之，以其为生活基础，于此所称之"职业"包含独立性与非独立性的活动。非独立性工作的基本权同样是针

---

① 参见蔡茂寅：《工作权保障与劳动基本权的关系及其特质》，载《律师杂志》1997 年第 219 期，第 25—26 页。
② 傅肃良：《中国宪法论》，三民书局有限公司 1991 年版，第 146 页。
③ 参见陈爱娥：《宪法工作权含义之演变——我国与德国法制之比较》，载《"全球化与基本人权：政治学与公法学之对话"学术研讨会论文集》，2003 年 12 月。

对国家的自由权;它同样包含在开始、持续与终止劳动时的自由,乃至免于国家规整而为活动的自由权。问题是:除独立工作者的自由权之外,非独立工作者的自由权是否获有"社会国的、给付性权利的加值"(sozialstaatlich-leistungsrechtliche Aufstufung)。如是,"工作权"在宪法上的含义就可以由(一般性地适用于劳动者与企业主的)职业自由以及受社会国原则影响,主要致力于保障非独立工作者的"工作权"这两个面向来观察。① 可以看出,职业自由无论对于独立工作者还是非独立性工作者而言,都是针对国家的自由权;而工作权则主要是保障非独立工作者,属于社会权的性质。正是如此,"联邦宪法法院正确指出,职业选择自由并不意味着有权要求国家提供个人所选工作岗位的权利,也不意味着有权要求国家保障所选工作岗位继续存在。国家只能改善劳动法上的框架条件"。这说明了劳动权是社会权,主要保障劳动者的权利;职业自由为自由权,对劳动者与雇主平等保护。②

因此,工作权主要有三个理解维度:一是职业选择的自由权(包括营业自由),这实际上与职业自由的概念一样;二是受益权(或社会权),这实际上就是传统意义上的劳动权;三是兼有职业选择的自由权和受益权(或社会权),就是所谓广义上的工作权,实际上是将职业自由与劳动权涵盖在一起。

(三) 职业自由与劳动权

劳动权在我国一直是一个充满争议的概念。理论界对劳动权的认识很不一致,有广义、狭义等多种理解,由此也造成劳动权内涵混乱、外延宽窄不一,总结起来,主要有以下观点:劳动权是就业权(劳动保障权)③;劳动权是就业权和报酬获得权④;劳动权是就业权和择业权,也就是所谓的狭义劳动权⑤。

---

① 参见陈爱娥:《宪法工作权含义之演变——我国与德国法制之比较》,载《全球化与基本人权:政治学与公法学之对话"学术研讨会论文集》,2003 年 12 月。
② [德]罗尔夫·施托贝尔:《经济宪法与经济行政法》,谢立斌译,商务印书馆 2008 年版,第 168 页。
③ 参见谢怀、陈明侠:《宪法确立的劳动法基本原则》,载中国劳动法学研究会编《劳动法论文集》,法律出版社 1985 年版,第 34 页;许崇德主编:《宪法》,中国人民大学出版社 1999 年版,第 177 页。
④ 参见关怀主编:《劳动法学》,群众出版社 1985 年版,第 77 页;李步云主编:《宪法比较研究》,法律出版社 1998 年版,第 534 页;魏定仁、甘超英、付思明编:《宪法学》,北京大学出版社 2001 年版,第 296 页;曾庆敏主编:《法学大辞典》,上海辞书出版社 1998 年版,第 679 页。
⑤ 参见董保华:《劳动法论》,世界图书出版公司 1999 年版,第 254 页;冯彦君:《劳动法学》,吉林大学出版社 1999 年版,第 56 页;李景森、贾俊玲主编:《劳动法学》,北京大学出版社 2001 年版,第 15 页。

劳动权是由劳动而产生的或与劳动有密切联系的权利。这就是所谓的广义劳动权,其外延很广,包括了劳动就业权、择业权、劳动报酬权、劳动保护权、休息权、职业培训权、物质帮助权等。[1]

我们认为,劳动权概念的混乱,与学者将宪法上的劳动权与劳动法上的劳动权概念误用有关,也与意识形态对学术的影响有关。解开概念外围的重重包裹,我们可以看出,职业自由与劳动权是有着本质上的区别的。

首先,产生的历史背景不同。在基本人权的发展过程中,自由权远早于诸社会权。近代国家建立之时,人们认为只要能"摆脱"专制政府的束缚,即可凭藉个人的努力,获取生活之资,社会也因此能和谐发展。因此,职业自由作为宪法权利的时间比劳动权要早得多,甚至被认为是人的不言而喻的权利,是人身自由的必然结果,没有特别宣示的必要,后来才被写进宪法之中。正如王世杰、钱端升先生所指出的,对于工作自由(职业自由),"法国1789年《人权宣言》,初未明白承认这种自由;这或因当时人士,认为工作自由只是人身自由的一种必然结果,没有特别宣示的必要。但之后法国1793年宪法中的《人权宣言》第十七条,却有'无论何种劳工、教育或商业,不得禁止人民操作'的规定;这便是承认人民的工作自由"[2]。而劳动权产生较晚,其规定始于1919年的德国魏玛宪法。该宪法之所以规定劳动权,是基于社会发展过程中严重的贫富差距和失业问题。之后,西方国家开始重视劳工问题,并在宪法中规定劳动权,使人民就业成为国家的义务。

其次,权利的性质不同。职业自由是自由权,自由权"究极之思想史根据,为基于自然法……为消极的权利,以不受国家拘束为其内容"[3]。因此,职业自由侧重于"自由",即公民自主选择和开展职业的自由,重在排除外界特别是公权力的干预;而劳动权是社会权,是要求国家积极作为的权利,"是国家对经济上的弱者进行帮助和保护的权利"[4]。因此,劳动权侧重于"权利",即获得劳动的机会和适当的劳动条件的权利。在一些国家(如日本)把职业自由与迁徙自由、居住自由规定在一起,而将劳动权另作规定,就是明显的例证。自由权"以自由主义国家,为其根据",社会权"则以现代福祉国

---

[1] 参见冯彦君:《劳动法学》,吉林大学出版社1999年版,第56页;刘嗣元:《谈市场经济条件下公民劳动权的实现》,载《法商研究》,1995年第5期。
[2] 王世杰、钱端升:《比较宪法》,商务印书馆1999年版,第90页。
[3] 黄越钦:《劳动法新论》,翰芦图书出版有限公司2000年版,第76页。
[4] 大须贺明:《生存权论》,林浩译,法律出版社2001年版,第12页。

家,为其根据"①。日本最高法院曾判示:"宪法在福利国家思想下,企图社会经济均衡调和发展,基于此观点,明显保障所有国民所谓生存权,且作为其一环,保障国民的工作权等,要求对经济劣位者之适切的保护政策。"②可见,日本最高法院是将工作权(劳动权)视为生存权之一环而保障,并与职业选择自由相区别的。

再次,权利的主体不同。职业自由的权利主体可以是公民,也可以是法人。无论是创业者、独立工作者还是受雇佣的劳动者,都可以主张针对国家的职业自由权;而受社会国原则所影响的劳动权,其主体只能是公民,主要保障的是非独立性的工作者,也即受雇佣的劳动者。

最后,劳动权常与义务相连,而职业自由只是权利。从很多国家和地区的宪法及宪法性法律关于劳动的相关规定来看,劳动不仅是一种"权利",同时也是一种"义务"。如我国宪法第 42 条规定:"中华人民共和国公民有劳动的权利和义务。"日本宪法第 27 条规定"国民均有劳动之权利与义务"。而职业自由是单纯的权利(自由),个体可以选择从事一项职业,也可以放弃一项职业,甚至不从事任何职业,国家不可以强迫其从事职业。因此,职业自由不可能成为一种义务。值得注意的是,德国 1949 年《德意志联邦共和国基本法》规定"所有德国人有权自由选择其职业",废除了关于劳动权的规定,其立法原因是基于国家对于公民劳动权的保障是不可能的,所以以职业自由代替之。这也从另一方面说明了劳动权与职业自由之不同。

因此,劳动权与职业自由之间有着本质的不同。在职业自由的保障下,公民所能要求的只能是职业种类、场所等不受国家分配或强制的自由空间,而不是对国家协调或提供工作机会的期待。

二、职业自由与营业自由

营业自由主要是针对各种形态的商业经营活动与无特定雇主的自由业之选择、创立与经营的自由。对于职业自由与营业自由的关系,学者之间有着争议。有些学者认为两者是根本不同的概念,甚至认为营业自由并非宪

---

① 黄越钦:《劳动法新论》,翰芦图书出版公司 2000 年版,第 76 页。
② 最大判昭和四十七年(一九七二年)十一月二十二日刑集第二十六卷第九号第五八六页。参见[日]阿部照哉等编著:《宪法(下)——基本人权篇》,周宗宪译,元照出版有限公司 2001 年版,第 182 页。

法上所保障的权利；而另外一些学者认为，"营业"是"职业"的特殊表现形式，故营业自由包含于职业自由之中。

有些学者对这两个概念作了区分，认为它们之间存在着显著的区别。职业自由是以权利人个人意志选择与一系列复合性行为所构成的，而营业自由的选择与执行中，则通常涵盖了人（共同或辅助从事营业活动者）、事（营业活动本身）与物（土地、建筑物或营业自由之媒介等）等许多重要因素，通常存在有众多行政法令之管制对象。[①] "从营业的基本内涵上看，营业特指或者仅指商主体以谋求盈利最大化为目标的生产、经营活动，而不包括实际参入了市场交易但不具有盈利最大化的消费者之经济活动。"[②] 因此营业自由是权利主体对动态营运的财产进行处分，所处分的是独立于自身之外的财产利益；而职业自由是权利主体对自身潜能的支配和充分发挥，所处分的是自身的劳动能力。[③] 可以看出，这两者之间的区别主要在两个方面：一是权利主体不同，职业自由的主体是公民（劳动者），营业自由的主体是商主体，主要是企业；二是客体不同，职业自由中主体的处分对象是自身的劳动能力，营业自由中主体处分的对象则是营运的财产。日本经济史学者冈田与好则从历史的角度考察营业自由，否定了其为宪法上所保障的权利的观点。冈田与好认为，不同于"职业选择自由"系个人的、普遍的人权所衍生出之免于国家干预的自由，营业自由（freedom of trade, gewerbefreiheit）是基于自由竞争乃正当的立场，作为排挤商业、职业的产业独占的"公序"（public policy）原则，而产生于历史上者，故两者是全然不同领域。"营业自由"乃是独占的否定，但法律学由于轻视历史的方法，因而产生了视独占禁止法乃是宪法所保障的"营业自由"之限制的根本错误。[④] 该观点认为职业自由乃是纯粹的个人自由，因此其受宪法保障当无疑义；而营业自由实际上等同于企业自由，与其说属于个人权利，倒不如归类为市场自由之类的公共秩序问题，本质上理当服从社会制约，故而不适用于宪法保障。因此，职业自由与营业自由是两个不同的概念。

---

① 蔡宗珍：《营业自由之保障及其限制——"最高行政法院"2005 年 11 月 22 日庭长法官联席会议决议评析》，《台大法学论丛》第三十五卷第三期。
② 肖海军：《营业权论》，法律出版社 2007 年版，第 25 页。
③ 参见肖海军：《营业权论》，法律出版社 2007 年版，第 54 页。
④ 参见[日]阿部照哉等编著：《宪法（下）——基本人权篇》，周宗宪译，元照出版有限公司 2001 年版，第 184 页。

另外一些学者认为,营业自由或企业家的自由是职业自由的另一种表现形式,该自由包括建立企业、经营企业、雇用员工、销售货物和宣传产品的自由。① 德国基本法未区分独立的职业(雇主)与不独立的职业(雇员),因此,其保障自由职业和工商自由。营业自由实际是个人职业自由的延伸,营业自由并非是与职业自由并列的自由种类,而是派生于个体的职业自由。营业自由是广义职业自由的组成部分。这是德国联邦宪法法院和学术界的一致观点。日本学界通说认为,"营业"系指"职业"中具特殊性者,亦即是具持续性,且以营利为目的之自主活动。② "所谓选择职业之自由,就是决定自己应该从事的职业的自由。为谋生计,无论从事农、工、商中任何一种工作,主张选择职业的自由都是必要的。盖选择职业之自由也包括营业之自由。"③ 对于一些经济史学者否定营业自由为宪法上所保障权利的观点,有学者批判道,营业自由"彻彻底底是与国家关系上之自由权,纵使未特别于宪法中予以定位,亦非立法部门或法院所得采用的社会关系之公序原则"④。另有学者认为,上述从经济史的角度阐释营业自由的见解固然言之成理,然而营业自由之保障本亦可自财产权保障中导出,而且法人作为基本人权主体之适格性,在与人权性质不相悖谬的前提下应当得到肯认,因此不宜断然将营业自由排除在经济自由权的范畴之外。⑤ 毋宁说,"营业"是指"职业"中具特殊性者,亦即是具有持续性,且以营利为目的的自主活动。⑥ 这不但是日本学界的通说,而且也得到了日本最高法院裁判的支持。⑦ 我国学者吴越也持这种观点,"因为个体的职业自由既包括从事受雇佣的劳动的自由,也包括自由职业或者自主创业的内容。因此从这个意义上说,营业自由其实

---

① 参见[德]乌茨·施利斯基:《经济公法》,喻文光译,法律出版社2006年版,第82页。
② 参见[日]阿部照哉等编著:《宪法(下)——基本人权篇》,周宗宪译,元照出版有限公司2001年版,第185页。
③ [日]三浦隆:《实践宪法学》,李力、白云海译,中国人民公安大学出版社2002年版,第131页。
④ [日]阿部照哉等编著:《宪法(下)——基本人权篇》,周宗宪译,元照出版有限公司2001年版,第185页。
⑤ 许志雄等著:《现代宪法论》,元照出版有限公司2008年版,第185页。
⑥ 例如,公务员、公司职员的工作,可以说是从事"职业",但绝不能说是"营业"。
⑦ 参见最大判昭和四十八年(一九七三年)十二月十二日民集第二十七卷第十一号第一五三六页。转引自[日]阿部照哉等编著:《宪法(下)——基本人权篇》,周宗宪译,元照出版有限公司2001年版,第182页。

是广义的职业自由的一个重要的组成部分"①。我国台湾学界对此也持同样的观点,在"司法"实践上也将"营业自由"纳入工作权的保障范围。

从狭义的角度看,职业自由与营业自由二者存在着区别,但它们之间又存在交叉地带。职业自由与营业自由有时难以区分,甚至在有些情况下会呈现为一体。如一位牙医的开业经营就既是职业自由的体现,同时又是营业自由的体现。此外,就二者的关系而言,营业自由常常为职业自由的实现提供了基础和条件。"忽视了创造工作岗位的企业家,从而也就忽视了雇员就业的基础,导致了人们经常提及的企业家空缺",所以"对于创造生产力、设立和保障工作岗位从而保障职业自由的人,国家应当予以鼓励并且提供扶助。因此,国家应当对企业家,特别是创业者提供支持"②。而从广义的角度看,营业自由可以被认为是职业自由的一种。我们认为,作为基本权利的职业自由,应当包括营业自由,这不仅是理论界的主流观点,而且在各国的司法实践中都得到了体现。此外,在当下的中国,企业,特别是民营企业的营业自由经常受到随意的限制和侵犯,这一方面有法制不健全的原因,更为重要的是营业自由没有作为基本权利被确立起来,甚至没有被认识到。因此,在宪法上规定职业自由,对处于经济转型时期的我国企业特别是民营企业的生存与发展至关重要。

本章小结

职业自由是个体依法选择职业、执行职业和结束职业的自由。职业自由是个体的基本权利,因此保持职业概念的开放性,不以法律法规甚至一般的社会道德来随意否定一项职业的存在,这样才能给公民提供安身立命的机遇,也才能为新的职业的产生提供宽容的土壤。职业自由是针对国家的

---

① 吴越:《经济宪法学导论——转型中国经济权利与权力之博弈》,法律出版社2007年版,第140页。
② [德]罗尔夫·施托贝尔:《经济宪法与经济行政法》,谢立斌译,商务印书馆2008年版,第168页。

防御权,是干涉和依赖"缺席"的消极自由,它保障个体选择职业的自由、执行职业的自由和放弃职业的自由。营业自由是职业自由的一部分,但作为自由权的职业自由与作为社会权的劳动权之间却有着本质的不同。工作权由于不同的理解和主张,而表现出与职业自由若即若离的关系:自由权(工作自由)意义上的工作权与职业自由同义;社会权意义上的工作权其实就是劳动权,与职业自由有着本质的不同;而兼具自由权与社会权意义的工作权就与职业自由呈现出交叉的关系。

CHAPTER 2

职业自由的价值

> 进入劳动市场的自由,其自身就是对发展的显著贡献。
>
> ——[印]阿马蒂亚·森

> 对我们当中的大多数人来说,花在工作上的时间占我们生命的大部分,由于我们的职业通常也决定了我们生活的地点和将和哪些人在一起生活,因而选择职业的某种自由,对于我们的幸福来说,甚至也许比在闲暇时花用我们收入的自由更为重要一些。
>
> ——[英]哈耶克

"一般说来,在自由主义的社会体制之下,所有的权利和制度极端地说来都是为保证增进个人之自由而存在的,也正因为这样,权利和制度才有价值。"①职业自由,作为个人自由的表现和增进个人自由的制度,无疑有着重要的价值。

价值这一哲学概念类似于经济学上的"价值"概念,其一般含义就是"有用","是客体的事实属性对主体的效用性,简言之,便是客体对主体需要的效用"②。因此可以说,价值就是客体对主体需要的满足。然而,对"主体的需要"和"主体"本身是否也要进行评价?这种评价的标准是什么?这就引发了对价值概念更深层次的发掘。③ 由此,我们可以从三个层次认识价值的含义:价值是表征主客体关系的概念,是客体对主体需要的满足;价值又是一个评价性概念,对主体的各种需要做出评价;价值还是个伦理性概念,是对主体本身价值的评价即对人格尊严的推崇。④

职业自由的价值体现在职业自由对个体和社会需要的满足,这种需要关乎个体的生存和社会的进步,关乎人的尊严和人格的自由发展。正是职业自由所具有的这种价值,使其作为公民的基本权利规定在越来越多国家的宪法之中。

---

① [日]大须贺明:《生存权论》,林浩译,法律出版社2001年版,第33页。
② 王海明:《新伦理学》(上册),商务印书馆2008年版,第157页。
③ 参见张岱年:《论价值的层次》,载《中国社会科学》1990年第3期。
④ 参见周永坤:《法理学》,法律出版社2010年版,第222页。

第一节　职业自由的价值体现

职业自由,不仅是个体生存与人格发展的基础,而且对社会经济的发展与民主宪政的存续有其独特的贡献。

一、个体的生存与人格发展

职业对于人类个体而言,无疑具有非常重要的意义。民国时期的小学国文课本有《职业》一文,课文中写道:"猫捕鼠,犬守门,各司其事。人无职业,不如猫犬。"一十八个字,道出职业的尊严与生命的庄重。职业不但是一种生存的手段,还是一种社会角色的扮演,更是个体自我认同与人格发展的体现,甚至还承载着某种宗教的精神。

（一）职业是个体生存的保障

人们为了生存,必须付出劳力来换取金钱或实物,以满足种种物质与文化的需要。1991年,中国政府发布的第一份人权白皮书——《中国人权状况》提出:"对于一个国家和民族来说,人权首先是人们的生存权。没有生存权,其他一切人权均无从谈起。"这表明生存权是人权的核心。人的生存需要物质条件的支撑,而物质条件的获得需要通过个人自身的努力。对于普通公民来说,通过从事一定的职业获取生存的物质条件,具有天然的道德基础和正当性。

（二）职业是个体参与社会的方式

职业是个体的社会参与,是一种社会角色的扮演。"职业是一种社会现象,是一种因社会分工所产生的分类,也代表着人们因其一身专属的特长及所扮演的角色,而对于社会所承担的一定责任或履行一定的义务。"[1]在这个意义上,个体作为社会中的一分子,是社会这个巨大机器中的小零件,其角

---

[1] 刘建宏:《工作权》,载《法学讲座》2003年第23期。

色的扮演,维系着"社会"这个机器的良好运作。人是社会动物,有参与社会、扮演社会角色的自然需求,以一定的职业服务社会,就是个体参与社会的一种形式,在这种参与中,满足了其融入社会的情感需要。如雅斯贝尔斯曾说:"正如人要否定自然就必然摧毁自己一样……人要拒绝社会、职业、国家、婚姻和家庭,就必然要被抛入狂风中。人只有进入社会、职业、国家、婚姻和家庭,才能发现自己。"①

> 因为堕逸使你成为一个时代的生客,
> 一个生命大队中的落伍者,
> 这大队是庄严的,高傲而服从的,向着无穷前进的。
> 在你工作的时候,你是一管笛,
> 从你心中吹出时光的微语,
> 变成音乐。
> 你们谁肯做一根芦笛,在万物合唱的时候,
> 你独痴呆无声呢?
>
> ——纪伯伦:《先知·沙与沫》②

(三)职业是个体人格发展的途径

在维持生存与参与社会分工的过程中,个人得以扩展视野、接触新的事物与知识领域、增强人与人之间的往来与接触,进而发展个人人格。"职业的最大实质意义尚包括着人类的自主性及自我价值,因为人们从所扮演的职业角色中可以建构起个人存在的意义及实现自我价值。"③个人自由决定其职业选择、生活方式,是个人人格自由发展的基础,是宪法应予保护的人性观。正如哈耶克所指出的:"对我们当中的大多数人来说,花在工作上的时间占我们生命的大部分,由于我们的职业通常也决定了我们生活的地点和将和哪些人在一起生活,因而选择职业的某种自由,对于我们的幸福来说,甚至也许比在闲暇时花用我们收入的自由更为重要一些。"④除此之外,

---

① [德]雅斯贝尔斯:《哲学》,1848年版,第838页。参见刘放桐编著:《现代西方哲学》,人民出版社1981年版,第567页。
② [黎巴嫩]纪伯伦:《先知·沙与沫》,冰心译,湖南文艺出版社1991年版,第118页。
③ 刘建宏:《工作权》,载《法学讲座》2003年第23期。
④ [英]哈耶克:《通往奴役之路》,王明毅、冯兴元等译,中国社会科学出版社1997年版,第93页。

"人还存在着个性和能力的多样性。要保护如此之个性和能力的多样性,还要让其充分地得到发展,重要的途径只能是保障自由"①。而这之中,职业的自由对个人个性、能力的涵育与人格的充分发展有重要的意义。例如从事摊贩经济,对于那些无法正常就业的弱势人群来说,不但满足了生存的要求,还培养了自立、自尊的精神,感受到了服务社会所带来的人生价值体验;此外,其他社会群体,如大学生,甚至一些白领人士,通过摆摊,培养了创业精神,体会到了创业的艰辛,获得了创业的经验,从而为以后事业的发展打下基础。香港首富李嘉诚和从街边小摊贩到"水饺皇后"的"湾仔码头"女老板臧健和,就是这样的例子。

德国联邦宪法法院在具体的判例中也认为:"职业自由涉及人格整体,盖人格唯有在个人执行该项其认为属生活任务与生活基础的职业活动,且透过该职业活动,能同时为社会整体做出贡献时,才得以实现。此一基本权对社会各阶层皆有此种意义,即一项工作如被视为'职业',则对每个人皆有相同的价值和相同的尊严。职业自由乃实现人格权的方式之一。"②

(四)职业关涉个体的尊严与生命的意义

罗素曾说过:"人们的基本生活需要得到满足后,大部分人的生活快乐都只取决于两样东西:工作与人际关系。"③纳萨尼尔·布兰登认为,有五个(互相联系的)领域允许人体验到享受生命的快乐:创造性工作、人际关系、娱乐、艺术和性。而创造性工作是其中最基础的领域。"通过自己的工作,人获得了对存在的基本控制感——它的能力感——这是享受其他价值的必要基础。生活缺少方向或目标的人,没有创造性目标的人,必然会感到无助和失去控制;进而觉得自己没有足够的能力生存或不适合生存;觉得自己不适合生存的人就无法享受生活。"④"自尊的人认为世界向他的努力敞开了大门,这种人的特点就是在其头脑的创作性工作中体验到深刻的愉悦。"⑤自由选择自己所喜欢的职业,能给人生带来的不仅是个人的乐趣,还有不凡的工作成果。因为"当纯粹需求驱使人们去工作时,这种工作带有意外和偶然的

---

① [日]大须贺明:《生存权论》,林浩译,法律出版社2001年版,第33页。
② 李惠宗:《德国基本法所保障之职业自由——德国联邦宪法法院有关职业自由保障判决之研究》,载《德国联邦宪法法院裁判选辑》(七),台湾地区"司法院"1997年编印,第425页。
③ [英]伯特兰·罗素:《自由之路》,李国山译,文化艺术出版社2005年版,第98页。
④ [美]安·兰德:《自私的德性》,焦晓菊译,华夏出版社2007年版,第60页。
⑤ [美]安·兰德:《自私的德性》,焦晓菊译,华夏出版社2007年版,第60页。

特征,它成为仅仅是暂时的安排;当需求方向改变时,工作就会被放弃并任其毁坏。但是当人类的工作处于欢快时,它采取的形式就会获得不朽性的因素。在人类当中不朽的人将他自己永恒性的品质带到他的工作中"①。

当一个人选择了不仅仅是自己所喜爱的职业,而且这个职业是非常有益于人类社会时,这无疑将会达到人生的至高境界。马克思在《青年在选择职业时的考虑》一文中谈道:"神也给人指定了共同目标——使人类和他自己趋于高尚,神让人在社会上选择一个最适合于他,最能使他和社会得到提高的地位。""如果我们选择了最能为人类福利而劳动的职业,那么,重担就不能把我们压倒。因为这是为大家而献身,那时我们所感到的就不是可怜的、有限的、自私的乐趣。我们的幸福将属于千百万人,我们的事业将默默地,但是永恒发挥作用地存在下去,而面对我们的骨灰,高尚的人们挥洒下热泪。"②因此,职业自由有利于充分调动个人的积极性和创造性,充分发挥和挖掘个人的潜能,激发个人的工作热情和职业认同感,并在其中感受到生命的价值和人生的意义。

(五)职业常常承载着某种宗教精神

"职业是上帝向人们颁发的命令,要他为神圣荣耀而劳动。"③"在德语Beruf(职业、天职)一词中,以及或许更明确的英语的calling(职业、神召)一词中,至少含有一个宗教的概念:上帝安排的任务——这一点不会被人误解。越是在具体情况下强调这个词,这一概念就越明确。在所有信奉新教的主要民族中,这个词一直沿用至今。这个词并非源于有关语言的伦理特点,它现在的意思来自于圣经的译文,它体现的不是圣经的原文,而是译者自己的精神。同这个词的含义一样,这种观念也是新的,是宗教改革的结果。"④马克斯·韦伯认为:"职业概念中包含了对人们日常生活的肯定评价,这种肯定评价的某些暗示早在中世纪、甚至在古希腊晚期就已存在,这的确也是真实的。但是,至少有一点无疑是新的:个人道德活动所能采取的最高形式,应是对其履行世俗事务的义务进行评价。正是这一点必然使日常的

---

① [印度]罗宾德拉纳特·泰戈尔:《人生的亲证》,宫静译,商务印书馆2005年版,第52页。
② 《马克思恩格斯全集》第40卷,人民出版社1982年版,第7页。
③ [德]马克斯·韦伯:《新教伦理与资本主义精神》,于晓、陈维纲等译,三联书店1987年版,第124页。
④ [德]马克斯·韦伯:《新教伦理与资本主义精神》,于晓、陈维纲等译,三联书店1987年版,第58页。

世俗活动具有了宗教意义,并在此基础上首次提出了职业的思想。这样,职业思想便引出了所有新教教派的核心教理:上帝应许的唯一生存方式,不是要人们以苦修的禁欲主义超越世俗道德,而是要人完成个人在现世里所处地位赋予他的责任和义务。这是他的天职。"① 何夫内尔也认为,"如果某一个工作或多或少充满着一个人的生活,它就构成一种生活任务和生活态度,而我们称之为'职业'(Beruf)"②。他认为在基督教的观念中,工作和职业具有七层意义:作为必须的工作,作为自我发展的工作,作为塑造和处理世界的工作,作为服务的工作和职业,作为受苦的工作,作为补赎的工作,作为光荣上主的工作以及"让上主子女将来自由"的准备。③ 虽然"你必须汗流满面,才得糊口"④,但"工作的艰苦和麻烦不是一个诅咒,而是拯救性的受苦",相信上主眷顾的基督徒应该认为,"每一个职业是上主的召唤,无论这个职业是重要的或卑微的,符合自己兴趣或是一个十字架的重担。上主不仅仅通过那些赐给人的禀赋(本有的力量、能力、倾向、兴趣),但也通过那些加给人的挑战(疾病、战争时期、不利的经济或社会条件等)而召唤人们"⑤。

犹太圣典《塔木德》(Talmud)也专门讨论了劳动的价值问题,认为工作是人的责任,而不仅仅是为了谋生。因此最好是把研习《托拉》⑥和世俗的职业结合起来,因为从事这两者所需要付出的劳动能使人忘掉罪恶。只研习《托拉》而不工作终将一事无成,并将成为罪恶的起因。⑦

我将用劳动来礼拜你

我看见过你的温慈的面庞,

---

① [德]马克斯·韦伯:《新教伦理与资本主义精神》,于晓、陈维纲等译,三联书店1987年版,第59页。
② [德]何夫内尔著:《基督宗教社会学说》,宁玉译,雷立柏校,华东师范大学出版社2010年版,第111页。
③ 参见[德]何夫内尔:《基督宗教社会学说》,宁玉译,华东师范大学出版社2010年版,第111—118页。
④ 《旧约》创世纪3.19.
⑤ 参见[德]何夫内尔:《基督宗教社会学说》,宁玉译,华东师范大学出版社2010年版,第1页。
⑥ 公元70年,犹太民族的圣殿被毁后,犹太先哲们为了生存和民族精神的延续,持续不懈地向其人民宣讲和阐释《旧约》的前五章,称作《摩西五经》《律法书》或《托拉》,试图使人民不要忘记了"上帝的律法"。
⑦ 参见《塔木德》,塞尼娅编译,重庆出版社2008年版,第196—197页。

> 我爱你的悲哀的尘土，
>
> 大地母亲。
>
> ——泰戈尔《园丁集》①

二、社会的发展与进步

保障个体的职业自由,是社会经济发展的源泉。

近代西方资本主义的发展,推动了人类物质文明的巨大进步,这和新教伦理对"职业"观念的重新阐释密切相关。对此,马克斯·韦伯解释道:"如果财富是从事一项职业而获得的劳动果实,那么财富的获得便又是上帝祝福的标志了。更为重要的是,在一项世俗的职业中要殚精竭虑,持之不懈,有条不紊地劳动,这样一种宗教观念作为禁欲主义的最高手段,同时也作为重生与真诚信念的最可靠、最显著的证明,对于我们在此也亦称为资本主义精神的那种生活态度的扩张肯定发挥过巨大无比的杠杆作用。"②这种嘉许人们的现世劳动,却不把追逐金钱利益当作人生信条的"天职观"揭开了轻笼于职业活动和上帝旨意之间的面纱,架通了横亘于资本主义精神和新教伦理之间的鸿沟。这种新的职业观,成为推动资本主义经济发展和社会进步的重要观念力量。

无疑,这种体现资本主义精神的职业观是以"个人自由"为其基础的,没有个人的选择自由,就不会有个人才干的充分发挥,也就不会有社会的真正发展。对此,米尔顿·弗里德曼有精辟的分析。他认为,保存自由的一个建设性的原因在于:"这些在人类知识的理解方面,在文学方面,在技术可能性方面,或在减轻人类痛苦方面开拓新领域的人中,没有一个是出自相应政府的指令。他们的成就是个人天才的产物,是强烈坚持少数观点的产物,是允许多样化和差异的一种社会风气的产物。"③因为"人的无知"与"知识的分散",因此能使人类获得前进的真正的力量只能是自由。"我们渴望自由,是因为我们已经学会指望通过自由获得实现我们目标的许多机会。正因为每

---

① [印]泰戈尔:《泰戈尔诗选——吉檀迦利·园丁集》,冰心译,湖南文艺出版社1991年版,第112页。

② [德]马克斯·韦伯:《新教伦理与资本主义精神》,于晓、陈维纲等译,三联书店1987年版,第124页。

③ [美]米尔顿·弗里德曼:《资本主义与自由》,张瑞玉译,商务印书馆2006年版,第6页。

个人知道的东西都很少,尤其是我们不清楚谁知道得最多,所以我们相信人们独立、竞争性的努力会使我们得到一经见到就想得到的东西。"[①]这些都说明了保存自由,包括个人在职业选择方面的自由,对个人才能的发挥,进而对社会的进步具有何等重要的价值!

第二节 职业自由价值的不可通约

中华人民共和国成立之后,先后施行的四部宪法都规定了公民的劳动权,但没有规定公民的职业自由。这是由我国当时的意识形态和计划经济体制所决定的。计划经济时期,劳动权成为消灭失业,实现完全就业的宪法权利,而个人成了国家庞大计划经济体制上的一颗"螺丝钉",个体的差别被忽视,个人的职业选择更是无从谈起。改革开放后,随着市场经济的确立和发展,劳动力的自由流动日益重要。然而,宪法规定了公民的劳动权,却没有规定职业自由。对此,一些学者希冀通过对"劳动权"的重新阐释,赋予其自由权的含义,并进而推导出职业选择自由的意蕴,以适应时代的变迁与市场经济发展的要求。问题是,从劳动权中果然能导出职业选择自由吗?对此,深入的探讨是必要的。

■ 一、独有的本质规定

劳动权与职业自由存在着本质的不同。正如前文所分析的,职业自由与劳动权在内涵、性质等方面存在着根本的差异,因此,试图对劳动权进行重新阐释,以广义上的劳动权涵盖职业自由,进而从劳动权中导出职业自由的内容,就面临着理论上的先天不足,难以突破理论上的瓶颈。

---

① [英]哈耶克:《自由宪章》,杨玉生、冯兴元、陈茅等译,中国社会科学出版社1998年版,第53页。

■ 二、特定的生存土壤

　　劳动权与职业自由的存在条件不同。在计划经济下,劳动权保证了国家对职业的集中分配,从而实现充分就业。这种职业的"分配"制度使公民成为免于失业的"受益者",但这种"螺丝钉"式的被动就业却与职业的自由选择无缘;而且,在计划经济下,国家是唯一的"雇主",公民只能是"雇员",因而公民不可能自主创业,因此营业的自由也被剥夺。因此,在计划经济下,是没有职业自由存在的观念基础和制度基础的。职业自由只能在市场经济中存在,离开了自由的市场环境,职业自由就失去了根基。反之,在市场经济体制下,劳动权却仍有其存在的土壤。世界上不少国家,如日本,在其宪法中规定公民职业自由的同时,还规定了公民的劳动权。

■ 三、不同的理论接受

　　与职业自由不同,在理论与立法实践上,劳动权一直存在着较大的争议。在当今世界,职业自由的重要价值,已为学术界所公认,也为多数国家的立法实践和世界公约所确认,但对于劳动权,无论是在理论还是实践上,都有不小的争议。立法上,德国虽然在其1919年的《魏玛宪法》中率先规定了公民的"劳动权",但其后的基本法中却只规定了公民的职业自由,取消了劳动权的规定,就是考虑到劳动权的实现与社会经济发展水平相关,国家只能改善劳动法上的框架条件,公民却无权要求国家提供工作岗位,也无权要求国家保障其工作岗位的继续存在。另外一些国家虽然在宪法中规定了劳动权,但一般都将劳动权条款解释为"纲领性"规定,[1]特别是"在历史地形成的劳动权概念的核心,即由国家保障劳动机会这样的积极性侧面上"[2],劳动权一直未能脱出"纲领性规定论"的范围。另外,有些学者认为,劳动权是一个并不存在的权利。安·兰德称赞了美国立国先贤们在知识上的准确性:"他们谈到了追求幸福的权利——而不是幸福权。这意味着一个人有权采取他认为必要的行动来获得幸福,并不意味着他人必须让他幸福。"[3]因此,她认为,同样的,"世界上不存在'工作权',只存在自由贸易权,即一个人有

---

[1] 参见[日]大须贺明:《生存权论》,林浩译,法律出版社2001年版,第209页。
[2] [日]大须贺明:《生存权论》,林浩译,法律出版社2001年版,第214页。
[3] [美]安·兰德:《自私的德性》,焦晓菊译,华夏出版社2007年版,第95页。

权在他人现在雇用他的情况下接受一份工作"①。作为一个自由主义者，安·兰德坚决反对所谓的"工作权"（与劳动权同义），正是基于其对国家统制经济的警惕。如果包括劳动权在内的一般社会权是由国家统制的社会主义经济组织来保障的话，"生存权以及其他社会权就成了由国家的政治方针，即由政策来保证的权利，而不可能成为依靠与政治保留一定的相对独立性而客观地存在的法律来保障的权利。在依靠国家的积极性措施来实现对生存权的保障时，我们很难能够保证能使其确实会以不侵害自由权的形式来进行"②。

由此可见，劳动权在各国立法上的不同表现以及围绕着它的各种理论争议的存在，使其与职业自由的普适性价值有着明显的分野。这种情况下，试图在劳动权中发掘职业自由的内涵，存在着明显的路径错误。

四、特殊的中国语境

劳动权在中国特有语境下展现出其"中国特色"的一面。中国宪法中的劳动权，之所以无法与职业自由通约，有其特殊历史背景下所形成的观念上的原因。

（一）"包分配"式的劳动人民的劳动权

中华人民共和国成立初始，为了解决旧社会遗留下来的严重失业问题，1954年宪法第九十一条规定了中华人民共和国公民有劳动的权利。"公民有劳动权的规定是我国宪法的社会主义本质的体现。"③之后，1975年宪法第二十七条规定了公民的劳动权，1978年宪法第四十八条规定公民有劳动权。1982年宪法最初的稿子规定了公民有劳动权，然而在1982年宪法草案的全民讨论中④，宪法修改委员会考虑到在相当长的时期内，我国要消灭失

---

① ［美］安·兰德：《自私的德性》，焦晓菊译，华夏出版社，2007年版，第96页。
② ［日］大须贺明：《生存权论》，林浩译，法律出版社2001年版，第18页。
③ 许崇德：《中华人民共和国宪法史》（上卷），福建人民出版社2003年版，第244页。
④ 国家劳动部提出意见说："宪法写了劳动权，将来没有工作的群众纷纷找上门来，要求分配职业，我们怎么解决得了？"参见许崇德：《中华人民共和国宪法史》（下卷），福建人民出版社2003年版，第501页。中央编译局的日本老专家川越敏孝提出劳动权问题，"斯大林在有名的宪法草案报告中说，宪法不是纲领。宪法草案关于劳动权有规定，而现在中国有待业青年，因此只好认为这个规定是纲领性质的规定。"参见许崇德：《中华人民共和国宪法史》（下卷），福建人民出版社2003年版，第466页。

业是不可能实现的,因此,后来大体上仿效了1954年宪法第九十一条的写法,将宪法第四十二条写成了:"中华人民共和国公民有劳动的权利和义务。国家通过各种途径,创造劳动就业条件,加强劳动保护,改善劳动条件,并在发展生产的基础上,提高劳动报酬和福利待遇。"

由此可见,无论是1954年宪法和1982年宪法规定的公民有劳动的权利和义务,还是1975年宪法和1978年宪法规定的公民的劳动权,虽然有用词上的区别,但实际上都是规定了公民的劳动权,不过使用"劳动权利"这样的词语,表明了劳动权的纲领性。实现充分就业,这是我国劳动权的社会主义本质的要求。1956年,随着社会主义改造的完成,我国的失业问题也已基本得到解决。在这样的历史背景下,我国的劳动权无疑是保障公民就业的权利,是一种受益权;另外,由于国家对职业的分配制度,公民失去了自主择业的权利。更为重要的是,由于意识形态的原因,"劳动"一词有了特殊的历史含义,常常与工人、农民和服务人员等"劳动人民"联系起来,甚至将劳动与体力劳动等同,而将企业家或自主创业者排除在外,不承认他们是"劳动者",自然也就不享有相应的劳动权。公民的劳动权在实际中常常被转换成"劳动者"的劳动权,最后转换为"劳动人民"的劳动权。至此,劳动权的含义变得异常狭隘。这造成一部分公民被排除在劳动权之外,[①]同时,公民的自主创业权利也彻底失去。历史的惯性是巨大的。改革开放后,尽管随着市场经济的不断发展,劳动自由的观念日益深入人心,但在实际中,对公民自主创业和企业营业自由的保护还很不尽如人意,就与中国特定历史背景下产生的劳动权理念密不可分。

(二)劳动权与职业自由背后人的不同图像

劳动权与职业自由的背后,反映了对人的不同预设。"一个国家的法律制度的发展,常常反映了对人的预设与人的图像的变迁。"[②]在计划经济时期,人们不再能够在他们认为是值得的时候和场合,根据自己的意志合理地或有效率地进行工作,"计划当局为了简化它的工作一定会定出一套标准,我们大家必须都要遵行。为了使这项莫大的工作可管理,就必须把多样性的人类能力和倾向归纳为几种很容易相互交换的单位,而且有意识地忽视

---

① 比如"文革"中被列为"黑五类"的人员及其子女。
② 林子杰:《人之图像与宪法解释》,"国立"台湾大学法律学研究所硕士论文(2006年),第125页。

次要的个人差别。"虽然宣称劳动者应当不再仅仅是一个工具,而事实上"由于在计划中不可能考虑到个人的好恶——个人只仅仅作为一个工具将比以往有过之而无不及,这是一种由当局用来为所谓'社会福利'、'社会利益'之类的抽象观念服务的工具"①。这就是所谓的"人的系统"(man of system)的思想,巴斯夏对之进行了批判:"这种思想把人看成是可以在棋盘上随意移动的棋子。立法者为了实现自己的目标,必须消灭人的差异,因为这差异妨碍了他的方案之实施。"②因此,在计划经济下,公民虽有劳动权,但不会有职业选择自由,个人不过是庞大计划经济体制上的一颗"螺丝钉",人们的自我判断和行动已不再必要,个人的差别被忽视,职业选择的道路被堵死。经过了"普罗克汝忒斯之床"③的"加工",公民都成了这种整齐划一的"螺丝钉"。这种对人的预设造就了计划经济下"螺丝钉"式的人的图像。从劳动权到职业自由,是对人的预设和人的图像的转变。这是一个从"螺丝钉"到有独立意识的个体的转变,是从依附于国家的"人"到有选择意识的"人"的转变,是从面目模糊的群体中的一员到个性鲜明的个人的转变。职业自由赋予人一种全新的图像:人不再是被动、依附、消融在集体中的一分子,而是具有自由、独立,存在于社会上的个体。

因此,劳动权与职业自由无论是在语境还是在内涵上都存在较大的差异,在劳动权上无法发掘出职业自由的内涵,无法映照出市场经济下人所应当呈现的图像,这就决定了职业自由的价值,是无法通过劳动权而替代的。

第三节 职业自由入宪的必要

我国宪法第42条规定:"中华人民共和国公民有劳动的权利和义务。国家通过各种途径,创造劳动就业条件,加强劳动保护,改善劳动条件,并在发

---

① [英]哈耶克:《通往奴役之路》,王明毅、冯兴元等译,中国社会科学出版社1997年版,第94页。
② [法]弗里德里希·巴斯夏:《财产·法律与政府》,秋风译,贵州人民出版社2003年版,第68页。
③ Procrustes,希腊神话中的阿蒂卡巨人,专门将羁留的旅客绑在床上,身体比他的床长的,就截短,比他的床短的,就拉长,因此被称为"普罗克汝忒斯之床"。

展生产的基础上,提高劳动报酬和福利待遇。"现行宪法只规定了公民的劳动权,并没有规定公民的职业自由。尽管劳动法第3条明确规定了"劳动者享有平等就业和选择职业的权利(自由)",但由于职业自由是公民的一项基本权利,将其载入宪法,从而获得国家根本大法的保障,殊为必要。

"个人如果不能随其性之所好选择这一种或那一种职业,个人知识、道德或身体上的优性,自不免缺乏尽量发展的机会。所以工作自由之必须承认,无待申论。"①职业自由是自由的应有之义,将其入宪是一种对权利的张扬,是履行我国所承担的国际公约义务所必需的,也是我国市场经济发展的必然要求。将职业自由入宪,使得公民的职业自由保障有宪法上的明确依据,而不仅仅是诉诸自然的法理和道德的正当,就成为必然的要求。

一、自由的应有之义

自由,意味着选择的权利。人的主体性,决定于人的自我选择的权利,具有超越工具性的伦理价值。"现代社会是一个选择的社会。倘若个人失去自由选择的权利,那么他就将沦为道德的奴隶,他将失去创造性、自主性和自由全面发展的条件,社会也将失去活力和生机。"②

"经济安排中的自由本身在广泛的意义上可以被理解是自由的一个组成部分,所以经济自由本身是一个目的。"③作为经济自由的重要内容,职业自由无疑是自由的组成部分。职业自由意味着一个人能自主选择自己的职业和执行职业,因此,职业自由是自由的应有之义,并且其自身就是目的。对此,孟德斯鸠曾指出:"荣誉,赋予人们可以按自己的意志选择或拒绝某种职业的自由,从荣誉的角度看,这种自由甚至比财富更为重要。"④亚当·斯密同样认为,交换和交易的自由,其自身就是人们有理由珍视的基本自由的一部分。⑤ 这种交换和交易的自由,当然包括了一个人对自身劳动力的交易自由,也就是选择职业的自由。"进入劳动市场的自由,其自身就是对发展

---

① 王世杰、钱端升:《比较宪法》,商务印书馆2004年版,第90页。
② 商英伟、白锡能主编:《自由论》,福建人民出版社1993年版,第126页。
③ [美]米尔顿·弗里德曼:《资本主义与自由》,张瑞玉译,商务印书馆2006年版,第11页。
④ [法]孟德斯鸠:《论法的精神》(上),张雁深译,商务印书馆2009年版,第32页。
⑤ 转引自[印]阿马蒂亚·森:《以自由看待发展》,任赜、于真译,中国人民大学出版社2002年版,第4页。

的显著贡献,而无关乎市场机制能否促进经济增长和工业化。"①因此,职业自由是自由的一个方面,其本身就具有超越工具性的伦理价值。对于现实中的普通人而言,也许并没有多少实际选择职业的机会,但选择存在本身,就有其积极的意义。对此,哈耶克有深刻的理解:"诚然,在最好的社会里,这种自由也是很有限的。很少有人拥有许多可供选择的职业机会。但重要之点是:我们确有某种选择;我们并不是绝对地被束缚在为我们过去选择好了的或可能会选择的某一工作上。"②只要有选择职业的机会,哪怕要为此付出某种牺牲,能干的人几乎总可以达到他的目的。"没有比知道我们怎么努力也不能使情况改变这件事更使一个人的处境变得令人难以忍受的了;即使我们从来没有精神上的力量去做出必要的牺牲,但只要知道这一点,即只要我们努力奋斗就能够摆脱这种处境,就会使许多令人难以忍受的处境成为可以容忍的了。"③

　　此外,就广义的角度而言,自由也当然地包含了人身的自由,而人身自由当然包括了一个人选择职业、执行职业的自由。人身自由是最基本的自由,是其他一切权利和自由的基础。我国宪法第 37 条明确规定:"中华人民共和国公民的人身自由不受侵犯。"人身自由无法得到保护,其职业自由将无从谈起;而随意限制、剥夺公民的职业自由,实际上也是对公民的人身自由的侵犯。最初,选择职业的自由在法国等国就是作为当然的人身自由来保护的。正如马里旦所说的,"每个人的个体自由权,或者是作为自己主人主宰自己生活(对上帝和共同体的法律负责)的权利。这是一种自然权利……自由选择劳动的权利是一种特殊形式的个体自由,它按照每个人的义务来决定个体在共同体中的负担"④。

---

① [印]阿马蒂亚·森:《以自由看待发展》,任赜、于真译,中国人民大学出版社 2002 年版,第 21 页。
② [英]哈耶克:《通往奴役之路》,王明毅、冯兴元等译,中国社会科学出版社 1997 年版,第 93 页。
③ [英]哈耶克:《通往奴役之路》,王明毅、冯兴元等译,中国社会科学出版社 1997 年版,第 93 页。
④ [法]雅克·马里旦:《自然法:理论与实践的反思》,鞠成伟译,中国法制出版社 2009 年版,第 89 页。

二、市场的必然要求

"市场经济是一种通过市场配置资源的一种经济运行模式,它的最大特点是流动,即各种生产要素根据市场供求关系的变动和利润趋向进行自由流动,以达到经济资源的优化配置和经济效益的最大增长。"①而涉及人的自由流动的劳动自由与涉及物的自由流动的贸易自由共同构成了市场经济的基础,"在资本主义近代和现代市场经济条件下,劳动自由和贸易自由被奉为经济、社会领域自由权利中最重要的两项"②。因此,职业自由与以自由为导向的市场经济之间有着天然的联系。以市场配置劳动力资源,使劳动力资源在市场上自由地流动,有利于劳动力资源的合理配置,从而实现我国经济效益的最大化。可以说,"职业自由是市场竞争的起始条件而且体现了经济领域的个人自由发展权"③。

令人遗憾的是,我国"实行市场经济以后,物质生产要素的自由流通似乎广为人们所接受,唯有物质生产要求的最重要的内容人力资源的自由流通仍然步履艰难"④。通过研究我国的宪法和劳动法规,在这些法律中重视的是劳动者平等地享有劳动权,而对职业自由则没有明确具体的规定,这不能不说是一个缺陷。"资本主义市场经济的形成过程已经昭示,只有在劳动力成为商品、劳动者作为劳动力所有者进入市场的条件下,才会有发达的市场经济存在。"⑤我国既然已经选择了走市场经济的道路,就必须以市场作为配置资源的基础,这其中就包括了对劳动力资源的配置,而这必须使职业自由成为公民的基本权利。

三、义务的国际呼唤

如前所述,世界上大多数国家都在宪法中规定了职业自由。市场经济转型中的中国,规定职业自由能彰显公民的权利,更好地融入国际社会

---

① 转引自李强:《自由主义》,中国社会科学出版社 1998 年版,第 177 页。
② 刘海年、素步云:《中国人权百科全书》,中国百科全书出版社 1998 年版,第 317 页。
③ [德]乌茨·施利斯基:《经济公法》,喻文光译,法律出版社 2006 年版,第 82 页。
④ 杜承铭:《论工作自由权的宪法权利属性及其实现》,载《武汉大学学报》(社会科学版),2002 年第 4 期。
⑤ 王全兴:《劳动法》,法律出版社 2008 年版,第 61 页。

之中。

我国已经签署批准了《经济、社会、文化权利国际公约》和《就业政策公约》,这两个公约中关于职业自由的规定,可以被认为是对《世界人权宣言》第 23 条有关规定的落实。我国已经于 1997 年 10 月签署了《经济、社会与文化权利的国际公约》(全国人大常委会已于 2001 年批准了该公约)。虽然我国在批准时作了解释性说明,但并没有对任何条文做出明确的保留。因此,该公约从整体上对我国具有约束力。[①] 所以,我国应恪守这些条约,履行自己的国际法义务。另外,由于我国香港和澳门两个特别行政区的基本法均规定了其居民的选择职业自由,而如果大陆地区不把公民的选择职业自由上升到宪法基本权利的高度,显然是不利于双方日益发展的经贸与文化交流的。[②] 因此,将职业自由载入宪法文本,确认到宪法权利谱系中,是我国履行国际公约义务的重要一环。

名称	通过时间	规定条款	规定内容
《世界人权宣言》	1948 年 12 月	第 23 条	人人有权工作、自由选择职业、享受公正和合适的工作条件并享受免于失业的保障。
《经济、社会、文化权利国际公约》	1966 年 12 月	第 6 条第 1 款	本公约缔约各国承认工作权,包括人人应有机会凭其自由选择和接受的工作来谋生的权利,并将采取适当步骤来保障这一权利。
《关于就业政策的公约》	1964 年 7 月	第 1 条第 2 款(丙)项	自由选择职业,使每一工人都有最大可能的机会去取得担任他很适于担任的工作的资格,并对该项工作使用他的技能和才能,不分种族、肤色、性别、宗教、政治见解、国籍或社会出身。

我国签署的国际人权文献中关于职业自由之规定

■ 四、人权的当然保护

自由意味着个人的自治,意味着选择的权利,这些是个人尊严与人格发展的基础。马克思就将能不能自由择业作为衡量一个社会人的解放程度的

---

① 莫纪宏:《实践中的宪法学原理》,中国人民大学出版社 2007 年版,第 407 页。
② 张学慧、谭红、游文丽:《论选择职业自由》,载《同济大学学报(社会科学版)》,2008 年第 6 期。

标志。① 对职业自由的宪法规定,能够约束公权力对公民职业自由的侵犯,保护公民的基本人权,对人的自由全面发展意义重大。

"人性尊严之要件,系每个人得在其行为与决定上有自由,而且任何人都享有同等自由。"②"所谓自由,换言之就是对自治的承认,也意味着要把个人的自主判断和决定置于最优先的地位,并对此作最大的尊重。"③布伦南大法官在 Eiaenstadt 案意见书中提出了更全面和更有力的自由概念:我们的先例"对于政府不能进入的家庭生活的私人范围予以尊重"。这些事务——包括人在一生中可能做出的最私密的和最个人的选择,个人尊严和自治的核心选择——是第十四修正案保护的自由的核心。④ 他进一步强调,对于某些人,当自由涉及他们的工作和财产时,就与他们的家庭和性生活同样重要。对于相当多的有工作的人,"职业和财产可能涉及对于个人尊严和自治的核心选择,这是第十四修正案保护的自由的核心"⑤。

对差异和多样性的尊重与保护是自由的必然要求。体现在职业上,应当允许个人选择自己认为合适的工作,允许个人自主创业。个人所选择的职业也许不是一种"典型职业",而是某种标新立异的职业,但允许他们从事这些职业,容忍这些自己所不喜欢的行当,却是自由的基本要求。此外,经营企业的人可以自主决定雇用对象,这样就使得那些被主流社会所摒弃的人,有了谋生的机会,进而保有其自由与尊严,这也是保护少数人的一种方式。

五、历史的无缝衔接

我国现行宪法尚未将职业自由规定为一种明确的法定权利。然而,从我国的立宪史上看,对职业自由(又称工作自由或营业自由)的宪法规定贯穿于我国各时期的宪法之中。

---

① 参见李星:《马克思的职业思想刍论》,载《党史文苑》,2008 年第 4 期。
② 李震山:《人性尊严与宪法保障》,元照出版公司 2001 版,第 13 页。
③ [日]大须贺明:《生存权论》,林浩译,法律出版社 2001 年版,第 33 页。
④ 参见[美]查尔斯·弗瑞德:《何谓法律:美国最高法院中的宪法》,北京大学出版社 2008 年版,第 235 页。
⑤ [美]查尔斯·弗瑞德:《何谓法律:美国最高法院中的宪法》,北京大学出版社 2008 年版,第 235 页。

宪法名称	通过时间	规定条款	规定内容
《中华民国临时约法》	1912年3月	第六条第三项	人民有保有财产及营业之自由。
《中华民国约法》	1914年5月	第五条	人民于法律范围内,有保有财产及营业之自由。
《中华民国宪法》	1923年10月	第九条	中华民国人民有选择住居及职业之自由,非依法律,不受限制。
《中华民国训政时期约法》	1931年5月	第三十七条	人民得自由选择职业及营业,但有妨害公共利益者,国家得以法律限制或禁止之。

民国时期宪法中关于职业自由之规定

早在民国时期,1912年3月11日通过的《中华民国临时约法》第6条第3项规定:"人民有保有财产及营业之自由。"这是中国历史上第一次在宪法性文件中对营业自由作出规定。之后,1914年5月1日公布的《中华民国约法》第五条规定:"人民于法律范围内,有保有财产及营业之自由。"1923年《中华民国宪法》第九条规定:"中华民国人民有选择住居及职业之自由,非依法律,不受限制。"对此,学者这样评价:"工作自由,《临时约法》称为营业自由;因为这种自由的意义,就是承认人民得以自由经营任何职业之谓。所以民国十二年《中华民国宪法》,径称为'选择职业之自由'。"[①]1931年公布的《中华民国训政时期约法》第三十七条规定:"人民得自由选择职业及营业,但有妨害公共利益者,国家得以法律限制或禁止之。"根据学者的研究,《临时约法》规定的"营业自由",就是承认人民可以自由经营任何职业的意思,与后来的《中华民国宪法》所规定的"选择职业之自由"是一样的概念。[②]只是到了1931《中华民国训政时期约法》时,自由选择职业和营业被分开规定,营业自由专指经营工商业,以区别于普通的雇佣就业。由此可见,职业自由在我国立宪史上,早已作为公民的基本权利而存在并且受到宪法的保障,而且在现实中也出现了为捍卫"职业自由"而斗争的行为。

---

① 王世杰、钱端升:《比较宪法》,商务印书馆1999年版,第89页。
② 王世杰、钱端升:《比较宪法》,商务印书馆1999年版,第89页。

根据地人权约法中关于职业自由之规定①

名称	通过时间	规定条款	规定内容
《修正淮海区人权保障条例》	1941年12月	第4条	本区人民不分阶级、性别、宗教、信仰、地区……享有信仰、言论、出版、集会、结社、居住、迁移及从事职业之自由。
《晋冀鲁豫边区政府施政纲领》	1941年9月	第5条	一切抗日人民不问其属于任何党派与阶层,均有营业、营利与从事工农业生产的自由,任何个人、团体或机构均不得操纵限制、没收和干涉,侵犯其土地与财产的所有权。
《陕甘宁边区施政纲领》	1941年5月	第19条	给社会游民分子以耕种土地、取得职业与参加教育的机会。

国民党统治时期,在中国共产党领导下的各根据地的人权约法中,也有关于职业自由的规定。如《修正淮海区人权保障条例》②第4条明确规定:"本区人民不分阶级、性别、宗教、信仰、地区……享有信仰、言论、出版、集会、结社、居住、迁移及从事职业之自由。"③1941年9月1日公布施行的《晋冀鲁豫边区政府施政纲领》也规定:"一切抗日人民不问其属于任何党派与阶层,均有营业、营利与从事工农业生产的自由,任何个人、团体或机构均不得操纵限制、没收和干涉,侵犯其土地与财产的所有权。"④《陕甘宁边区施政纲领》第19条也规定:"给社会游民分子以耕种土地、取得职业与参加教育的机会。"

在民国的现实生活中,也曾出现了关于职业自由的讨论,并成为当时的社会热点。张东荪先生就主张打破职业垄断,呼吁职业自由。1948年,上海发生了震惊全国的舞女大游行,起因就是1947年国民党中央政府颁布的"禁舞令"。该法令迅速被执行,一时间,台湾、浙江、福建、河南、湖南、北平、南京、汉口、沈阳、天津、广州、重庆等省市的营业性舞场先后停业。青岛除保留两家供盟军所用的舞场外,其余亦均停业。很多舞女和其家庭顿时失去

---

① 根据《中国人权百科全书》所载资料整理。参见王家福、刘海年主编:《中国人权百科全书》,中国大百科全书出版社1998年版。
② 抗日战争时期淮海区参议会通过,具体通过日期不详。
③ 参见王家福、刘海年主编:《中国人权百科全书》,中国大百科全书出版社1998年版,第626页。
④ 参见王家福、刘海年主编:《中国人权百科全书》,中国大百科全书出版社1998年版,第271页。

生活来源。在此情况下,上海舞女游行抗议,要求职业自由。

在宪法中规定职业自由,可以有力地排除国家权力对职业自由的不当干预。"宪法的目标是在个人权利的汪洋大海中界定政府权力之岛。"①以宪法宣示公民权利,就是一种明确的告诫:"社会的正常运作是以这些权利为基础的,任何背离这些权利的做法,都必须有特殊的理由来为之辩解。"②所以,将职业自由写入宪法即是明确了政府干预公民职业选择与职业执行的底线,直接保护了公民的职业自由。对于宪法而言,"权利从默示到明示的转换绝非无关紧要,而是大有必要,它涉及权利有无切实地免除权力侵害的保障"。而"专门的明示权利的法最有典型意义的是宪法,它是唯一能够把人的价值给予全面肯定的法,也是专门明确国家权力的目的和界限从而能够有效地防止权力越界而对权利予以确保的法"③。

第四节 小摊贩的职业自由——一个苦涩的例子

长期以来,摊贩经济在中国一直处于"灰色地带",由此带来了小摊贩的生存危机和城市管理的诸多难题。只有认识到摊贩的经营是公民的职业自由,是宪法上的权利,并通过立法的规范和制度与观念的革新,摊贩的权利才能得到真正的保障,摊贩治理的难题才能从根本上得到破解。

一、小摊贩的谋生之困

作为一种谋生方式,小摊贩在世界各国普遍存在,并形成一种特定的经

---

① [德]柯武刚、史漫飞:《制度经济学——社会秩序与公共政策》,韩朝华译,商务印书馆2000年版,第348页。
② [英]弗雷德里希·奥古斯特·哈耶克:《自由宪章》,杨玉生等译,中国社会科学出版社1999年版,第345页。
③ 徐显明:《"基本权利"析》,载《中国法学》,1991年第6期。

济形态——摊贩经济。摊贩经济,即街头贩卖活动,是世界各地由来已久、普遍存在的一种经济业态。①

摊贩是个体经济的一种。《辞海》对该词的注释是"固定或流动设摊从事商品买卖或修理、服务的个体劳动者"。摊贩,或称小摊贩,"是相对于大中型商业经营者和有经营执照、有经营房屋、有固定经营时间的个体商户而言,专指那些无经营执照、无经营房屋、无固定经营时间、被纳入城管取缔的个体小商品经营者"②。在此,"小",是指它们投入本钱小、经营商品少,也反映出经营者所处的社会地位低下;"贩",本指经营者把商品从一地运到另一地,赚取差价,现在不仅指商品买卖,还包括了提供其他商业服务;而"摊"字,说明了它们毕竟需要一个经营摊位的空间,无论是固定的还是流动的,否则就无法经营。

总体而言,我国的小摊贩属于弱势群体。这是由于:(1)摊贩构成的底层化。摊贩经营者主要是外来农村人员、无业人员、待业青年、下岗职工以及丧失部分劳动能力的残疾人等无法进入正规部门就业者。(2)摊贩社会地位的弱势化。摊贩没有必要的社会保障,又受到来自社会的各种歧视,群体自身又缺乏必要的凝聚力,也缺乏必要的利益表达机制。(3)摊贩经营的"非法"化。有的城市拒绝摊贩,甚至提出"无摊城市"的口号,其他的城市要求摊贩必须经过许可并进行注册登记,但由于群体本身经济困难、注册手续烦琐、政府部门多头管理等方面的原因,绝大多数摊贩并没有进行相关的合法登记,这就使得小摊贩一直处于社会的"灰色地带"。在维护城市市容和环境卫生等理由下,摊贩们随时面临着人员被驱赶、货物被没收,甚至摊位被砸烂的后果。这使得摊贩和地方政府之间的关系一直处于紧张状态,而城管由于担任着"管理"的重责,与小摊贩的关系尤为紧张,甚至由此引发了诸多悲剧性事件③,城管的形象也在人们心中日趋负面④。

作为弱势群体,小摊贩只能在夹缝中求生存,在屈辱中谋发展,在对明

---

① 孙芝兴等编:《摊贩经济研究》,上海人民出版社2009年版,第1页。

② 赵俊臣:《摊贩经济是社会主义市场经济的重要组成部分》,http://www.aisixiang.com/data/detail.php? id=26199,2009年4月10日访问。

③ 曾经轰动全国的崔英杰案件即是一例。2006年8月11日,河北来京人员崔英杰在海淀区卖烤肠时被城管截获。在索还三轮车未果后,崔持刀刺向海淀城管分队副队长李志强,致其死亡。

④ 据2008年12月16日《长江商报》报道,武汉一位10岁的小朋友,因为父亲是城管,在学校遭到同学的指责和鄙视,这位小朋友感到很自卑,性格变得内向,城管父亲在其心目中的形象也大为改变。

天的不可预知中结束今天的生意。一声"城管来了",众摊贩纷纷落荒而逃的情景,成为令人心酸的底层生态场景。

二、小摊贩的职业属性

对于小摊贩是否应该存在,有着两种相反的观点。赞成存在的人认为摊贩经济解决了一部分底层民众的生存问题,提供了就业岗位,并且为社会提供了服务,有利于社会和谐;对于摊贩所造成的环境卫生问题,认为可以通过制度来规范,因此应该"合法化"。反对的意见则认为,小摊贩难以管理,其存在会影响市容,影响社会秩序和城市环境卫生等。可以看出,反对的意见主要是从社会管理的角度考虑,且不说这个理由与小摊贩的生存权相比是否有足够的正当性,就其以"管理不便"为反对理由而言,是一种典型的"懒政"思维。然而赞成的意见,多是从功利角度出发,认为摊贩的存在对社会有益,因此要求对摊贩予以"宽容",予以"合法化";或者要求城管执法更"人性化","微笑执法",以道德诉求来缓解城管与摊贩之间的矛盾与紧张。然而,对于小摊贩而言,这些措施不过是一种自上而下式的"赐予",是基于功利或道德考虑的不确定的"宽容",却没有认识到小摊贩的经营是其职业的自由。

职业是以创造并维持生活基础为目的的持续性活动,具有劳务性、生存性和持续性等特征。以此来观察摊贩经济,可以看出,小摊贩作为公民维持生存的活动,无疑是一种职业,这种职业并不能因为没有取得"许可"或进行"登记"而被否认,不能因为有关部门的"禁止"而"非法化",从而失去存在的基础;更不能因为其有损市容或加大城市管理的难度等所谓"公益"问题而被禁止。摆摊经营是公民的职业自由,公民可以选择从事摊贩业,也可以选择退出,这是公民的基本权利。

"贩夫走卒,引车卖浆。"摊贩是正当的职业,选择从事此种职业是宪法应予保护的基本权利。

三、小摊贩治理难题的破解

职业自由是公民的基本权利,它不是权力者的赐予,更不是宽容的产物。只有明确这一点,才能从根本上保护摊贩的利益,并通过观念和制度的变革,从根本上破解摊贩经济所带来的社会管理难题。当前,摊贩经济的困境有其深层次的原因,如果不能正视这些原因,其他的所谓改变,如"人性执法"、"宽容对待",甚至"追赶小摊贩不要超过 20 步"①等都是治标之举。

摊贩作为一种职业,公民当然有自由选择的权利。当今,不但西方国家普遍承认了摊贩的营业自由,就是印度这样的发展中国家,由于社会发展的落后,摊贩的数量众多,也和我国一样面临着管理的难题,但这并不能否定摊贩的职业自由。2010 年,印度新德里为举行英联邦运动会而驱逐街头小贩,担任"印度全国街头小贩联合会"协调员的阿宾德·辛格认为,"颁布法律保护整个街头小贩群体,这是政府的宪法责任",于是领导"印度全国街头小贩联合会",将新德里市政府告上最高法院,2010 年 10 月 20 日,印度最高法院正式做出违宪的判决,禁止政府基于各种行政决策,剥夺街头小贩诚实经营的权利。印度最高法院认为,街头叫卖是人们谋生的一项基本权利,政府需要贯彻一项成文法来规范街头小贩,而非打压。最高法院的判决还要求,到 2011 年 6 月 30 日,印度政府必须通过一部法律,规范路边摊贩以及他们的基本权利。②

在我国,小摊贩在 20 世纪 50 年代末就被当作是必须割掉的"资本主义尾巴",被当成是"投机倒把"而备受打击。提起"打击投机倒把办公室"(俗称"打办室"),就足以让小商小贩们心惊胆颤。80 年代开始,市场放开了,"打办室"不存在了,而"城管"又开始登场。"投机倒把分子"变成"走鬼","打办队员"变成"城管队员","割尾巴"变成了"猫捉老鼠",从防止"江山变色"变成了维护"城市颜色"——城市市容和环境卫生。虽然没有了过去的"上纲上线",但一砸二收三罚款,已足以令小摊贩们胆战心惊。对此,一些学者希冀通过对"劳动权"的重新阐释,赋予其自由权的含义,推导出职业选择自由的意蕴,以适应时代的变迁与市场经济发展的要求,但面临着理论上的先天不足。这些都使得职业自由作为公民的宪法权利难以确立,摊贩经济所处的困境难以化解。

应当说,宪法权利规定的缺失、权利限制理论研究的不足和观念的滞后等是中国摊贩困境现象背后的根本原因,而将职业自由入宪,是破解小摊贩管理困境的基础和前提。只有将摊贩的经营权利纳入公民职业自由的范畴,并由宪法做出明确的规定,摊贩的权利才能得到真正的保障,摊贩治理

---

① 广州曾要求城管"在车流滚滚的主干道上,追赶小摊贩不要超过 20 步"。
② 参见《印度政府在运动会前驱逐街头小贩被判违》,载《新京报》,2010 年 10 月 24 日。

的难题才能得到根本的破解。那些摆摊设点的小摊贩,大多数属于弱势群体,他们依靠自己的双手,维持着自己甚至一家人的生活,维系着对未来生活的信心,涵育着自立、自尊的精神。他们的权利需要认真对待。因为他们的权利实际上是每个公民的权利,对他们权利的损害就是对我们每一个公民权利的损害。面对权力者,每一个公民个体都是弱者,我们每一个人都有可能因为个人际遇的变化成为社会弱势群体的一员。

本章小结

职业自由是个人生存的基础,与个人尊严和人格发展紧密相关。此外,职业自由还是社会经济发展的源泉。正是这种独特的价值,使得职业自由无法为劳动权所通约,因此,将职业自由写入宪法,是对公民权利的张扬,使得公民的职业自由保障有宪法上的明确依据,而不仅仅是诉诸自然的法理和道德的正当。

CHAPTER 3

职业自由的限制

> 人是生而自由的,但却无往不在枷锁之中。
>
> ——[法]卢梭
>
> 但是为自由而辩护的理由,正是我们应该替难以预见的自由发展保留余地。
>
> ——[英]哈耶克

自由是一种价值。因此,对公民自由的任何限制,无论是通过直接的刑法,还是通过其他的法律,都需要证成,即要说明限制自由的理由和条件。这不仅仅是法律哲学家们提出的抽象问题,而且也是立法者所面临的不可避免的棘手问题。

职业自由意味着权利个体可以自由选择其所想要从事的职业类别,且在没有法律依据的情况下可不受任何人干涉。因此,个人可以自行选择特定行为作为实现物质生活或是精神生活的手段;即使个人所选择的职业是非常态或是非典型但却是可以充分表达自我人格及特性,并能够实现自我存在价值者,皆应受到保护。从事职业行为是人类追求美好生活之基础,若是法律对其无限度地限制,将侵害到个体的权利并进而使得社会产生不安和矛盾。"透过自由地选择职业,将使人类在维系个人生存之际,仍得以维持自行决定其对社会整体贡献力度大小之自主性。此外,自由选择职业的意义亦包含了对于人权的尊重及保护,惟对于职业自由的保护力度及范围大小,则是各国依照其经济、社会、政策各方面的考虑来加以界定的。"①因此,作为基本权利的职业自由,应不应当予以限制,应以什么理由予以限制以及应当如何限制,就成为一个必须面对的问题。

第一节　职业自由的限制理由

"职业自由是自由国家的荣耀之一,它埋葬了行会和等级。可是今天的

---

① 陈怡如:《从德国职业自由三阶说评析释字第五八四号之问题》,http://jyfd0916.googlepages.com/index.htm,2012年5月8日访问。

每个现代国家都严格限制职业自由。"①对职业自由的限制,不但有基于其作为自由的非绝对性,还有其作为经济自由的特殊的可以限制性。

一、自由的非绝对与可限制性

自由是可贵的,但自由并不是绝对的。这一点已是人们的共识。

"我们首先是在与他人的交往中,而不是在与自我的交往中,意识到自由或自由的对立面。"②因此,虽然古希腊人将对自由的热爱作为建设其上层建筑的神庙的支柱,但却清醒地意识到他们所享有自由本身隐含着一种义务,即为了他们自身的利益和他人的利益负责任地行使自由的义务。③"古典政治哲学家们认为,自由不是不要限制,无论什么事情都可以做的自由是无用的或有害的,因为每个人行使这种自由时总是与其他人的自由相冲突,如果没有限制的话,就会出现这样一种状态:所有人都可以无限制地干预别人。这种'自然'的自由或者导致社会混乱,使人们最低限度的要求无法得到满足,或者导致弱者的自由被强者压制或剥夺。"④就基本权保障的范围来说,无论宪法文字如何规定,任何权利终归是有限的或有条件的。一般说来,尽管宪法并没有规定权利的限制,但法院一直将其解释为有限的。因为"国家承认个人自由的目的,在使各个人民得以自由发展其知识、道德与身体上优性。国家对于各个人民的自由,只能与保护全体人民的必要范围以内,以法律设立限制,在原则上自然无可否认"⑤。对个人自由另一个限制的理由,是"个人行使自由的时候,不得违反国家承认个人自由的目的。国家承认个人自由,其目的在谋个人知识、道德,或身体上优性的发展。享有自由的人,如果于行使他的自由的时候,违反了上述的目的,自然应与妨害他人自由,同认为滥用自由"⑥。

---

① [美]弗里德曼:《选择的共和国——法律、权威与文化》,高鸿钧等译,清华大学出版社2005年版,第85页。
② [美]汉娜·阿伦特:《过去与未来之间》,王寅丽、张立立译,译林出版社2011年版,第141页。
③ 参见[美]斯蒂芬·伯特曼:《奥林匹斯山之巅——破译古希腊神话故事》,韩松译,复旦大学出版社2005年版,第169页。
④ 张文显:《二十世纪西方法哲学思潮研究》,法律出版社2006年版,第525页。
⑤ 王世杰、钱端升:《比较宪法》,商务印书馆1999年版,第66页。
⑥ 王世杰、钱端升:《比较宪法》,商务印书馆1999年版,第66页。

可见,对自由的限制是出于对滥用自由的防范,其最终目的是维护自由。滥用自由不仅包括妨害他人的自由,还包括违反国家承认个人自由的目的,即"谋个人知识,道德,或身体上优性的发展"。职业自由作为自由的一个方面,自然也是要受到限制的。

二、职业自由的特殊可限制性

作为自由的一种,职业自由有其特殊的可以限制性。现代社会强调经济自由所受到的社会制约。经济自由之保障与其他自由权相较,每有主张精神自由(尤其是内在的精神自由)乃至人身自由之保障具有更重要的优越地位,经济自由应受较严格制约的"双重基准"(double standard)论者。① 因此,通常的观点认为,较之精神上的自由,作为经济自由的职业自由,应该受到更多的限制。

德国宪法对基本权利的限制以法律保留为原则。这种法律保留区分为简单法律保留、特别法律保留与无法律保留。简单法律保留,即基本权利条款仅规定该项权利"可由法律或基于法律"予以限制,对于法律保留中的"法律"未作进一步限定。所以,立法者所获得授权的弹性最大。在特别法律保留中,立法者进行利益衡量的权限,因为宪法的周延规定被大大限缩;而对于那些根本不是法律保留限制的基本权利,立法者的这种权力则被彻底排除了。② 职业自由就属于"简单法律保留"的事项,不同于迁徙自由、言论自由、住宅不受侵犯的"特别法律保留",也不同于人性尊严、宗教信仰和艺术与学术自由等"无法律保留限制"。由此可以看出,较之言论自由、信仰自由等,德国宪法对职业自由的限制更为广泛,更为严格。

在日本国宪法第12、13条基本权总则的规定中,明确表示了由于"公共福利"而对基本权进行限制的可能性。以此为依据,在第22、29条保障经济自由的规定中又重述了基于"公共福利"而对经济自由限制的必要性。个人基于生存需求,应有自由选择职业和营业的权利,但是由于当今社会高度的组织性,个体职业选择与营业和他人生命健康与财产等的密切关联,因此,

---

① 参见[日]松井茂记:《日本国宪法》,有斐阁2004年版,第550页以下。

② 当然,这并不意味着这类权利不受任何限制,依然可根据"宪法整体性"和"宪法整体价值秩序",而受到"宪法内在限制"的制约。参见赵宏:《限制的限制:德国基本权利限制模式的内在机理》,载《法学家》,2011年第2期。

这种权利必然要有所规制,以避免因个人的职业自由而侵害到他人的基本权利。因此,日本学者普遍认为,同其他基本权相比,经济自由被认为要服从较多的限制。① 日本最高法院的判示也支持了这个观点:"宪法在福利国家思想下,企图使社会经济均衡调和发展……不同于个人自由等的情形,对个人经济活动自由采取一定合理的规制措施,作为实施前揭社会经济政策的手段,应解为系宪法所预定且容许者。"②

判例法传统的美国虽没有对职业自由限制的条文性规定,但其在判例中确认,"合理地提高公共利益"是对个人自由进行限制的依据,而且认为,职业自由等经济自由,属于"较低价值的自由",较之言论自由等"较高价值的自由"理应受到更多的限制。③

德国宪法对职业自由限制的"简单法律保留"与日本宪法所特别加诸的"以不违反公共福利为限"的保留,显示了职业自由受公权力限制的要求较强这一意旨。之所以如此,是由于"一方面,职业在性质上、社会意义上的相互关联性较大,所以如果允许无限制的职业活动,很有可能会对维持社会生活所不可或缺的公共安全与秩序产生威胁,不仅如此,另一方面,为了实现现代社会所要求的社会国家理念,基于政策性的考虑(例如保护中小企业)而加以积极的规制,认为这种积极规制是有必要的情形也为数不少"④。简言之,对职业自由的限制不但有消极意义上的"公共安全与秩序"规制,还有基于德国公法学上的概念可以的积极意义上的规制。"现代宪法承认社会上、经济上弱者的社会权,国家负有实现该社会权的义务,因此,在宪法中对经济自由进行广泛的限制,是实现社会上、经济上弱者的社会权所不可缺少的前提。"⑤

---

① 参见[日]工藤达朗:《经济自由的违宪审查标准——关于财产权和职业自由》,童牧之译,韩大元校,载《中外法学》,1994年第3期。
② 参见最大判昭和四十七年(一九七二年)十一月二十二日刑集第二十六卷第九号第五八六页。转引自[日]阿部照哉等编著:《宪法(下)——基本人权篇》,周宗宪译,元照出版有限公司2001年版,第182页。
③ City of Zion v. Behrens, 104 N. E. 836,837. (I11. 1914)
④ [日]芦部信喜,高桥和之:《宪法》,林来梵、凌维慈、龙绚丽译,北京大学出版社2006年版,第195页。
⑤ 参见[日]工藤达朗:《经济自由的违宪审查标准——关于财产权和职业自由》,童牧之译,韩大元校,载《中外法学》,1994年第3期。

第二节 限制职业自由的依据

在西方,哲学家们提出了多种理由(理论、学说)证成法律对自由的限制,其中比较流行的有法律道德主义、伤害原则、法律父爱主义和冒犯原则等。伤害原则(The Harm Principle)是"伤害别人的原则"的简称,又称"密尔原则"(Mill Principle)。这是由英国思想家密尔最早提出来,并得到许多人进一步发展的原则。密尔认为人的行为分为自涉性行为和涉他性行为,前者只影响自己利益或仅仅伤害到自己,后者则影响别人利益或伤害到别人。只有伤害别人的行为才是法律检查和干涉的对象,未伤害任何人或仅仅伤害到自己的行为不应受到法律的惩罚。简言之,社会干预个人行动自由的唯一目的是(社会)自我保护。只有为了阻止对别人和公共利益的伤害,法律对社会成员的限制才是合理的,可以证成的。冒犯原则(Offence Principle)的基本思想是:法律禁止那些虽不伤害别人但却冒犯别人的行为是合理的。所谓"冒犯行为",是指使人愤怒、羞耻或惊恐的淫荡行为或放肆行为,如人们忌讳的性行为、虐待尸体、亵渎国旗等。冒犯原则是由美国法学会"标准刑法典"委员会提出的。[1] 法律道德主义是哈特、德沃金等人对德福林的"道德的法律强制"(legal enforcement of morality)观点的概括。德福林认为,法律强制实施道德时应当遵循四项原则,即容忍与社会完整统一相协调的最大限度的个人自由;容忍限度的改变;尽可能充分地尊重个人隐私;法涉及最低限度的而不是最高限度的行为标准。这四个原则划定了法律应当干预道德、强制实施社会道德的界限。[2] 我们认为,对公共利益的保护是限制自由的唯一依据。伤害原则和冒犯原则,在核心内容上,都可以归之于公共利益的保护,而法律道德主义[3]、法律父爱主义与"民主的多数",都

---

[1] 参见张文显:《二十世纪西方法哲学思潮研究》,法律出版社2006年版,第460—467页。
[2] 参见张文显:《二十世纪西方法哲学思潮研究》,法律出版社2006年版,第353—359页。
[3] 对法律道德主义的阐述,参见本著第一章。

不能成为限制职业自由的当然理据。

一、公共利益的需要

今日国家具有三大目的:安全目的、文化目的、经济目的。① 这三种目的的互相协调构成概括的国家目的:促进一般公共利益。正如哈耶克指出的,"只有在实现公共利益所必需的时候,才能允许对个人施以强制,这是自由传统的一项基本原则。"②基于公共利益,国家有义务对于各种经济活动进行必要而合乎本质的规制。因此,国家基于公共利益之考量,可以对人民的职业自由加以限制,这一点已为世界各国的宪法所规定。《中华人民共和国宪法》第51条规定:"中华人民共和国公民在行使权利的时候,不得损害国家的、社会的、集体的利益和其他公民的合法的自由和权利。"该规定也是公民职业自由的兜底条款限制。该条规定的基本权利界限有两个层次:一是"国家的、社会的、集体的利益";另一是"其他公民的合法的自由和权利"。这二者都可以归为"公共利益"的范畴。因为其他公民虽然是一个个体的称呼,但也是一个不特定的称呼,这种不特定的个体实际上构成了一个"隐形"的群体,因此其利益也构成了公共利益。日本国宪法第十三条规定:"对于生命、自由及幸福追求之国民权利,在不违反公共福利之范围内,须在立法及其他国政上予以最大之尊重。"这是一种概括式的规定方法。德国基本法则是在各基本权利条款中个别地对基本权利加以"公共利益"之限制。如基本法第十条第二款规定:"前项之限制(书信秘密、邮件与电讯之秘密不可侵犯)唯依法始得为之。如限制系为保护自由民主之基本原则,或为保护各联邦之存在或安全,则法律得规定该等限制不须通知有关人士,并由国会指定或辅助机关所为之核定代替争讼。"第十一条第二款规定:"此项权利(指迁徙自由)在下列情况下予以限制:无充裕的生活基础和给社会增加特殊的负担;为保护青年不受遗弃;同流行性疾病做斗争和防止犯罪活动。"美国等判例法传统的国家也将公共利益作为限制个人自由的依据。"对于个人自由的限制,在每个判例中,法院都持审慎态度,认为"除非这种限制能合理地提

---

① 参见萨孟武:《政治学》,三民书局1986年版,第160页。
② [英]哈耶克:《法律、立法与自由》(第2、3卷),邓正来、张守东、李静冰译,中国大百科全书出版社2000年版,第2页。

高公共利益,公民的个人自由不受干涉"①。可见,以"公共利益"限制公民基本权利的理由,是世界各国宪法的通例。那么,"公共利益"何以能成为限制公民基本权利的理由?

(一)以"公共利益"限制职业自由的理由

对"公共利益"成为限制公民基本权利的理由,有内在制约说与外在制约说两种理论阐释。② 内在制约说,又称"本质限制说",认为"公共利益"这种限制实际上是由基本权利自身的性质产生的,是存在于基本权利自身中的限制。任何基本权利的行使,都内在地包含不得侵害公共利益的含义,因此,"公共利益"对基本权利的限制不过是基本权利的应有之义;外在限制说认为"公共利益"是基本权利之外的对基本权利的制约。该学说认为,宪法所保护的利益除了以基本权利为内容的个人利益之外,还包括公共利益,为了对个人利益与公共利益的冲突加以协调和平衡,立法者就要依据公共利益对基本权利加以限制。日本学者三浦隆正确地指出,外在制约说将公共福利理解为置于人权以外的制约原则,所以当其概念不明确且抽象地应用时会成为战前的抑制原则而侵犯人权。内在制约说将公共福利理解为人权内在的、逻辑的、必然的原则,所以每个人的人权对应的不同。③

可以看出,内在制约说认为对基本权利的"公共利益"限制为基本权利的应有之义,其初衷是防止将"公共利益"绝对化,以免其构成对基本权利的恣意限制。然而"权利的限制"并非"权利的构成",因此内在制约说在逻辑上难以自洽;外在制约说在逻辑上自洽,但其弊端在于容易将"公共利益"绝对化,为立法者以公共利益为借口肆意限制基本权利提供了可能。从本质上看,两者并没有什么不同,内在限制是基本权利自身的一个界限,是"自我限制",这说明基本权利是有其"理性"边界的;外在制约说认为基本权利本身无限制,遇有外力才限制,外力构成了基本权利的"理性边界"。其实,内在制约和外在制约不过是自不同角度观察的结果,无论这种限制是"自律"的存在还是"他律"的存在,都以"公共利益"为其边界,这边界或自外加之,或者出于基本权利的内在理性,都是基于"公共利益"的考量。

对于职业自由,由于其经济自由的性质,更是应以公共利益为其边界,

---

① City of Zion v. Behrens. 104 N. E. 836,837. (Ill. 1914)
② 参见张翔:《基本权利的规范建构》,高等教育出版社 2008 年版,第 63—64 页。
③ [日]三浦隆:《实践宪法学》,中国人民公安大学出版社 2002 年版,第 92—93 页。

这是因为职业的选择与执行,较多地涉及他人与社会的利益,特别是在当今这样一个个人与社会紧密联系的时代。例如摊贩经济,是很多人谋生的方式,然而,摆摊设点涉及很多他人利益和社会管理问题,如摆摊地点不当,带来的交通堵塞、影响居民休息的噪音和众多卫生问题等等。因此,公民可以选择摊贩经济为其职业,但这种职业的执行要受到公共利益的规制。

公共利益适以构成对基本权利限制的理由,然而,什么是公共利益?

(二)公共利益的内涵

"'公共利益'是崇高的圣杯。发现它简直就和科学探索过程中发现真理一样。"①正是由于公共利益是一个典型的"不确定法律概念",这就容易使之为权力者所滥用,动辄以"公共利益"为名限制公民的权利。我们以为,对公共利益需要从以下几个方面进行认识:

首先,公共利益受益对象的不确定性。受益对象的不确定,使公共利益与封闭的集团利益相区别。值得注意的是,对象的不确定并不意味着人数的大多数。公共利益并不等同于大多数人的利益。对象的不确定只是说明公共利益并非指向一个封闭的圈子,而是一个开放的平台,可以容纳任何一个单独的个体。因此,公共利益并不能由人数的多少决定。

其次,公共利益内容的不确定性。对公共利益的认定有不同的标准,而且随着社会的发展,其标准处于不断的变化之中。例如,对于禁止在公共场合乞讨是否符合公共利益,就存在不同的观点。当个体无法获得必需的社会救济的时候,乞讨也是行乞的人主张社会正义的权利。乞丐作为一种维持基本生存的职业具有一定的社会公共利益性质。另外,公共利益的判断标准也在不断地变迁之中,而社会公共利益的变迁必然会影响到社会对职业范围的界定。如社会对"性工作者"的看法,就涉及社会伦理的变迁,进而影响到社会对"性工作"这个"职业"的容忍与承认。

再次,公共利益应当具有正义的内核。以多数人的决定剥夺少数人的合法利益决不能被视为维护公共利益的需要,否则就会出现"多数的暴政"。安·兰德就曾尖锐地指斥了这类人的虚伪:"他们鼓吹为了多数派不受限制的统治而牺牲所有的个人权利,然而却摆出一副捍卫少数派权利的姿态。世界上最小的少数派就是个人,那些否认个人权利的人,没理由说自己是少

---

① [澳]布伦南、[美]布坎南:《宪政经济学》,冯克利等译,中国社会科学出版社2012年版,第44页。

数派的捍卫者。"①虽然正义也有着"普罗透斯"般的面孔,但以"公共利益"为名限制公民的权利时,若没有法律的依据、没有经过正当的程序,无论这种"公共利益"的背后夹杂着多少人的喧嚣,都是可疑的。

最后,公共利益不能否定私人利益。② 在中国,由于种种原因,公共利益与私人利益处于非常不对等的地位,公共利益居于道德高地,个人利益服从集体利益、公共利益成为一个不容置疑的"公理"。然而,这是一个必须检讨的命题。公共利益不是内容空洞的大词,更不是臆造的凌驾于个人之上的超现实存在,而应是个人利益的最大实现,并最终以个人利益为依归。若公共利益可以任意牺牲个人利益,可以无原则地优先于个人利益,那么这种公共利益就是与一个个活生生的个人无关的、立于云端之上的东西,因为对某个个体权利的侵害,是对所有其他人权利的潜在的损害。公共利益源于私人利益,服务于私人利益正是公共权力产生的根据,"公共利益"其实就是不特定个人利益的集合体现而已。由于不存在每个人利益都一致的"公意",个人利益和公共利益的冲突实际上不过是某个人或某些人的利益与多数人利益的冲突,而简单地以多数人的利益限制甚至否定个人或少数人的利益,是"多数人的暴政",是对人的权利的蔑视。如安·兰德所说,"没有个人权利,就根本不可能有公共利益……'利益'不是靠数字决定的,也不能通过什么人为了别人所做的牺牲获得。"③对个人权利的尊重是现代法的精神所在。与个人利益一样,公共利益也是一种利益,既然是利益,就可以对相关利益的性质、范围、利害关系人的多少,对相关人的重要性等方面做出具体的分析和比较,而不应简单地依利益主体是谁而定高下。同时,对公共利益的认定,要引入正当法律程序,通过公共决策程序进行。"公共利益会随着社会变迁而更迭,与其去探求一个稳定的、放之四海而皆准的概念内容,倒不如去完善公益得出的过程、步骤和程序。德国的经验已证明:何谓公益应放置在多元宽容的社会文化下,通过某种理性的、公开的、可互相竞争的程序而得出。"④

---

① [美]安·兰德:《自私的德性》,焦晓菊译,华夏出版社2007年版,第134页。
② 参见薛华勇:《权利的贫困——宪政视野下的小产权房问题透视》,载《法治研究》,2009年第7期。
③ [美]安·兰德:《通往明天的唯一道路》,广西师范大学出版社2004年版,第129页以下。
④ 赵宏:《限制的限制:德国基本权利限制模式的内在机理》,载《法学家》,2011年第2期。

"自由是一个稀有和脆弱的被培育出来的东西。"①对职业自由以"公共利益"进行限制,是必要的,但不能是随意的。当前,摊贩经济在中国常常处于"灰色地带"。对小摊贩的存在持反对意见的人认为小摊贩对市容环境与社会管理造成了损害,危害了"社会公共利益"。在小摊贩们的生存权面前,市容环境与社会管理这样的"公共利益"能展现出多少正当性?

二、法律父爱主义的反思

父爱主义(paternalism)来源于拉丁语 pater,意思是指像父亲那样行为,或对待他人像对待孩子一样。法律父爱主义(legal paternalism),亦称"法律家长主义",是指为了被强制者自己的福利、幸福、需要、利益和价值,而由政府对一个人的自由进行的法律干涉,或者说是指强迫一个人促进自我利益或阻止他自我伤害。②

家长式法律强制自古有之。随着 20 世纪出现的"法律社会化"运动,此类法律强制日渐增多。这类法律强制有如下特征:第一,家长式法律强制不仅用来阻止自我伤害,而且也用来产生或促进自我利益。第二,家长式法律强制很少是绝对家长式的。大部分家长式法律有非家长的因素,因为自我伤害的行为很可能对他人产生第二性的有害影响。第三,某些家长式法律强制表明,从家长式法律强制中受益的人不一定总是其自由受到限制的人。例如,医生必须受到允许才能开业。这里直接受到限制的是医生,而受益者是可能的病人。再如,不允许把受害者的同意作为推卸法律责任的辩护理由。这种法律限制主要影响施害者,而试图保护的却是心甘情愿的受害者。有时候自由受到限制的人和利益受到保护的人是同一的,例如法律要求乘坐小汽车的人必须系安全带的情况。据此特征,人们把法律家长主义强制分为两种:纯粹的和非纯粹的。在纯粹的家长式法律强制中,其自由受到限制的人同时也是利益受到保护的人。在非纯粹的家长式法律强制中,除了限制受益者的自由外,还包括限制其他人的自由。③

法律父爱主义可以分为软父爱主义和硬父爱主义。软父爱主义是基于当事人认知上的欠缺而做出的不"真实"的决定,为了其自身的利益而予以

---

① [美]米尔顿·弗里德曼:《资本主义与自由》,张瑞玉译,商务印书馆 2006 年版,绪论第 5 页。
② 参见张文显:《二十世纪西方法哲学思潮研究》,法律出版社 2006 年版,第 463 页。
③ 参见张文显:《二十世纪西方法哲学思潮研究》,法律出版社 2006 年版,第 464 页。

干预。这种认知上的欠缺,包括信息的缺乏,不成熟或不自愿。硬父爱主义则是哪怕当事人没有认知上的欠缺甚至当事人的决定是完全自愿的,为了其利益,法律也可以进行限制。波普博士又将这种对当事人自由的限制分为直接限制与间接限制①,也被称为直接父爱主义和间接父爱主义。直接父爱主义是为了当事人自身的利益而对其自由的限制,是"为了你,限制你",如为了某人的利益而禁止其抽烟;间接父爱主义是为了当事人的利益而对其相对人的自由的限制,是"为了你,限制他",如为了吸烟者的利益而对烟草生产者和销售者予以限制。法律父爱主义尤其是间接父爱主义对第三方的生产、销售和广告等行为的限制与禁止性规定,显然是对其职业自由的限制。问题是,法律父爱主义能否构成对职业自由限制的依据?

一般认为,法律家长主义对职业自由的限制的表现主要在三个方面:②

其一,职业许可(准入)制度。这是一种适用广泛的间接法律家长主义的干预模式。英国经济学家奥格斯认为,家长主义的动机,对某些职业准入体系提供了可能的解释。第一,政策制定者可能考虑到,私人会错误理解他们所得到的信息,如可能低估风险。第二,即使信息被正确理解,私人所做的决定也可能在他人看来是不符合其最佳利益的。③ 间接法律父爱主义对职业自由的限制主要体现在一些具有社会性的职业上,如对药剂师、助产士、律师等的资格限制,以及对药品和保健品的规制上,通过对这些职业的限制,以保护相对于此类职业的从业者而言处于"弱势"地位的个人的利益。

其二,相关的劳动立法。这方面突出体现在某些劳动契约中对劳动者的保护上。家长主义者认为,"个人并不知道什么对自己最有利或有益。家长主义者提出了相反的主张,认为他们作为局外人,作为有知识的专家要比做出选择的当事人自身更加了解相关的选择是否达到当事人最终想要达到的目标。家长主义的主张是,从某种最终的事后的分析来看,个人必须承认自己最初的无知或易于犯错误,从而事后必须承认自己做出'正确'选择的

---

① Thaddeus Mason Pop. Balancing Public Health Against Individual Liberty:The Ethics of Smoking Regulation, 61 U. Pitt. L. Rev. 687, Winter, 2000.
② 参见高景芳:《职业自由论——一个宪法学的视角》,法律出版社2012年版,第121—122页。
③ 参见[英]奥格斯:《规制:法律形式与经济学理论》,骆梅英译,中国人民大学出版社2008年版,第221—222页。

能力是有限的"①。正是如此,允许个人选择自己的职业并不等于确保个人选择的结果与其愿望能够相一致。戴维·布鲁尔法官在判决书中曾写道:"国会当然有指定限制个人订立某些合同的权利。"②在霍尔登案中,犹他州的法律规定,出于对矿工的健康和安全考虑,每人每天的工作时间不超过10小时。因此,有学者认为,我国劳动法第44条关于劳动者正常工作时间之外的工资标准规定、第48条关于最低工资的规定,都属于限制职业执行自由的法律父爱主义,不过对这些规定属于直接父爱主义还是间接父爱主义尚有不同看法。③

其三,某些职业执行行为。例如世界各国对律师职业的执行,存在种种限制,其中,法律援助或法律扶助是最具限制特征且获得普遍认同的。在法律父爱主义对律师职业的限制方面曾有专门研究的学者郭春镇认为,中国对律师职业的限制主要体现在《律师法》《律师职业道德和职业纪律规范》《律师违法行为处罚办法》《法律捐助条例》以及最高人民法院对《刑事诉讼法》的司法解释中。《律师法》第42条规定律师必须按照国家规定承担法律援助义务,尽职尽责,为受援人提供法律服务。最高人民法院《关于执行〈中华人民共和国刑事诉讼法〉若干问题的解释》第36—39条规定,对盲、聋、哑和限制民事行为能力人和未成年人、可能被判处死刑的人以及经济困难和共同犯罪案件中其他人以及委托辩护人的等诸情形下,法院应当为其指定具有律师资格的人担任辩护人。《律师违法行为处罚办法》第6条第15款甚至规定了律师在不履行法律援助义务时所受的包括停止营业执照的处罚。④

实践中,对职业自由的上述限制被一些学者认为是一种法律父爱主义的限制。然而,法律父爱主义果真能成为限制职业自由的正当理由么?

密尔认为,除了未成年人,一个人自己的利益,无论是物质的还是道德的,都不是干涉他的行为、限制他的自由的充足理由。任何人的行为,"在仅只涉及本人的那部分,他的独立性在权利上则是绝对的。对于本人自己,对

---

① [美]詹姆斯·M·布坎南:《宪法秩序的经济学与伦理学》,朱泱等译,商务印书馆2008年版,第291页。
② Frisbie v United States, 157 U. S. 160,165,(1894). 转引自郭春镇:《法律父爱主义及其对基本权利的限制》,法律出版社2010年版,第100页。
③ 参见郭春镇:《法律父爱主义及其对基本权利的限制》,法律出版社2010年版,第101页;高景芳:《职业自由论——一个宪法学的视角》,法律出版社2012年版,第121页脚注[4]。
④ 参见郭春镇:《法律父爱主义及其对基本权利的限制》,法律出版社2010年版,第104—105页。

于他自己的身和心，个人乃是最高主权者"①。德沃金基于权利论对法律家长主义进行了猛烈的攻击。德沃金强调，必须认真地看待公民权利，特别是"关怀和尊重"的平等权利。他指出，平等的关怀和尊重就是尊重每个人过独立自主的生活的能力。根据这一权利主张，每个人都应得到生活得更好的机会，但不能强制他人做出更好的选择。我们绝对不能轻易地把我们个人的美好生活观强加于人，一定不要假设在一种生活环境和个人历史中有效的，也会在另一种生活环境和个人历史中奏效。即使我们确信，如何行动对某某人是有利的，会使他生活得更好，也不能强迫他选择我们判断为正确的行为路线和生活方式。如果他被迫按照我们的判断去行动，许多情况下，他并不会生活得更好，因为这将侵害独立自主的价值。德沃金的批判涉及一个根本的问题，即意志自由和物质利益的关系。法律父爱主义虽然代表了被强制者的外部的物质利益，但却是以限制被强制者的意志自由为代价的。对人性的哲学研究表明，意志自由和物质利益是同样重要的，在某些情况下意志自由的价值可能超过物质利益。② 正是在这一意义上，法律家长主义是有局限性的。

对弱者地位的保护和利益的提升，是法律父爱主义的正当基础。在这一点上，法律家长主义无疑闪耀着人性的光辉。然而，道德的闪光常常会遮蔽现实的创口。法律家长主义的核心缺陷表现在：其一，理性判断的独断。法律家长主义的理论预设是：某个人要比其个人更加清楚地知道如何确保他们的幸福。而这些"其他人"之所以需要家长的关怀，是由于其理性的不足。行为人理性不足，或源于智力欠缺或源于信息赤字。然而，一旦一个人接受为他人作出判断的原则的时候，"没有公式告诉我们应在哪里停止"。因此，我们应该正视哈耶克的警示："理性无疑是人类最宝贵的财富。而我们只是想说明：理性不是万能的，假如相信理性能够成为它自己的主人，并能够控制它自己的发展，便有可能摧毁理性。"③ 理性的独断，会形成权力者的理性垄断，进而造成对民众自由的肆意干涉。其二，民众的客体化。法律父爱主义，使政府扮演起"慈父"的角色，视民众为理性不足的未成年人，这无疑是对个人的贬损，是对公民的"矮化"，结果不可避免的是民众的客体

---

① ［英］约翰·密尔：《论自由》，商务印书馆2005年版，第11页。
② 参见张文显：《二十世纪西方法哲学思潮研究》，法律出版社2006年版，第465—466页。
③ ［英］弗雷德里希·奥古斯都·哈耶克：《自由宪章》，杨玉生等译，中国社会科学出版社1999年版，第105页。

化。我们应该认真对待康德的警告:"如果一个政府建立的原则是对人们的仁慈,像父亲对他的孩子一样,换句话说,如果它是家长主义式的政府,这样的一个政府是能被人想象出来的最坏的政府。"① 法律父爱主义的这些特点,使其与"积极自由"合流,成为限制、侵犯公民自由的理论基础。

可叹的是,诞生于西方自由主义背景之下的法律父爱主义在 20 世纪初叶的中国找到了丰厚的土壤。其时,西方 18 世纪自然法中群律的一部分又被重视,这一社会本位的国际潮流迎合了中国的传统,使得国人认为世界潮流已从个人本位改正为社会本位,与我国文化不谋而合,真所谓"吾道之不孤"。阴差阳错,"泰西最新法律思想和立法趋势和中国原有的民族心理适相吻合,天衣无缝"②。法律父爱主义意味着在某些领域,在某种程度上政府可以而且应当充当"家长"的角色;而作为政府这一抽象概念具体体现者的政府官员则是父爱主义法律和政策的制定者与执行者,这在我国古代"父母官"的称谓和仁政爱民的观念中有所体现。新时期,法律家长主义契合了中国传统法律文化,在深厚的"本土资源"中迅速中国化,对传统的"仁政"以新的包装,作现代的解读。③ 这样,中国传统的牧民之道以法律父爱主义借尸还魂。先秦思想中解读出来的新民本,与现代法治的尊重人、人作为社会人的基本权利的前提和宪法中的人权相衔接不过是一厢情愿。以本土资源的民本来异化法治,将实现法治的理想建立在政府这个本是法治限权目标的"支点"上,岂不是路径的错误? 法律家长主义的盛行,使法治成了没有根的浮萍。

因此,我们认为,法律家长主义不能成为限制职业自由的理由。

首先,自由自治相对于福利是一个更高的价值。自由自治是个人人格发展的基础。自由给人的发展提供了广阔的空间,提供了诸多选择的机会。自我决定也许会带来伤害与挫折,导致个人福利的降低,这是难以避免的,但人们往往愿意承受这种选择的结果,而不愿做一个拥有更好福利的奴隶。人的自由选择难免会有挫折,但人会在挫折中成长,这种自我成长不可替代,否则就成为父爱卵翼下的侏儒。

---

① Thaddeus Mason Pop. Counting the Dragon's Teeth and Claws: The Definition of Hard Paternalism, 20 Ga. St. U. L. Rev. 667, Spring, 2004.
② 吴经熊:《法律哲学研究》,清华大学出版社 2005 年版,第 173 页。
③ 如将"民为邦本"解释为民为国之主体的"新民本"。参见夏勇:《中国民权哲学》,生活·读书·新生三联书店 2004 年版,第 8 页。

其次,自由与福利并非对立。总体上讲,自由是福利的基础,社会总体缺乏自由的时候,福利也终将是不持久的,这已为历史发展所证明。正是自由开拓了人们的生活领域,最终使福利总体提高。对个体来说,自由往往伴随着对福利的追求,随着个体的成长和理性的增长,终将实现其福利的增长。强调自由的价值,并非是价值主观性,而是自我决定本身即是价值。将自由与福利对立的原因是混淆了自我决定与自我决定的结果之间的关系。选择的结果固然多样,但选择自身却是一个最高的价值。

再次,理性应有的谦逊。一方面,法律家长主义往往视"家长"为理性者,而视他人为缺乏理性的人,是"儿童",这无疑是一种傲慢;另一方面,幸福在很大程度上是个人对生活的感受,以自己的"理性"判断代替他人对自己生活的决定,是理性的自负。

最后,对人自身的补足。自由经济主义中的"经济人"是一个个脆弱、易受伤害与控制的弱而愚的人,这常常成为父爱主义者的理由。然而,与其以此代替个人的判断,不如改善信息传递通道,增加信息量,以物质的帮助矫正这种不足,使人摆脱"弱"的状态,重新复归于理性人的形象。此外,在当今社会分工日益复杂的状况下,这种弱而愚的不是部分人,而是每一个人可能的境况,所以立法所及的不是一部分人,而是每个人。因此,这种立法是一种自爱、自助,而不是家长式的单方"呵护"。

布兰戴斯(Brandeis)大法官曾做出深刻的警告:"经验告诉我们,当政府目的是增加福利的时候,我们更应该警惕要保护自由。"[1]20世纪60年代密歇根、伊利诺伊、俄亥俄等州的法院认为头盔和安全带法不是为了防止或降低对他人的伤害或负的外部性而限制自由,并认定这些制定法无效。但后来,法院出于公共利益的考虑,扩展了对他人的伤害的理念范围,"被称为所谓无害的犯罪,实际上,在深层次上并非无害。事故的受害人所受到的伤害增加了整个社会的负担"[2]。法院承认这类限制是符合公共利益的,但并不作为父爱主义的理由,而是以公共利益的视角来分析,表明了美国立法的个人自由基础和对于政府行为的防范,哪怕是善意的权力扩张。这一点对今日处于转型时期的中国有深刻的提醒。

---

[1] Olmstead v. United States,277,U.S.438,479(1928).(Brandeis, j., dissenting)

[2] Mark E. Chopko & Michael F. Moses. Assisted Suicide: Still a Wonderful Life?,70 Notre Dame L. Rev. 519.526,(1995).

我们需要为政府对为了公民利益而干预其自由的行为提供一个新的解释范式。确实,必要的时候,法律需要对个体的行为进行干预,但这种干预不应是家长式的。我们认为,国家立法对公民自由的干预应是契约的结果。国家应是契约的产物,每个人都是平等的个体,拥有独立的人格,没有凌驾于个体之上的理性判断者。人与人之间是主体际关系,而不是子与父这种依附,哪怕是"理性"的依附关系。国家干预个人自由,是由于契约。每个人都可能会由于理性不足或经济困境而沦为弱势群体的一员,因而需要国家的"关怀",这不是国家自上而下的恩赐,而是一种集体契约的结果。人是流动的,随际遇变化,都可能沦为弱者,处于"子"的困境,需要"父"的照顾甚至强制,但这是"自爱"的结果,而不是单单的受惠。在这里,每个个体都是"子",也同时是"父"。每个人都是平等的主体,都是这个契约共同体的一分子。这种基于契约的"互助",实际上可纳入公共利益的范畴。因此,对于国家给予照顾、保护公民利益而限制其自由的行为,可以借鉴上述美国法院的判决,从公共利益的视角来分析,以取代法律父爱主义这个理由。

我们尤其应该注意的是,法律父爱主义是我国立法观念变革的重要阻碍。立法观念的改变是一个深层次的问题,它要求我们摒弃主客体的立法理念和立法的整体主义思维,以公民的权利保障为法治精神的核心。而法律父爱主义的意识却与"主体际"的立法观念有着深层次的冲突。如我国当前对乞讨、性工作者等问题的讨论,大都基于一种法律父爱主义的思维,而缺乏从公民职业自由这个基本权利的角度去认识,结果公民的权利可以被肆意限制甚至禁止。

人类应该意识到:上帝也没有一直以"父爱"来限制人的自由。伊甸园神话中最难以理解的并不是亚当犯了原罪,而是亚当怎么可能会犯原罪?显然,如果上帝明知道亚当要偷吃禁果而不去阻止他,上帝就不是全善的。如果上帝不知道亚当要偷吃禁果,上帝就不是全知的。如果上帝不能预知亚当要偷吃禁果而去阻止他,上帝就不是全能的……如何理解亚当的原罪与上帝的全善全知全能?或许只有一种解释:人是上帝所创造的最高级的产物,它的"高级"就体现在自由上,因为创造一个完全被上帝所支配的造物并不能真正显示上帝的荣耀。所以,人不是凭他自己就可以违背上帝的意志,而是上帝赋予了人违背他的意志的自由。[①]"……但你不受任何限制的

---

① 参见张志伟:《西方哲学十五讲》,北京大学出版社 2004 年版,第 11 页。

约束,可以按照你的自由抉择你的自然,我们已把你交给你的自由抉择……这样一来,你就是自己尊贵而自由的形塑者,可以把自己塑造成任何你偏爱的形式。你能堕落为更低等的野兽,也能照你灵魂的决断,在神圣的更高等级中重生。"① 这就是造物主馈赠给人类的自由的特权。

三、民主"多数统治"的谦抑

以"民主"名义干预职业自由必须要有道德和法律上的正当,而不仅是"人数的优势",因为自由是一种首要的道德价值和政治价值,而"不受专横干预的自由"是最低限度的人权,是米尔恩所称的"共同道德"。② "不受专横干预的自由"这一原则要求,对共同体成员行动自由的任何干预,不管是来自伙伴成员还是来自代表共同体行事的代理人,都必须被证明为正当。"专横的"干预是不正当的干预。证明干预为正当的理由通常必须是道德性的,虽然在一个拥有实在法体系的共同体中,它也可能是法律性的。③

在我国转型经济这一特定的历史时期,以"民主"名义侵害人民职业自由的现象尤其值得关注。在现实生活中,以民主的"多数决定"的方式干涉公民职业选择与职业执行自由的例子屡见不鲜。如某村庄是一种著名水果的产地,其种植的这种水果,以品种优良、口味绝佳著称。当地村委会为对这种水果进行规模化生产、打造地方品牌,决定统一规划种植,划出该村一大片区域,要求该区域内的所有农户统一种植这种水果,并由村集体统一采购优良树种,并聘请专业技术人员指导种植。这个思路获得上级政府赞许,绝大部分村民也表示赞成。但有几户农民不同意,理由是自己的土地应该由自己决定种什么,而不愿意种植水果。后来,全体村民开会进行表决,少数服从多数,要求这几户反对的农户必须服从集体的决议。再如,某企业的一位职员是乙肝携带者,得知情况后,其他职员觉得有可能会威胁他们的健康,于是以集体投票多数表决的方式,迫使该携带乙肝病毒的职员离开岗

---

① [意]皮科·米兰多拉:《论人的尊严》,顾超一、樊虹谷译,北京大学出版社 2010 年版,第 25 页。

② 米尔恩区别了共同道德与特殊道德。共同道德是社会生活本身所必不可少的、是所有共同体所共同具有的道德原则。参见[英]A. J. M. 米尔恩:《人的权利与人的多样性——人权哲学》,夏勇、张志铭译,中国大百科全书出版社 1995 年版,第 71—72 页。

③ 参见[英]A. J. M. 米尔恩:《人的权利与人的多样性——人权哲学》,夏勇、张志铭译,中国大百科全书出版社 1995 年版,第 68 页。

位。这两个例子都是公民职业自由受到民主"多数决定"的干涉的例子。然而更为严重的是通过"民主"立法或制定某些规范限制人民的职业自由。问题是,"民主"能否成为限制公民职业自由的当然理由?

"民主(democracy)"这个词来源于希腊语,意为"人民统治",这就意味着广泛的政治参与。从参与的方式来看,民主可以分为直接民主和间接民主,但无论哪种形式的民主,"多数统治"都被认为是实施民主决策的重要原则。但多数统治原则往往会形成极端的民主政体,会导致自由的被侵害,这显然有悖于民主理论的初衷。因此,民主政治必须强调少数人的权利,以免出现"多数的暴政"。这就是贡斯当所说的古代的自由与现代的自由的分野。贡斯当总结了现代人的自由和权利:"对他们每个人而言,自由是只受法律制约、而不因某个人或若干人的专断意志受到某种方式的逮捕、拘禁、处死或虐待的权利,它是每个人表达意见、选择并从事某一职业、支配甚至滥用财产的权利,是不必经过许可、不必说明动机或事由而迁徙的权利……"①而"古代人的自由在于以集体的方式直接行使完整主权的若干部分:诸如在广场协商战争与和平问题,与外国政府缔结联盟,投票表决法律并做出判决,审查执政官的财务、法案及管理,宣召执政官出席人民的集会,对他们进行批评、谴责或豁免。然而,如果这就是古代人所谓的自由的话,他们亦承认个人对社群权威的完全服从是和这种集体性自由相容的。你几乎看不到他们享受任何我们上面所说的现代人的自由。所有私人行动都受到严厉的监视……在古代人那里,个人在公共事务中几乎永远是主权者,但在所有私人关系中却是奴隶。作为公民,他可以决定战争与和平;作为个人,他的所有行动都受到限制、监视与压制"②。法国政治思想家托克维尔在考察美国的民主时指出:"我最挑剔于美国所建立的民主政府的,并不像大多数的欧洲人所指责的那样在于它的软弱无力,而是恰恰相反,在于它拥有不可抗拒的力量。"③托克威尔认为,这种多数的无限的权威使得美国的民主成为极端的民主,从而形成了多数的暴政。他说:"当一个人或一个党在美国受到不公正的待遇时,你想他或它能向谁去诉苦吗?向舆论吗?但舆论是多数制造的。向立法机构吗?但立法机构代表多数,并盲目服从多数。

---

① [法]邦雅曼·贡斯当:《古代人的自由与现代人的自由》,商务印书馆1999年版,第26页。
② [法]邦雅曼·贡斯当:《古代人的自由与现代人的自由》,商务印书馆1999年版,第26—27页。
③ [法]托克维尔:《论美国的民主》,商务印书馆1993年版,第289—290页。

向行政当局吗?但行政首长是由多数选任的,是多数的百依百顺工具。向公安机关吗?但警察不外是多数掌握的军队。向陪审团吗?但陪审团就是拥有宣判权的多数,而且在某些州,连法官都是由多数选派的。因此,不管你所告发的事情如何不正义和荒唐,你还得照样服从。"托克维尔明确阐述自由与民主两种理念可能发生冲突,而只有保护好少数人的权利,才不至于产生绝对的权力,民主与自由才能和谐统一。

有学者指出,民主首先是指向公共领域内的人格平等,并以人格的平等去涂抹智力、财富等其他因素的不平等。而民主的原则一旦超越公共领域,将他的平等延伸到私人领域去,民主就可能嬗变为伤害个体自由的工具。可见,民主首先是一个与平等和自由相关的概念。民主意味着人格平等,并且在公共领域而非个人的自由领域,民主被简单地归纳为对"少数服从多数"原则的遵循,因此民主与"人生而平等"之间又存在着悖论。民主的起点是平等,到了终点却以人的数量代替了人的平等。民主改变了一个不平等的事实,即少数人未经多数人的同意就去统治他们,但民主也产生了一个不平等的事实,即多数人统治少数人是不需要被统治者同意的。① 由此可见,民主与自由之间存在紧张的关系。然而,如哥伦比亚大学史学教授纳文斯(Nevins)所说的:"真正的自由主义者,——连正统的社会主义者都包括在内,——虽然意见互有不同,但其最后归趋都一致认为多数人的统治应以尊重少数人的基本权利为原则。"对此,胡适先生评价道,基本权利是自由,多数人的统治是民主,而多数人的政权能够尊重少数人的基本权利才是真正自由主义的精髓。②

人是一个理性的存在者,具有内在的道德人格,必须把人尊为一个自主者,作为一种目的看待,而不能把任何人仅仅当作一种物件、一种手段看待。康德的"目的王国"的思想体现了公民社会的道德觉醒。在罗尔斯看来,"目的王国"的理念奠定了民主理念的思想基础。③ 康德式的目的王国虽然只是一种理性事实,但它所提出的人的尊严与权利的平等尊重的精神,却是现代民主的精髓。然而,从哲学上的目的王国到政治上的民主制度的建构,需要

---

① 王怡:《宪政主义:观念与制度的转换》,山东人民出版社 2006 年版,第 66—69 页。
② 胡适:《容忍与自由》,法律出版社 2011 年版,第 83 页。
③ 罗尔斯说:"通过这个形式或那个形式,追求善良意志能力——我们成为目的王国成员条件的能力——的第一个角色的观念已经得到了广泛接受,因为它是许多民主思想的基础。"参见[美]罗尔斯:《道德哲学史讲义》,上海三联书店 2003 年版,第 217 页。

进行概念上的转换。这种概念的转换,也就是将目的王国的理念转换成政治哲学的概念以及制度上可操作性概念。这就是"个人权利"的概念。公民的平等权利与自由问题,实际上是一个如何对待少数的问题。如果少数的权利与自由得不到保障,民主就可能变成多数的暴政。① 我们应该意识到,作为民主制度操作原则的"多数裁决原则"只是一个量上的原则,这个原则必须加上对少数人的权利的尊重与保护才是真正的民主。

因此,我们必须认识到:民主的"多数统治"不能成为限制公民职业自由,特别是少数人甚至个人职业自由的当然理由。

第二节 限制职业自由的类型与方式

虽然职业自由是基本权利,但该自由有内在的制约与来自国家政策角度的制约。这种制约随着价值观的变化与社会的变化而变化。

对职业自由的限制,有不同的类型,限制的类型与职业自由的形态相关。一般可以将职业自由分为三个阶段,即职业选择阶段、职业执行阶段与职业放弃阶段,相应的,对职业自由的限制手段就分为对选择职业自由的限制、对执行职业自由的限制和对放弃职业自由的限制。

■一、选择职业自由的限制

择业限制,是指对于公民选择职业时所施加的主观或客观方面的限制。"对择业的限制,主要规范是否可以,以及在什么情况下可以开始或者继续职业活动的问题。"②对选择职业的自由的限制,王世杰先生曾言,人民虽有选择各种职业的自由,"然国家对于特种事业,倘因其关系公共的安全与秩序,或因其关系人民的卫生或其他利益,限定须有特殊资格者始准加入该种

---

① 参见龚群:《论保护少数的权利》,载《中国人民大学学报》,2005 年第 3 期。
② [德]罗尔夫·施托贝尔:《经济宪法与经济行政法》,谢立斌译,商务印书馆 2008 年版,第 171 页。

事业,甚或禁止私人经营该种事业,而留待国家经营,却不得认为违反工作自由的原则。如酒业、教师业、律师业、医师业、助产士业之类,因与一般人民的卫生或其他利益有重大的关系,文明国家的法律大都设有资格,以限制人民的经营;又如火柴业、军械制造业,因攸关全体的治安与秩序,许多国家亦设有严格的限制,甚或完全禁止私人经营。这类限制,都可以说是为保护全体人民自由之所必需,与工作自由的根本精神初无抵触"①。

对择业自由的限制,一般有以下几种方式:

(一) 禁止制

有些谋生方式,即使是经济上能作为职业,但如果具有反社会性,基于公益理由,则当然一概不予许可。如日本《卖春防止法》第十二条对卖春行为进行管理处罚的规定,被控系侵害职业选择自由。对此,日本最高法院判示:"以刑罚禁止助长卖春的行为,最终系为保持人性尊严,维持性道德,健全社会所必须,其合于公共福祉,自不待言。"②我国对贩毒、卖淫、赌博等的禁止性规定,也使得这些行为无法成为社会上的职业。值得注意的是,如果某"职业"行为本身因为刑法的规定而属于不法行为的情况下,该"职业"的概念也就无法建立起来,故而,若认为刑法不应当禁止此类职业行为,则必须通过与该类行为相关的基本权项目来审视该刑事法规是否合宪。

(二) 资格制

即对于从事某些职业的人,有特殊的资格要求。这是在专业技能和知识领域设定的许可。这种资格可分为三种情况:(1) 对于从事与他人生命、健康、安全有直接关系的职业,如医师、药剂师、护士等,必须在公的考试中资格受认定者,方能从事。(2) 具有公共性且要求高度专业知识的职业,如律师、教师、建筑师等,也必须在各种公的考试中资格受认定者才能从事。这种资格设置的逻辑在于,这些行业和领域被称为是"饱学之业"(learned professions),需要通过专门的知识学习和实践训练,以习得相应的知识和技能,从而能以较高的公正度和信誉度,直接向消费者提供特定的服务。③ 具有某些特定情形的人员,其择业资格受到了限制,不得从事某些特定的行

---

① 王世杰、钱端升:《比较宪法》,商务印书馆1999年版,第95页。

② 参见[日]阿布照哉等编著:《宪法(下)——基本人权篇》,周宗宪译,元照出版有限公司2001年版,第185页。

③ See Anthony Ogus, Regulation: Legal Form and Economic Theory, Oxford: Clarendon Press, 1994, p. 216. (3).

业。这是一种"消极"资格制。如我国 2008 年 6 月 1 日实施的《律师法》规定,"公务员不得兼任执业律师";再如 2006 年 2 月颁布的《娱乐场所管理条例》规定四类有特定"前科"的人员不得开办娱乐场所或者在娱乐场所内从业。①

（三）许可制

1. 一般许可制

一般许可制,即对于某些职业,基于经营事业的特殊性与公共安全与秩序维护,须经行政机关的许可方能从事。这可称为"警察许可"。许可制可分为两种情况:(1)对社会可能会造成不良影响。职业本身虽无须具备特定资格,但与公共安全卫生有极大关联,如果完全放任则可能对社会有不良影响,行政机关的许可被认为必要。如古董商、当铺、公共浴场、旅馆、饮食店以及娱乐场所等,受到基于维持公共安全与秩序的消极观点而受规制。(2)为方便实现国家目的。如关于比较严格的酒类贩卖许可制,日本最高法院一方面着眼于酒类商品的特征,认为应予许可的规制;另一方面认为立法部门主要是基于酒类征收上的方便国家目的而维持许可制度。②

2. 特别特许制

某些特定事业,须由国家设定经营的权利后,私人才能经营,如电力、煤气、铁路、公共汽车等公益事业。这类行业有较为强烈的公益色彩,基于公共利益之辩护,需要对其价格、服务等进行规制。这种事业在美国称为公共设施(public utilities),在德国称为公企业(öffentliche Unternehmen)。这些"特许"行业具有高度的公共性,而且由于需要庞大的资本投资,因此成为寡占的可能性很大,所以需要特许制度的规制。对私人设定经营权利的"特许",其着眼点在于能否增进公共利益,或其经济基础是否牢固,以此区别于基于维持公共安全与秩序的"消极观点"的"警察许可"。

总而言之,基于职业自由之理念,除非涉及重大的公共利益,不可随意将某些职业划入许可经营,即使在许可经营中,也应当严格区分一般许可与

---

① 这四类人员是:曾犯有组织、强迫、引诱、容留、介绍卖淫罪,制作、贩卖、传播淫秽物品罪,走私、贩卖、运输、制造毒品罪,强奸罪,强制猥亵、侮辱妇女罪,赌博罪,洗钱罪,组织、领导、参加黑社会性质组织罪的;因犯罪曾被剥夺政治权利的;因吸食、注射毒品曾被强制戒毒的;因卖淫、嫖娼曾被处以行政拘留的。

② 参见[日]阿布照哉等编著:《宪法(下)——基本人权篇》,周宗宪译,元照出版有限公司 2001 年版,第 186—187 页。

特别许可。①

(四) 垄断制

基于财政收入的考量及对特殊行业的规制，对个别行业实行国家垄断经营。被界定为国家垄断的行业，不允许私人来经营，如邮政、烟草、军工等行业。

二、执行职业自由的限制

执行职业的自由，在实践中大致可等同于"营业自由"。这是因为非自主营利活动（营业）的职业之执行，例如传道者的活动、学者的活动、新闻记者的活动，仅分别在"传教自由"、"学术自由"、"报道自由"方面成为问题，国家公务员的执行职业，一般说来无免于国家干预的自由可言，公司职员的执行职业，更是与国家全然无关的。其结果，作为自由权，可能构成问题的职业执行之自由，大致上系与"营业自由"一致。②

执行职业的自由（事实上是"营业自由"），是营业者以对己有利的方式，从事营业活动的自由。此类营业活动，由于是以营利为目的，且存在着市场竞争，因此应当有所规制。营业自由的涵括甚广，包括"营业时间自由、营业地点自由、营业方式自由、广告自由、营业内容自由、营业对象自由、进用员工自由、投资自由等"③。因此，对营业的规制，也就是对营业活动的时间、地点、方式、营业产品以及营业对象等，进行诸多类型的限制。这些限制或者是基于维护社会安全秩序的警察目的限制，或者是基于谋求劳工福祉的限制，或者是保护消费者利益的限制，或者是为促进特定经济政策目的的限制等。例如，对具有高度公共性的"特许"行业而言，这种特许并不代表经营者即可独享市场，在无竞争者的情形下予取予夺；而因为其高度的公共性，

---

① 依据行政许可法的基本原理，行政许可可分为一般许可与特殊许可。一般许可是行政主体对符合法定条件的许可申请都予以准许，属无特殊限制的许可；特殊许可是除符合一般许可的条件外，对申请人还规定有特殊限制的许可，又称"特许"。一般许可与特许的差别反映了国家根据需要对不同事项的控制程度的不同。通常而言，一般许可是对相对人任意行使权利的一种限制，这种限制主要是通过设定一定的条件来进行，凡符合条件的相对人一般都可获得许可；而特许则涉及有限的特定对象之特别的权利和资格。参见罗文燕：《行政许可制度研究》，中国人民公安大学出版社2003年版，第151页。

② 参见[日]阿布照哉等编著：《宪法（下）——基本人权篇》，周宗宪译，元照出版公司2001年版，第189页。

③ 李惠宗：《宪法要义》，元照出版公司2002年版，第237页。

须将内部商业机密例如成本、资本额、定价公式、缴纳税款等事项予以公开,接受国家及全体国民的监督。①

以营业地点的限制为例。某些营业会影响人们的休息和生活,因此应对其营业地点进行限制,如会产生较大噪声的迪斯科舞厅。某些营业会带来一些精神上的不良影响,也应予以地点的限制,如博彩及与性用品经营有关的产业。日本法律就限制不得在学校、图书馆周围200米区域内经营"个人浴室业"。有时会出于对竞争的规范而对营业地点予以限制。如《上海市药品零售企业开办、变更暂行规定》第4条第2款规定"药品零售企业原则上按本市常住人口7000人至10000人配置1个。新开办的药品零售企业,按照店与店之间相距不小于300米设置"。

再如对营业时间的限制。有些营业时间必须予以限制,以免影响居民正常休息,如《娱乐场所管理条例》第28条规定"每日凌晨2时至上午8时,娱乐场所不得营业";有些限制营业时间以保护劳动者,防止营业时间过长可能会给劳动者带来身心方面的危害,如德国的《商店关门时间法》的规定等。

三、放弃职业自由的限制

放弃职业自由的限制是指对放弃所从事的职业而施加的限制。如对公务员辞职的限制等;再如对于放弃营业的经营者,在其未清理完债务之前,不得终止营业。

以上这些对职业自由的限制或规制,根据规制的目的,可以区别为消极目的规制与积极目的的规制。所谓消极目的规制,主要是为了防范、消除和缓和对国民生命与健康的危害而制定的规制,通常被称为"警察性规制";所谓积极目的的规制,是基于福利国家的理念,特别是保护社会性质、经济性质上的弱者而进行的规制,是作为社会性、经济性政策的一个环节而被采取的规制。② 如为保护视障者而禁止明眼人从事按摩业。对职业自由的消极目的与积极目的的规制,需要以法律为之,且需要通过宽严不一的审查才可以被正当化。

---

① 许庆雄:《宪法入门》,元照出版有限公司2000年版,第124页。
② 参见[日]芦部信喜、高桥和之:《宪法》,林来梵、凌维慈、龙绚丽等译,北京大学出版社2006年版,第195页。

总而言之,对职业自由限制的意义在于,尽管原则上个体的职业自由可不受国家公权力的干涉,但对他人的生命健康与财产安全有重大影响的职业,则须根据其特点而予以不同方式的规制,以避免因个体的职业自由而侵害到他人的权利。

第四节　职业自由的限制之限制

在现代社会,对职业自由的限制愈来愈多,这样的限制无疑是必要的。然而,不当的限制会损害公民的职业自由,因此,对这些限制本身应该进行限制。在宪法学上,干预基本权利的措施是否具有宪法上正当化的事由,主要有"形式审查"与"实质审查"两种检视思路:前者主要在于审查对于人民基本权利的限制是否符合"法律保留原则"的形式要求;而后者则着眼于审查相关限制的内容是否合乎"比例原则"。[①] 此外,基于非歧视原则在职业自由限制中的特殊意义,我们认为,对职业自由限制的限制,主要是从法律保留原则、比例原则以及非歧视原则三个方面进行的。

一、法律保留原则的适用

对作为基本权利的职业自由,只能通过法律予以限制,这就是法律保留原则。法律保留制度来源于法国人权宣言,其产生是基于承认基本权利是一个"本无限制"的自由权利,只是为了公益,才"例外"地被立法者侵犯。因此,只有经过立法者同意并且形诸法律后,国家才可以限制人民的基本权利。

(一) 法律保留原则的概念

"法律保留原则以议会民主原则为基础,以法治国家为基础,其核心理念则是公民基本权利的保障。"[②]法律保留原则是指,"对于影响人民自由权

[①] 许宗力:《基本权的保障与限制》(下),载《月旦法学教室》,2003 年第 14 期,第 50 页。
[②] 高家伟:《论德国行政法的基本观念》,载《比较法研究》,1997 年第 3 期。

利之重要事项,没有法律之明确授权,行政机关即不能合法作成行政行为。换言之,社会生活中某些重要的事项,应保留给立法机关以法律规定之,其他任何规范都无权规定,行政权非有法律依据不得为之"①。所以,法律保留原则也就是保留给法律去规定的原则。

当今各国的法律保留已经不是全部保留,而是重大事项保留。重大性理论是由德国联邦宪法法院提出的。德国联邦宪法法院认为,任何涉及人权的事项,诚然是立法者立法范围,但是,立法者仍不得随便授权行政机关以行政命令规定。对于涉及人权之重大部分则必须保留于立法者为之。② 这就是所谓的重大性理论或重大事项法律保留理论。虽然学界对重大性理论的"重大"标准的确定性存在质疑与批评,但全部保留的观点显然已被其突破。之所以如此,是由于现代政府的复杂性和多样性已经发展到了这样的程度,以至于立法机构要对所有真正的政策决定发挥作用,都将是不可能的。自由裁量权必然授予那些掌握有广泛决定权的官僚们。③ 也正因为如此,法律保留原则就试图为各种授权立法设定一个底线,从而保护公民的基本权利不受行政法规或其他规范的侵犯。

(二)法律保留原则在职业自由限制中的适用

国家限制职业自由的形式须符合法律保留原则。然而在法治国家的要求下,法律保留原则仍有几个问题须加以解决:第一,除了立法机关,哪些机构能获得立法授权以限制公民的职业自由? 第二,是否有必须由立法者自行规定,而不得授权于其他机关规定之事项? 对此,我们认为,第一,根据我国《立法法》,职业自由不是绝对的法律保留事项,因此是可以通过授权立法予以限制的。但《立法法》规定的授权立法对象并不包括国务院的组成机构、地方权力机关、地方行政机关、军事机构以及司法机构,据此可以认为,公民职业自由的限制不能由国务院的部门行政规章、地方性法规和地方政府规章等加以规定。我国《行政许可法》的有关规定体现了这一点,该法第15条第2款规定:"地方性法规和省、自治区、直辖市人民政府规章,不得设定应当由国家统一规定的公民、法人或者其他组织的资格、资质的行政许可……"据此,能够对职业自由进行限制的除了全国人民代表大会及其常务

---

① 林腾鹞:《行政法总论》,台北三民书局1999年版,第72页。
② 参见陈新民:《德国公法学基础理论》,山东人民出版社2001年版,第362页。
③ 参见[美]布坎南:《财产与自由》,韩旭译,中国社会科学出版社2002年版,第114—115页。

委员会所制定的法律外,就只有国务院的行政法规了。第二,对职业自由的限制应该按照职业选择、职业执行和职业放弃这三个层次有区别地适用法律保留原则。德国联邦宪法法院认为,对职业选择的客观限制、主观限制,以及职业执行中足以显现职业活动全貌的重要规定,均应由法律规定。这成为德国联邦宪法法院对于限制职业自由的法律规范适用法律保留原则的标准。① 李惠宗教授也认为,对工作权和新的"形成"具有职业关系之事项应属狭义之法律保留(国会保留),不可授权行政命令加以形成,例如取得职业资格之要件等。② 因此,我们认为,鉴于对人格形成与发展的意义,对择业自由和弃业自由的限制,应由法律为之;而对于一般涉及执业自由的限制,可由立法机关授权行政法规做出。当然这也不可一概而论,有些针对职业执行的限制对公民的影响不亚于择业的限制,对此应有例外规定。

当前,我国职业自由的法律保留问题还相当严重。以摊贩业为例,当前我国对小摊贩进行规范、限制的依据主要是国务院颁布的《个体工商户条例》和《城市市容和环境卫生管理条例》等,此外,对摊贩的具体管理措施,国务院授权省级政府自行制定。以这些低位阶的"法律"和漫无边际的授权对作为公民基本权利的职业自由进行限制,显然违背了法律保留的原则。而且,规定摊贩必须经过许可和登记才可以经营,而许可与否完全决定于政府部门的单方意志,这种规定已构成了对公民职业自由的核心权利的侵害。

此外,职业自治规章能否限制职业自由?职业自治规章,是指由职业团体所发布,在该职业领域内处理与该职业有关的事务的规范。德国联邦宪法法院在"专科医师裁定"中,首先承认职业自治规章能限制公民的职业自由。这主要是因为职业自治规章是社会中有相同职业的人所组成的职业团体为规范其本身事务所制定的规范,对于该职业领域内的事务能做出最为专业的决定,以符合该职业团体的共同利益;同时,这一自治规章能使规范制定者与受规范拘束者之间的不一致性降到最低。③ 如中华律师全国协会1996年制定的《律师职业道德和执业纪律规范》和2000年制定的《律师办理刑事案件规范》等,就规范着执业律师的职业行为。

---

① 参见刘建宏:《论人民职业自由之保障——德国基本法第十二条第一项之研究》,台湾辅仁大学法律学研究所1991年硕士论文,第182页。
② 李惠宗:《宪法要义》,元照出版有限公司2001年版,第240页。
③ 参见刘建宏:《论人民职业自由之保障——德国基本法第十二条第一项之研究》,台湾辅仁大学法律学研究所1991年硕士论文,第73—74页。

然而,职业自治规章虽能限制职业自由,但这种限制本身也应有所限制。首先,对于职业自治规章的授权方式、授权范围等,立法者应当有一定的限制。其次,就授权范围而言,立法者授权职业团体制定规章限制职业自由时,应受法律保留原则的约束。一般说来,只有限制职业自由的规范仅触及职业团体成员的职业执行自由时,立法者才能授权职业团体发布规章规范之。然而,关于足以显现职业活动全貌的重要职业执行规定,则仍应保留由立法者自行订立。① 再次,职业自治规章的法律效力在法律、行政法规和规章之下。

(三) 对法律保留条款的限制

对侵害基本权利的行为进行正当化需要有符合宪法的普通法依据。为防止立法者对基本权利滥施限制,就需要对法律保留条款进行一般性限制。法律保留规定将基本权利的限制权力授权给了代表民意的立法者。但立法者也有可能对基本权利滥施限制,"从而使基本权利被彻底排除和掏空"②。在这一点上,德国基本法第 19 条有明确的规定,学者将其归结为三个方面③:(1)"个案法律之禁止",也就是要求限制人权的法律应具有抽象性,以避免少数人受到法律上的特别待遇;(2)"指名条款要求",即限制人权的法律指明所限制人权的条款,这是要求立法者必须将限制人权的意图明确化、具体化,以防适用法律的机关曲解、扩张被限制人权的范围;(3)"根本内容之保障",也就是基本权利本质(核心)内容不受侵害,是指对人权限制不得侵犯人权最根本的内容,作为人类尊严内容之表征。基本权利本质(核心)内容不受侵害,是为了防止基本权利的"空洞化"。"基本权利本质(核心)不受侵害",不是在为基本权的宪法保护范围划定一个明确的界限,而是在强调对待基本权利自由的基本态度、原则。④ 至于"基本权利本质(核心)"的具体含义及其价值,我们或可通过反证的方式来理解,基本权如果因为法律限制的缘故"全然听任立法者处置、摆布",基本权的本质将发生变化,也就是

---

① 参见刘建宏:《论人民职业自由之保障——德国基本法第十二条第一项之研究》,台湾辅仁大学法律学研究所 1991 年硕士论文,第 75 页。

② 参见陈慈阳:《基本权利核心理论之实证化及其难题》,翰芦图书出版有限公司 2007 年版,第 105 页。

③ 陈新民:《德国公法学基础理论》,山东人民出版社 2001 年版,第 362 页。

④ 参见聂鑫:《宪法基本权利的法律限制问题》,载《中外法学》,2007 年第 1 期。

说原有的基本权将不复存在。①

对职业自由的限制不能侵害职业自由的核心,这是对职业自由限制的底线设置。这涉及基本权利本质(核心)内容保障。本质(核心)内容是基本权利中被认为绝对的、不可侵犯,自然也是不能限制的部分,基本权利本质(核心)内容保障,就是为了防止以公共利益为名掏空甚至践踏权利,为保障基本权利而设置的底线。

基本权利本质(核心)内容不受侵害,是为了防止基本权利的"空洞化"。20世纪以来,随着社会经济的发展与思想观念的变化,公民权利由传统的消极防御权演进到要求国家积极给付的社会权,这使得政府必须以积极的干预手段进入社会经济生活领域,这也使得个人自由权利容易为政府所侵犯,甚至出现政府以实现社会权为名而行损害基本自由权利之实的现象。所以,必须确保基本权利的核心内容不被侵蚀。基本权利本质(核心)内容不受侵害的理论就是这种探索的结果。该理论及其司法实践乃至基本权本质内容的宪法昭告都发轫于德国,这与其历史上纳粹极权统治的惨痛经历密切相关。德国基本法第1条第1款规定"人的尊严不可侵犯",第19条第2款规定"在任何情形下,基本权利的本质内容皆不得侵犯"。"人民之所以有自我的权利,主要就是人民本身自我价值跟尊严存在的肯定。反之,如个人的自我尊严与价值被否定,就无法主张基于此自我价值与尊严所形成的外在自由。因此,个人自我价值与尊严是不容许为任何人否定。所以人性自我价值与尊严为人民基本权存在、享有及行使的前提与基础。"②"人性尊严与价值是以存在的个体为基础,而非团体,故基本权之保障是以个人为对象,而非抽象的人类作为基本权主体。"③人性尊严与价值首先是每个独立个体存在的自我价值,也即是人格独立。因此,所谓基本权利的本质内容,就是人性尊严与人格独立。"基本权利本质(核心)不受侵害",不是在为基本权的宪法保护范围划定一个明确的界限,而是在强调对待基本权利自由的基本态度、原则。④ 至于"基本权利本质(核心)"的具体含义及其价值,我们或可通过反证的方式来理解,基本权如果因为法律限制的缘故"全然听任立

---

① 参见[德]史塔克:《法学、宪法法院审判与基本权利》,许宗力等译,元照出版有限公司2006年版,第317页。
② 陈慈阳:《宪法学》,元照出版有限公司2004年版,第471页。
③ 陈慈阳:《宪法学》,元照出版有限公司2004年版,第475页。
④ 参见聂鑫:《宪法基本权利的法律限制问题》,载《中外法学》,2007年第1期。

法者处置、摆布",基本权的本质将发生变化,也就是说原有的基本权将不复存在。①

中国由于特殊的国情,个人自由时时处在社会权利的包裹之中,难以独立,所以更有必要强调"基本权利本质(核心)不受侵害"。由于长期的计划经济传统、政府推进经济改革的中国实际,公民的职业自由在理论上处于"蛰伏"状态,在实践中常常遭到限制与侵害,因此,以"基本权利本质(核心)不受侵害"作为保障公民职业自由的底线,是具有重大的理论价值与现实意义的。

二、比例原则的适用

比例原则是公法领域对剥夺公民自由进行限制的黄金条款三大原则之一。有学者认为,比例原则在行政法中的角色如同"诚信原则"在民法中的角色,二者均可称为相应法律部门中的"帝王条款"。②

（一）比例原则的含义

比例原则是讨论一个涉及权利的公权力,在其目的和采行的手段之间,有无存在一个相当的比例问题。德国联邦宪法法院曾对比例原则作过如下表述:"根据比例原则,被审查的限制基本权利的措施必须是对保护法益合适的;必须是必要的,如果有其他更温和的手段则该措施不符合必要性;最后,该措施必须符合狭义比例原则,即侵害行为与被侵害的重要基本权利之间具有合适的比例关系。"③根据通行的观点,比例原则是一个广义的概念,由三个子原则组成,即适当性原则、必要性原则和衡量性原则(狭义比例原则)。不过,有学者认为,一个明智的审查应当由四个组成部分,即还有一个前置的审查步骤,也就是应当事先审查侵害行为是否具有合法目的,然后才能审查侵害措施是否合法。④ 因此,首先要审查立法目的,该目的不能是宪法禁止的,而应当是受到宪法保护的,从根本上说,应当符合公共利益。其次,要考察适当性原则,只有有助于实现立法目的的法律法规和行为才是合

---

① 参见[德]史塔克:《法学、宪法法院审判与基本权利》,许宗力等译,元照出版有限公司 2006 年版,第 317 页。
② 参见陈新民:《行政法总论》,台北三民书局 1995 年版,第 62 页。
③ [德]乌茨·施利斯基:《经济公法》,喻文光译,法律出版社 2006 年版,第 104 页。
④ 参见[德]乌茨·施利斯基:《经济公法》,喻文光译,法律出版社 2006 年版,第 104 页。

适的。对于是否符合适当性要求,立法者有较大的判断余地或较大的"立法形成自由",因为其必须做出有预见性的决定。再次,要考察必要性原则,立法者只有在没有其他具有同样效果且不会侵害基本权利或对基本权利的侵害较小的措施可供选择时,所采取的措施才是必要的。因此,该原则也被称为"最小侵害原则"。最后,要考察狭义比例原则,这涉及目的与手段之间的关系,即对相对人的侵害与立法目的之间不能超出合理的比例关系,该比例关系是否合理要经过对公益目的和侵害后果进行利益衡量后作出判断。

(二)比例原则在职业自由限制中的适用

比例原则对于实质合宪性具有重大意义,它是对限制职业自由的法律规范或行为的反限制。在对职业自由限制的法律或行为进行比例原则检验时,应分成三个步骤,即适当性原则审查、必要性原则审查和衡量性原则审查。不过,在比例原则审查之前,先要进行一个前置的审查,即合目的性审查。我们以德国法律规定香烟生产者有义务在产品上印制吸烟有害健康的广告,香烟生产者认为侵犯其职业自由为例加以说明。①

1. 前置审查

前置审查即合目的性审查,就是审查立法者采取规制措施的目的。法律规定香烟生产者有义务在产品上印制吸烟有害健康的广告,该规定的目的是提醒消费者吸烟的危害,从而保护大众的健康。这两个目的都符合国家的立法任务,从而作为公共利益为限制职业自由的法规提供了充分的理由。因此,可以通过合目的性这个前置审查。之后,才开始比例原则审查。

2. 比例原则审查

(1)适当性原则审查,即审查危害职业自由的国家措施是否恰当。运用的手段只有有助于实现国家措施所追求的目的时才是合适的。在这一点上立法者享有很大的立法裁量权,判断是否合适只取决于其是否有助于目的的实现,所以往往只有极少数的措施不满足比例原则的适当性要求。对于法律施加于烟草制造商的义务能有多大的社会效果,有人持怀疑态度。如果人们认为警告可以防止吸烟的危害,那么值得质疑的是,该措施是否真的可以达到该目的,因为德国的烟草消费量没有减少反而增加了。联邦宪法法院认为,立法者虽然可以选用其他措施来实现目的,但其认定警告可以防止更多的香烟消费,这种立法考虑从宪法角度来说无可指责。因此,吸烟有

---

① 参见[德]乌茨·施利斯基:《经济公法》,喻文光译,法律出版社2006年版,第85—87页。

害健康的警告至少使消费者在购买香烟时会有所顾虑,从这个角度来说,该警告是合适的措施,符合适当性原则。

(2)必要性原则审查,即在合适的措施中只能选择侵害最小的。如果立法的目的能够通过其他危害更小的恰当手段来实现,那么必要性的要求就没有得到满足。但立法者有判断余地来决定必要性原则要求的严格程度。替代在香烟上印制吸烟有害健康的警告的做法是立法禁止香烟广告,这一措施对于实现立法目的——保护消费者是合适的,但却会更大程度地侵害香烟生产者的基本权利,而且还会危及并不从事香烟生产的第三人,例如广告公司和广告媒体(如杂志)。所以禁止香烟广告并不是一个更温和的措施,相反是一个更严厉的不符合必要性原则的措施。必须注意的是,给他人造成负担或限制他人行使基本权利的措施都不能视作满足必要性原则的温和手段。因此,该警告可以通过必要性的考查。

(3)衡量性原则(狭义比例原则)审查。该审查主要考查目的与手段之间的关系,也就是说,衡量被侵害的权利和所追求的公共目的之间的比例关系。要求香烟生产商在其产品上印制吸烟有害健康的警告并没有改变其所从事的职业,而只是要求其在经济活动中以某种方式来包装产品。这只是对从业自由的规制,该规制行为具有正当目的,不需要其他特别的正当理由。当然,如果要求香烟生产商必须在指定印刷企业印制吸烟有害健康的警示,则就违背了衡量性原则。

三、非歧视原则的适用

对职业自由的限制应当遵从非歧视原则。歧视违背了平等原则,而平等是正义的基本要求。在亚里士多德看来,正义寓于"某种平等"之中。"从正义这一概念的分配含义来看,它要求按照比例平等原则把这个世界上的事物公平地分配给社会成员。相等的东西给予相等的人,不相等的东西给予不相等的人。"①德国联邦宪法法院认为平等原则即是要求立法者"不仅不能把本质相同的恣意地不同处理,也不能把本质不相同的恣意地相同处理"。所谓恣意,依法院的理解,乃系指客观意义的恣意,也就是规范本身对

---

① [美]博登海默:《法理学、法律哲学与法律方法》,邓正来译,中国政法大学出版社 1998 年版,第 253 页。

被规范的对象而言具有事实的与明显的不适当性。① 职业作为一种资源或财富的分配,也即利益的分配,应符合正义标准——相同者予以相同处理,不同者予以区别对待。

(一) 歧视的概念

"歧视"在汉语中的意思就是"不相同地看待"之意。《朗文法律词典》将"歧视"解释为"对处于相同地位的个人或团体给予不同的待遇"②。《布莱克法律词典》认为"歧视"有三层含义:(1) 在宪法层面,它是指由成文法或惯例赋予特定阶层某些特权造成的结果,而这个特定阶层是武断地从本应同样享有这种权利的一般人中挑选出来的,而那些被授予了特权和没有被授予特权的人之间根本没有合理的差异。(2) 基于种族、年龄、性别、国籍或宗教给人不平等待遇或剥夺其正常权利。(3) 没有平等对待所有的人,而在那些享受了优惠和没有享受优惠的人之间没有合理的区分标准。③

《消除一切形式种族歧视国际公约》第 1 条规定,"种族歧视"是指基于种族、肤色、世系或民族或人种的任何区别、排斥、限制或优惠,其目的或效果为取消或损害在政治、经济、社会和文化或公共生活任何其他方面平等确认、享受或行使人权及基本自由。《消除对妇女一切形式歧视公约》第 1 条规定:对妇女的歧视是指基于性别而作的任何区别、排斥或限制,其影响或其目的均足以妨碍或否认妇女不论已婚未婚而在男女平等的基础上认识、享有或行使在政治、经济、文化和社会、公民或任何其他方面的人权和基本自由。国际劳工组织大会通过的《就业和职业歧视公约》第 1 条第 1 款对歧视的解释是:(a) 基于种族、肤色、性别、宗教、政治见解、民族血统或社会出身等原因,具有取消或损害就业或职业机会均等或待遇平等作用的任何区别、排斥或优惠;(b) 有关会员国经与有代表性的雇主组织和工人组织如存在此种组织以及其他适当机构协商后可能确定的、具有取消或损害就业或职业机会均等或待遇平等作用的其他类似区别、排斥或优惠。人权事务委员会《关于非歧视的第 18 号一般性意见》"不得歧视"第 17 项指出,本公约中所使用"歧视"一词的含义应指任何基于种族、肤色、性别、语言、宗教、政治或其他见解、国籍或社会出身、财产、出生或其他身份的任何区别、排斥、限制

---

① 参见 Christian Starck:《基本权利的解释与影响作用》,许宗力译;载[德]史塔克:《法学、宪法法院审判权与基本权利》,元照出版有限公司 2006 年版,第 325 页。
② [英]L. B. 科尔森:《朗文法律词典》,法律出版社 2003 年版,第 135 页。
③ Henry Campbell Black, Black's Law Dictionary, Sixth Edition, p. 467.

或优惠,其目的或效果为否认或妨碍任何人在平等的基础上认识、享有或行使一切权利和自由。

由此可见,"歧视具有一个共同特点,就是因为某些特征而对人区别对待,如依据人的种族、年龄、性别、国籍、宗教信仰、社会出身等因素,人为地在人们之间制造差异,不平等对待,其结果是损害了机会平等和待遇平等,其实质是对人生而平等原则之违反"[1]。因此,所谓歧视就是指政府或私人组织基于人的某些先天性的与能力不相关因素做出的任何区别、排除、限制或优惠。这种区别、排除、限制或优惠对公民在政治、经济、社会、文化或其他公共生活领域中的基本权利具有消除或减损的危害。

(二) 歧视的种类

歧视包含两者基本形式,即直接歧视与间接歧视(隐性歧视)。直接歧视是指"在相同条件下,一个人或一个群体所受到的待遇明显低于另一人或群体所受到的待遇,这种区别对待直接起因于一个人的种族、肤色、家庭出身、性别、年龄等因素"。间接歧视是指"某项规定、标准或做法看似中立,没有区别对待任何人或群体,但实际上却导致某人或某一群体不成比例的不利影响"[2]。一般认为,直接歧视有三个要件:(1) 同样的情况受到不同的较差的区别对待;(2) 之所以受到区别对待仅是因为与职业要求无关的因素,如种族、肤色、家庭出身、性别、年龄、残疾等;(3) 而且这种差别对待没有合理的理由和特别例外的原因。间接歧视的认定方法是:(1) 须对不同群体进行比较,结果是受到不成比例的不利待遇;(2) 证明两个群体之间的差别不是偶然发生的,主要是通过社会学的方法和数据说明。间接歧视不是看条件,而是看结果,它潜在地对某人或某类人产生不利后果。[3]

直接歧视是公开的、明目张胆的歧视,因而也是法律明确、严格禁止的行为。一般认为,直接歧视比较容易认定。然而,何谓相同情况?何谓差别对待?何谓合理理由?在理论与实践中仍然需要不断地探讨。间接歧视虽对所有人适用同样的条件、待遇与要求,但由于相关人员生活环境和个人特点,可能在事实上导致非常不平等的结果。美国在19世纪制定的排华法案

---

[1] 喻术红:《反就业歧视法律问题之比较研究》,载《中国法学》,2005年第1期。
[2] 参见蔡定剑主编:《中国就业歧视现状及反歧视对策》,中国社会科学出版社2007年版,第8页。
[3] 参见蔡定剑主编:《中国就业歧视现状及反歧视对策》,中国社会科学出版社2007年版,第8—10页。

中就常以这种手段歧视华人。1870年美国旧金山参议会通过市政条例,禁止行人在人行道用扁担搬运货物。① 1873年旧金山参议会又通过条例,向不用马车搬运衣服的洗衣馆每季征收15美元②,却只向用马车搬运衣服的洗衣馆每年征收1美元。这些规定表面上是中立的,实际上却是针对华人的歧视,这种歧视就属于间接歧视。

(三)歧视的例外

歧视的本质是一种违背正义原则的、不正当的区别对待,但不是所有的区别对待都构成歧视。以下几种情形可视为职业歧视性限制的例外。

1. 职业的内在需要

对一项特定职业基于其内在需要的任何区别、排斥或优惠不应视为歧视。也就是说,如果区别的因素"合理"且有"客观需要",而且是为了达到某种"合法目的",就不应视为歧视。如电视剧中因为角色需要而招聘男演员,女子监狱的狱警招录只限女性等等。

2. 消除歧视的特殊措施

如果某一行为是为保证某些特殊身份的人和弱势群体获得公平机会与平等待遇,而采取的特殊措施如积极行为和纠偏措施就不能被视为歧视。对此,1958年《消除就业和职业歧视公约》第5条第2款规定:"凡会员国经与有代表性的雇主组织和工人组织(如存在此种组织)协商,得确定为适合某些人员特殊需要而制定的其他专门措施应不被视为歧视,这些人员由于诸如性别、年龄、残疾、家庭负担,或社会或文化地位等原因而一般被认为需要特殊保护或援助。"如法律禁止妇女从事井下工作和夜间工作、对残疾人的优惠措施和特殊保护等,一般不能被视为歧视。

3. 基于安全的特别措施

1958年《消除就业和职业歧视公约》第4条规定:"针对有正当理由被怀疑为或证实参与了有损国家安全活动的个人所采取的任何措施,不应视为歧视,只是有关个人应有权向按照国家实践建立的主管机构提出申诉。"如限制有诚信犯罪记录的人不得担任律师和会计师等,通常被认为是合理的。

对职业自由的歧视性限制会带来严重的社会后果。歧视涉及人的尊严与人的自由发展,关系到个人潜力的充分发挥和个人的幸福;歧视还关乎社

---

① 当时只有华人才有这种习惯。
② 当时华人经营的洗衣馆一般都不用马车搬运衣服。

会公平与正义,会导致和强化社会的不平等,侵害社会合力和团结,影响社会的稳定。歧视的偏见会遮挡人们智慧的眼睛,而歧视的根源深埋在历史、传统与人性之中。处于转轨时期的中国,对职业自由的歧视性限制种类繁多,这既有市场经济国家共有的问题——"市场性歧视",又存在由于体制转轨、制度不衔接而引起的"制度歧视"。这都是需要我们应该认真思考与对待的。

本章小结

职业自由是可以限制的,这一方面是基于自由的非绝对性,另一方面是其作为经济自由的特殊的可限制性。对职业自由的限制依据应当是基于"公共利益","法律父爱主义"不能成为限制职业自由的依据;为了保障职业自由,需要对职业自由的限制进行限制,这主要是从法律保留原则、比例原则和非歧视原则三个方面进行的。对职业自由的限制按照职业的阶段分为对选择职业自由的限制、对执行职业自由的限制和对放弃职业自由的限制,而限制的手段必须通过特定的审查基准才能正当化。

CHAPTER 4

职业自由限制的审查基准

> 认真对待权利。
>
> ——[美]罗纳德·德沃金
>
> 做有益的事的权力也是做有害的事的权力。
>
> ——[美]米尔顿·弗里德曼

侵害职业自由的行为如果不能被正当化,则构成对基本权利的侵害。限制职业自由的行为如何得以正当化?我们认为,对职业自由的限制即使出于公益,而且以法律为之,也必须要有一定的"度",否则会造成对职业自由的过度限制,甚至侵害职业自由的核心,以至实际上取消了该自由。可是这种"度"应如何确定?这当有赖于建立一个具体可行的审查模式。对此,德国、美国和日本等国家已经在司法实践的基础上建立起了对限制职业自由的各具特色的审查基准。他山之石,可以攻玉。这些对职业自由限制的审查基准对于未来中国相关制度的建设与司法实践有重要的借鉴意义。

第一节 德国的"三阶段审查模式"

"三阶段"审查模式是德国联邦宪法法院在一系列案例中逐渐发展而形成的。它是在比例原则的基础上,搭建起不同密度的审查标准,并以此为基准,对职业自由的三个阶段,即职业执行阶段、职业选择的主观许可阶段和职业选择的客观许可阶段进行逐一审查的一种模式。

一、三层密度审查基准的确立

提高人民福祉与对人民的自由与权利予以限制之间存在着目的与手段的关系,这使得国家对个人自由与自治的干预和强制被纳入合乎宪法与理性的范畴。长期以来,德国在对自由权为主体的领域的宪法审查,实行比例原则,以避免国家权力对公民的自由造成过度侵害。德国联邦宪法法院在审判"矿物油储存案"时,就运用比例原则作为审查标准。该案中,宪法诉愿人认为,"维持石油产量最低存量法"规定,输入这种产品的所有人和进口石油生产这种产品的所有人均对矿物油产品负有存储义务,这干涉了他们为宪法所保障的"职业自由"。① 联邦宪法法院依照比例原则的三个子原则对此限制手段进行检验,认为该限制手段属于执业的规定,在对立法目的的适当性、手段的合适性和手段与目的的比例性方面进行衡量后,法院认为该法律并未违反比例原则。值得注意的是,在该案中,法院认为对职业自由的限制是"执业"方面的限制,而对职业自由这种基本权利的限制还包括"择业"方面,即职业的选择,那么这两方面的限制在适用比例原则方面是否适用宽严相同的审查基准?如果适用相同的审查基准,比例原则岂非成了一个"价值中立的空洞公式"?② 其实,在以比例原则审查立法者的事实论断时,往往并没有绝对正确或错误可言,或者对与错不那么泾渭分明,最终符不符合比例原则,取决于审查尺度问题。正如学者指出的,如果违宪审查机关对于系争法律规范所依据的"立法事实"的合理性予以相当严格的要求,系争的法律规范当然就比较不容易通过合宪性的验证;相反地,如果宪法审查机关对于"立法事实"问题仅做较为宽松的审查,则系争法律规范的合宪性当然也较不容易受到非难。③ 对此,德国联邦宪法法院在审判实践中发展出比例原则适用的不同审查密度,即所谓"三层审查密度理论",以弥补对于比例原则"价值中立的空洞公式"的指责。所谓三层审查密度理论,就是在比例原则的框架上,搭建起审查密度理论,即在适合性、必要性和狭义比例原则适用上加以宽严不同的调控,从而将精细的论证转移到个案中的立法事实审查,并注入审查者的实质价值判断。④ 这就使比例原则与容有价值判断的"类型化审查基准"发生衔接。

---

① 参见刘建宏:《论人民职业自由之保障——德国基本法第十二条第一项之研究》,台湾辅仁大学法律学研究所1991年硕士论文,第87—88页。
② "价值中立的空洞公式"是比例原则为人诟病的主要原因。对这方面的批评可参见黄锦堂:《自由权保障之实质论证之检讨——以德国基本权冲突判决为初步探讨》,载《宪法解释的理论与实务(第2辑)》,(台北)"中央"研究院中山人文社会科学研究所2000年版;李建良:《论基本权利的位阶次序与司法审查基准》,载《宪法解释之理论与实务(第3辑上册)》,(台北)"中央"研究院中山人文社会科学研究所2002年版;黄昭元:《宪法权利限制的司法审查基准:美国类型化多元基准模式的比较分析》,载《台大法学论丛》第33卷第3期。
③ 参见苏彦图:《立法者的形成余地与违宪审查——审查密度理论的解析与检讨》,台湾大学法律学研究所1998年硕士论文,第55—56页。
④ 参见何永红:《基本权利限制的宪法审查——以审查基准及其类型化为焦点》,法律出版社2009年版,第25页。

德国三层密度审查基准

对比项目 \ 审查密度	明显性审查	可支持性审查	强烈的内容审查
规范要求	不得有"显而易见"的错误	"合乎事理并可支持"	"充分的真实性"或"相当的可靠性"
审查方法	限于明显错误的指摘	主要是"程序审查"	实质审查
适用范围	经济事务领域中的立法和基本权利限制程度小的立法	涉及复杂社会事务的经济立法和基本权利限制程度较大立法	涉及基本人权的立法
适用结果	一般认为合宪	多数认为合宪	趋向于违宪判决

三层审查密度理论包括了三种宽严不一的审查基准：明显性审查、可支持性审查和强烈的内容审查。① 明显性审查是最为宽松的一个，联邦宪法法院在适用这个基准进行审查时，对争议案件通常具有合宪性推定的用意，即只有当进入诉讼的法律规范"一望即知地"、"任何人均可辨认地"、"显而易见地"违反宪法规范时，宪法法院才会将之宣告为违宪；否则，均作合宪判定。采用这一基准的结果一般不会出现违宪判决，因此它的真正价值仅仅确保公权力不致突破"最外围界限"。可支持性审查在审查强度上介于明显性审查与强烈的内容审查之间，强调立法者所做的决定必须是出自"合乎事理并可支持的判断"。可支持性审查从立法行为或立法程序的角度着手，也即积极地要求立法者须尽可能地搜集在立法当时可接触到手的资料并加以充分利用以形成可靠的判断。② 可见，"可支持审查允许宪法法院对于立法者的评价决定进行实质审查，而不仅仅止于明显错误的指摘"③。强烈的内容审查是审查强度最大的，构成对基本权利限制措施的严格控制，它要求立法者所做的规范性决定，必须是基于具有"充分的真实性"或者"相当的可靠性"的事实论断或者预测决定。如德国学者拉伦茨评述的，"不同审查阶层彼此间，尤其是明显性审查与可支持性审查两者间的区分有时并不是那么的容易，因此区分标准本身就已不够明确。尽管如此，这种审查层次之分还

---

① 参见苏彦图：《立法者的形成余地与违宪审查——审查密度理论的解析与检讨》，台湾大学法律学研究所硕士论文（1998年），第73页以下。

② 参见盛子龙：《比例原则作为规范违宪审查之准则——西德联邦宪法法院判决及学说之研究》，台湾大学法律学研究所硕士论文（1986），第29—30页。

③ 许宗力：《宪法与政治》，载《现代国家与宪法》，月旦出版社1997年版，第88页。

是有其实益,因为它提供给我们论证模式,且其适用也可以因判决积累而越来越具可预测性。"①

三层密度审查基准的法理依据是从人性尊严、自由民主基本程序等立法核心价值中,推导出某些基本权利或基本权利的某些领域较之其他基本权利或基本权利的其他领域有更为重要的价值,需要更为严密的保护。这是德国法学界的主流观点,在司法实践中也得到了不断的应用。对职业自由的限制,如果只涉及职业执行的领域,就采用明显性审查,如在矿物油储存案中和货物运输法中所采用的审查基准;但是如果对职业自由的限制涉及职业选择时,联邦宪法法院就会将审查密度提高到可支持性审查甚至强烈的内容审查的程度。这在"药房案"中得到了明确的昭示。

"药房案"的原告是一位来自东德的药剂师,1955 年迁居西德 Bayern 邦,1956 年 7 月,该药剂师向 Bayern 政府提出申请,准许其在相同地方开设一家新药房,但其申请遭到该邦政府拒绝,理由是根据 Bayern 邦《药房法》第三条第一项之规定,新药房的设立,必须有助于保障药品对当地居民需求供给的公共利益;新药房的经济基础稳固,并且其设立不致影响邻近药房正常经营之经济基础。Bayern 邦政府以为,该地居民有六千人,现有的一家药房对这么多居民的药品需求供应已经足够;此外,由于消费人口所限,新设药房的经济基础将无法获得保障,并且连带使邻近药房正常经营的经济基础也将受到影响。因此,该新药房之开业申请与保障药品对当地居民需求供给之公共利益不符,因此应当加以拒绝。该药剂师不服 Bayern 邦政府的决定提起宪法诉讼,主张 Bayern 邦主管部门的行政处分所依据的 Bayern 邦《药房法》第三条第一项之规定,因违反基本法第十二条第一项而无效。② 在该案中,宪法法院首次发展了所谓的"分层理论"(stufentheoie),以阐明"选择职业"(choice)和"执行职业"(practice)之间的区别。"选择"和"实务"概念并非互相排斥。从事某项职业的开始,同时代表着职业的选择及其实务的

---

① [德]Christian Starck:《基本权利的解释与影响作用》,许宗力译,载《法学、宪法法院审判权与基本权利》,元照出版有限公司 2006 年版,第 318 页。

② 有关药房案的资料,参见萧文生:《关于职业自由(工作权)之判决》,载《西德联邦宪法法院裁判选辑(一)》,《司法周刊》杂志社"民国"七十九年十月初版,第 128 页以下;姚立明:《宪法"工作权"之性质——简介西德宪法法院四个代表性判例》,载《中山社会科学季刊》第四卷第二期,第 134 页以下;Apothecary Act Case, 7 BVerfGE 377. See D. P. Kommers, The Constitutional Jurisprudence of the Federal Republic of Germany, Durham/ London: Duke University Press (1989), pp. 286—290.

开始。两种概念代表了复杂的统一,且尽管可从不同角度来看待,它们都被结合于"职业活动"一词之中。德国基本法第12条第1款明确保障职业"选择"(choice)的作用,但同时又授权议会制定法律去调控职业"实务"(practice),但这并不意味着议会有权在同等程度上调控职业活动的各个层面。立法对职业选择的影响越大,其调控权力也就越有限。这种解释符合宪法的基本概念,后者是个人映象之基础。职业选择是自我决定的行为,是个人自由意志的行为;它必须尽可能被保护不受国家侵犯。但在职业实务领域内,个人直接影响社会生活,"职业活动的"这一层面受制于他人和社会利益的调控。因此,议会有权制定规章,去影响职业选择和实务。调控权力越是针对职业选择,其限度就越狭隘;调控权力越是针对职业实务,其限度就越广泛。对支配职业活动的规章而言,其普遍原则可被总结如下:"基于公共利益的考虑,职业实务可被合理的规章所限制。然而,选择职业的自由只能为了迫切的公共利益而受到限制。换言之,在对职业自由之侵犯不可避免的情况下,立法者必须永远使用对基本权限制最小的调控手段。"[①]

在1958年的"药房案"之后,宪政法院通过一系列判决,如助产士限制案、医疗保险案、零售商限制案、托运货车执照案、周末商店关闭案等案件,进一步阐明了基本法所保障的职业自由,以及区分职业"选择"和"实务"的"分层理论"。自此,三阶段理论("三级理论")正式形成。

二、"三阶段理论"与"三阶段审查模式"

所谓三阶段理论,就是将对职业自由的限制,分为执业的限制和择业的限制,而将对择业的限制又分为主观许可要件的限制和客观许可要件的限制,对三个程度不同的级别,立法者可以在不同程度上限制职业自由。越属于前阶段的执业事项,公民权利越小化,相对地,国家干预的权限越大;反之,越属于后阶段的职业选择事项,公民权利越大化,相对地,国家干预的权限越小。[②]

[①] 张千帆:《西方宪政体系》(下册·欧洲宪法),中国政法大学出版社2005年版,第331页。

[②] 对三阶段理论的介绍,可参见[德]罗尔夫·施托贝尔:《经济宪法与经济行政法》,谢立斌译,商务印书馆2008年版,第172—175页;李惠宗:《德国基本法所保障之职业自由——德国联邦宪法法院有关职业自由保障判决之研究》,载《德国联邦宪法法院裁判选辑(七)》,台湾"司法院"1997年版;法治斌、董保城:《法治新论》,元照出版有限公司2006年版,第254页。

比例原则审查 \ 分层	职业执行自由的限制	职业选择自由的限制（主观许可要件）	职业选择自由的限制（客观许可要件）	
适当性原则	限制职业自由的措施，只要与"公共利益"有"合乎本质与合理的衡量"即为足够，适当性原则在此旨在防止立法权作"不符本质"的滥用	限制职业选择自由的主观要件，须有较个人自由更值得优先保护的"重要社会法益"存在时，这种职业的"主观许可要件"的规定才符合宪法要求	对职业选择自由设定的"客观许可要件"的规定，须是为了防止明显而高度危险，并保障符合宪法基本决定的"极重要的社会法益"时才能合理化	德国三层密度审查基准
必要性原则	在多数可选择的限制手段中，选择一适当并侵害最少的限制手段	同左	同左	
狭义比例原则	这种手段的采取，尚不得过度，"令人不可以忍受"	同左	同左	
比例原则审查 \ 三密度审查	明显性审查	可支持性审查	强烈的内容审查	

第一阶段：对职业执行活动而言。执行职业系指在某职业内之成员，应该以何种方式、内容来执业。由于执行职业不涉及人民是否可以从事某一职业问题，因而立法者若欲对从事某一职业之方式或内容有所规范时，只要符合公益考量，且合乎目的性的情况下，立法者就享有较大的限制空间。属于"职业执行"之活动包括：营业方式、商品销售方式、营业时间、个人执行业务之方式等。在此，立法者可广泛考虑功利的算计。立法者可对职业实务的权利施加限制，以防止对公众的损害和危险；他们还可为获得更多的社会总收益而促进职业。在此，宪法仅保护个人不受过分沉重与无理的侵犯。除了这些例外，这类对职业自由的限制并不过分影响公民，因为后者已经具有了一项职业，且"立法限制"保持其行使职业的权利不受侵犯。这一限制具有一般化的特点，对于从业限制不构成重大阻碍。联邦宪法法院只是明确了这一点，即不能仅仅为了方便国家的监督而限制执业自由。

第二阶段：对选择职业自由主观要件而言。职业选择之主观许可要件，系指自然人或法人在选择进入职业市场时所应具备,而由职业申请人所可能完成之属人要件,此种主观的许可要件只有为保护"特别重要的公共利益而有必要"始可合理化。许多职业要求知识与技能,后者只有通过理论和实践培训才能获得,没有这类准备,这类职业就不可能进行或存在缺陷,甚至对公众产生危险。因此,在此需要对职业的选择自由加以限制,以保护公众不受某些损失或危险。所谓职业之"主观许可要件",包括个人的知识能力、年龄、体能上之要件以及资历、国籍身份和最低道德要件,如无一定之前科纪录等。德国学者拉伦茨认为,对职业自由主观许可要件的限制根本"源自事物的本质"。这些限制的基础在于:许多职业本身要求一些——透过理论及实际的训练才能获得的——技术知识及能力,欠缺此等能力而从事该职业,其"或者根本不可能,或者将抵触事物的要求"。与此,立法者只是将"既存生活关系所产生的需要"具体化及形式化而已。① 可见,拉伦茨是以"事物的本质"的角度来观察职业选择的主观许可要件的。

第三阶段:对选择职业自由客观要件而言。职业选择之客观许可要件,系指个人对该要件之成就完全没有影响力之要件。此种要件作为限制进入职业市场之条件,抵触了基本权利的精神和宗旨。这类情形存在着不当立法动机的危险。这种粗略和极端的手段,禁止在职业和道德上合格的申请人进入其所选择的职业,侵犯了个人权利,严重地违反了基本人权。一般而言,只有为了"保护极为重要的公共利益,防止现实的和极为可能的重大风险而又必要"的时候,才能合法化对职业选择自由客观要件之侵害。属于职业之"客观许可要件"之事项有公众健康、防止恶性竞争、促进一定市场机能等。

"三阶段"这种审查密度的类型化是以人格权核心接近理论为基础,以职业自由所限制内容与人格权关系程度为依据的,其实质在于以基本权利的受限制(侵害)程度来对审查强度予以类型化的。三阶段审查植根于人的尊严和人格的自由发展。以人的尊严和人格的自由发展作为统一法理,将基本权利的不同领域价值抽象化,从而采取不同的审查强度:越是接近人类内在心灵领域的基本权利的抽象价值越强,公权力介入的正当化理由必须越重要。②

---

① 参见[德]卡尔·拉伦茨:《法学方法论》,商务印书馆 2003 年版,第 291 页。
② Vgl. Harald Schneider, a. a. O, S, 235. 转引自陈怡凯:《基本权之冲突——以德国法为中心》,台湾大学法律研究所 1995 年硕士论文,第 142 页。

第二节　美国的类型化审查模式

与德国不同,美国对限制宪法权利的审查,并不区分自由权与平等权,而是适用同样的审查标准,这就是所谓的"双重审查标准"(double standard),即合理性审查与严格审查。具体说,对自由权领域内的经济自由与精神自由,以及平等权领域的"一般分类"与"嫌疑分类"的立法与案件,分别适用宽严不同的严格审查标准(the strict scrutiny test)与合理性审查标准(the rational relationship test;the rational basis standard)。此后,美国法院在性别平等案件中,提出了一个介于双重基准之间的"中度审查基准"(the intermediate scrutiny test),双重基准由此演变为三重基准。

一、从双重审查基准到三重审查基准

如前文所述,美国宪法及其修正案并没有明确规定职业自由,法律对职业自由的保护,通常是通过宪法修正案中的"非经正当法律程序,不得剥夺任何人的生命、自由与财产"条款及"法律平等保护"条款予以保障。在1873年"屠宰场"案的判决意见书中,大法官布莱德利认为:"选择之权利为其自由权之一部分,职业自由即为其财产……"[1]这肯定了职业选择自由属于自由权的范畴,亦属于第十四修正案所保护的权利,并视其为公民财产权的自然延伸。

美国法院对于限制公民职业自由等经济立法的审查,经历了一个变化的过程。大约自1897年起,美国最高法院以美国宪法第十四修正案的"实体正当程序"(substantive due process),积极审查联邦及各州所制定的社会经济立法。在"洛克勒诉纽约州"案中,最高法院以"实质正当法律程序"审查

---

[1] Butcher's Benev. Ass'n v. Crescent City Live-Stock Landing and Slaughter-"House" Co. 83 U.S(16 Wall.)36(1873). 转引自:台湾"司法院"印行《美国联邦最高法院宪法判决选译(第一辑)》,2001年,第263页。

该案对面包房工人规定工作时间的法律,申明州政府可以基于公共福祉以"警察权"(police powers)对人民的财产与自由权课以负担,但必须符合相应条件:制定限制公民权利的法律,必须属于警察权范围之内,并且所行使的警察权,必须公平(fair)、合理(reasonable)及适当(appropriate),有"必要或适当之合理基础存在"①。在这种"形式上严格、实质上致命"(strict in theory, fatal in fact)②的严格审查模式下,对人民职业自由限制的经济立法很难通过审查。这就是美国最高法院历史上著名的 Lochner 时期(Lochner era)。③ 然而,这种对经济立法的审查所采取的司法能动主义却遭到了一些法官的反对。正像"洛克勒诉纽约州"案判决中的反对意见所指出的:法院不应该以自己的意见取代立法部门对社会生活和经济活动的评估和监督。④ 这就涉及"司法自制"的问题,1934 年的内比亚诉纽约案⑤被认为是一个转折点。罗伯特(Roberts)大法官主笔撰写的该案判决书中写道,一项法律,如果法院认为与它的适当的立法目的之间有合理关系,无独断或差别待遇,且所选择之手段与所追求之目的间有真实而且重大关系,该项法律即无违正当程序。判决还明确指出,法院的角色不是对立法的智慧进行判断,对制定之政策进行判断,这是法院既无能力也无权力去做的事情。

  内比亚案之后,罗斯福总统提出法院整改计划(court-packing plan),此后,法院审查国会经济立法的态度发生了根本性的转变,从此前严格的实质审查,转而采取合理性审查。"司法谦抑"的结果是此后最高法院审查职业自由等经济立法案件时几乎都以合宪性推定(presumption of constitutionality)原则下的合理审查标准(rational review)作为主要审查标准,该标准已经宽松到了"只要法律所采取的措施与任何合法的立法目的有合理的联系

---

  ① Lochner v. New York 198 U. S. 45(1905),转引自:台湾"司法院"印行《美国联邦最高法院宪法判决选译(第一辑)》,2001 年版,第 265 页。
  ② 奥康纳(O'Connor)大法官对严格审查原则的评价,Grutter v. Bollinger,539 U. S 2003。
  ③ 这个时期是以 1905 年的 Lochner v. NewYork 一案的判决书为代表,并以此指称 1897—1937 年间的美国最高法院。参见黄昭元:《宪法权利限制的司法审查标准:美国类型化多元标准模式的比较分析》,《台大法学论丛》第 33 卷第 3 期。
  ④ 参见邱小平:《法律的平等保护——美国宪法第十四修正案第一款研究》,北京大学出版社 2005 年版,第 73 页。
  ⑤ 即"牛奶价格第二案",Nebbia v. New York. 291 U. S. 502(1934),转引自:台湾"司法院"印行《美国联邦最高法院宪法判决选译(第一辑)》,2001 年,第 269 页。

即可";而且,只要立法机关"合理地相信"这种联系存在,就可以认为法律合宪。① 正如学者所指出的,20世纪30年代后期,最高法院体察时代的脉动与潮流之所趋,不再将审查的重心置于经济社会法规或财产权之保护,而承认相关事务可由行政或立法机关透过一般政治程序加以规范或管理即可。②

然而,法院对经济立法近乎放任不管(hands off)的宽松审查引起了许多人的担忧,他们建议在运用平等保护条款审查经济立法时,采取更高的标准。美国宪法第十四条修正案的"正当法律程序"和"平等的法律保护"都能被用来保护经济自由(包括职业自由)。美国学者指出,如果法律对所有人带来同等负担,那么法院将用正当程序条款来检验法律;如果法律区别个人,规定某些人可以、其他人不可以行使某项权利,那么法律的司法审查就归于平等保护条款之下,因为问题变成对这些人的区别是否合法。③ 最初,"平等保护"条款并不被法院特别看重,但在沃伦法院发起"平等革命"(equalitarian revolution)之后,情况发生了变化,最高法院越来越重视运用"平等保护"条款来审查立法。这就使对经济立法的审查出现了微妙的变化,这一变化的轨迹可以追溯到著名的"footnote4(注脚4)"。④

在1938年的 United States v. Carolene Product 一案中,斯通(Stone)大法官受命执笔判决多数意见,他在判决中加入 footnote4(注脚四),第一次提出将基本权利的性质做不同的区分,并给予不同程度保障的观点。该 footnote4 第一段强调宪法增补条款前十条所明文规定的基本权利应受特别重视,第二段强调政治程序的重要,其中第三段涉及平等权保障,主张法院应该加强保护宗教、种族少数,以及所谓立法者对其有偏见的"分散而孤立的少数"(discrete and insular minorities)。法院对此三种情形必须加强审

---

① 参见姚国建:《在合理的差别待遇与歧视之间——论美国平等保护立法的司法审查基准》,载《石河子大学学报(哲学社会科学版)》,2007年第21卷第5期,第46页。
② 林子仪、叶俊荣、黄昭元、张文贞:《宪法——权力分立》,台北学林出版公司2003年版,第186页。
③ J. E. Novak & R. D. Rotunda, Constitutional Law, 4th Ed., p. 349. 转引张千帆著:《西方宪政体系(上册·美国宪法)》(第二版),中国政法大学2004年版,第427页。
④ Carolene products footnote,[美]卡洛林产品公司案脚注。指在1938年美国卡洛林产品公司案(United States v. Carolene Products Co.)中,首席大法官斯通(Chief Justice Stone)的第四个脚注。脚注指出,在美国,法院必须保护"孤立的、单独的少数人"。它体现了法院在维护个人基本权利和利益上的司法能动性(court activism)。一些评论者认为,脚注标志着涉及个人权利的新的实体上的正当程序(substantive due process)的开始。参见薛波、潘汉典:《元照英美法词典》,法律出版社2003年版,第194页。

查,亦即采取较严格的审查标准,重视嫌疑分类(suspect classification)在决定审查标准时的高度重要性。

双重审查基准确立了基本权利限制案件类型化审查的基本秩序,但这种没有缓冲余地的"两极式审查"的僵化结构难以满足复杂多样的个案正义要求。此后,美国最高法院在一些具体案件中尝试发展出一种介于严格审查与合理性审查之间的过渡基准。在1971年的Reed V Reed案404 U. S. 71(1971)和1976年的Craig V. Boren案429 U. S. 190(1976)判决中,美国最高法院确立了对涉及性别平等这类"准嫌疑分类"案件的"中度审查基准"(the intermediate scrutiny test),并在以后的案件中,将"中度审查基准"适用于非婚生子女案和(种族、性别)优惠性差别待遇案件,自此,双重基准演变为三重基准。

"争取自由的斗争依然也是争取平等的斗争。选择和从事职业的自由要充分行之有效的话,意味着从事此类职业的机会必须和他人均等。"①三重审查基准的确立意味着,哪怕是对于职业自由这类经济立法,如果涉及"嫌疑分类"(suspect classifications)或"准嫌疑分类",法院可据以提升审查标准,以严格标准或中度标准来进行审查,这在一定程度上弥补了对职业自由等经济立法进行审查时过于宽松,以致损害公民经济自由的状况。

二、嫌疑分类与准嫌疑分类

平等是人类美好的追求,是宪法保护的公民权利。② 我国宪法规定"公民在法律面前一律平等"。然而,平等原则不仅要求"法律面前人人平等",更要求"法律的平等保护"。因此,平等不仅仅是一个法律适用上的原则,还是一个约束政府立法行为的原则。虽然对平等很难下一个确切的定义,然而"相同的事务应该相同处理,不同的事务应该不同处理",或"同者等之,不同者不等之",大致可以作为平等判断的一个基础公式。同者或不同者,会引出一个"分类标准"的问题;等之或不等之,则会引出一个"差别待遇"的问题。某项法律法规如果按照某种标准将人群分类,并且给予差别待遇,那么这种分类及分类所追求的规范目的,就必须接受严格的审查,以防止违反平

---

① [英]霍布豪斯:《自由主义》,朱曾文译,商务印书馆1996年版,第14页。
② 平等是一种原则,还是一种权利,抑或二者兼有,理论界尚有争议。多数学者认为,平等既是一种原则,也是一种权利。

等原则,造成对特定人群的歧视。因此,分类(classification)本身就承载了重要的意义,它代表着对人的区隔与不同对待。

如果一项分类,其背后有着不良的立法动机和可疑的规范目的,那么这种分类就会构成嫌疑分类(suspect class)或准嫌疑分类(quasi-suspect class),就构成对特定人群的歧视待遇,因此,必须接受平等原则的审查。美国法院在审查平等权案件时,发展出了类型化的"三重审查标准"(the three-tiered criteria),即合理审查标准(rational basis review standard)、中度审查标准(intermediate scrutiny test)与严格审查标准(strict scrutiny test)。对于涉及嫌疑分类的案件,适用严格审查标准予以审查;对于涉及准嫌疑分类的案件,适用中度审查标准予以审查;而对于不涉及嫌疑分类和准嫌疑分类(nonsuspect class)的案件,适用合理审查标准审查。从而形成带有实体价值判断的类型化多元审查标准,深刻地影响了其他国家的法律理论与司法实践。

对嫌疑分类的严格审查,对于平等保护公民权利有着重要的意义。那么,何谓"嫌疑分类"?如何判断"嫌疑分类"?自斯通大法官在著名的"注脚四"(footnote4)中提出"分散而隔离的少数"(discrete and insular minorities)这个概念之后,"嫌疑分类"就成为美国法学界讨论的热点问题之一,而随后的审判实践,又将对这个问题的讨论不断引向深入。

(一)以"嫌疑分类"提升审查标准的理论基础

立法避免不了对人进行分类。然而,如果某种分类是基于立法者的刻板印象,甚至背后存在不良的立法动机,从而造成对部分人的歧视,那么这种分类就可能构成"嫌疑分类"或"准嫌疑分类"。为了对社会上的这些"弱者"予以平等的法律保护,就应该对涉及"嫌疑分类"的立法进行较为严格的审查。嫌疑分类作为一种审查途径,是指在平等权案件中,释宪机关以系争差别待遇所采用的分类标准作为从严审查的原因,也即如果相关法令措施含有差别待遇,且差别待遇采用某种分类标准(如种族、性别等),则会遭到"推定违宪"的命运。[①]

由"注脚四"发展而来的"嫌疑分类",指的是需要特别加以保护的政治上弱势的团体。为了保障多元政治程序的正常运作,对于某些由于遭受歧

---

① 廖元豪:《可疑分类之严格审查——种族歧视相关案例研析及比较》,《月旦法学教室》,2009年第9期,第32页。

视而无法与其他团体结成政治联盟的"分散而隔离的少数",就必须由司法介入其中。这就是所谓的"代表性强化理论"(representative-renforcing theory),是据"嫌疑分类"提升审查标准的理论基础。

伊犁(John Hart Ely)于其经典著作 Democracy and Distrust 一书中由分析"注脚四"与观察美国代议民主,发展出程序论观点(process-based theory),提出"代表性强化理论"。该理论认为原则上可以信赖民主代议程序以保障宪法上的各项权利,然而在民主代议程序失灵,无法发挥作用的时候,司法就应当介入,发挥补救的功能,促进少数的代表性(facilitate the representation of minorities)即为其中重要一环。① 这里的"少数",是"分散而隔离"意义上的少数,并非绝对数量上的少数,是指因大众偏见造成在政治上孤立无援,在社会上缺乏与他人沟通对话、不被了解的少数。② 民主政治的基本精神是多数统治。由于多数与少数的相对性与流动性,在政治程序正常运作的情况下,一般不会产生"多数人暴政"的问题。在这种情况下,法院应该谨守裁判的角色,无须越俎代庖。然而对于"分散而隔离的少数",如种族上的黑人,对于这种基于人类自古以来就有的"非我族类"的偏见而被排挤到政治场域边缘地带的人群来说,他们几乎不可能成为"多数"的统治者。正如伊犁所言,"偏见"(prejudice)的确会扭曲政治程序。当人们心中存有偏见时,就可能由于敌意而排斥"少数",不愿与其结盟,使"多数"无法以较为理性的观点来选择达成宪法上正当目的的手段,导致"少数"永远无法透过政治程序来保障自身的权利。③ 在这样的结构下,任何对"少数"权益的限制与措施,都不容易藉由政治程序来矫正与补救,而只能通过司法机关的介入才能保障其权利。

因此,司法审查的终极目标在于扫除政治程序的"脏污",捍卫程序的纯洁。而在以平等权审查个案时,嫌疑分类之所以受到法院如此严格的审查,理由就在于嫌疑分类能够"冲出"(flushing out)政府行为的违宪动机,使得

---

① 黄昭元:《司法违宪审查的正当性争议》,《台大法学论丛》,2003 年第 6 期,第 129 页。
② 参见李思仪:《从宪法平等权观点检视有前科者之职业选择自由限制》,台湾大学法律学院法律学系 2007 年硕士论文,第 41 页。
③ See John Hart Ely, Facilitating the Representation of Minorities, Democracy and Distrust: A Theory of Judicial Review, p. 153, Harvard University Press, 1980.

某些团体受到针对性差别待遇的事实得以显现出来。① 凡是对人进行的分类,包含有不良的立法动机,并在实践中造成对该部分人群针对性的差别待遇,那么这种分类就可以归为"嫌疑分类",法院就应当介入,对政府的相关立法进行严格的审查,以捍卫平等保护原则,防止歧视的发生。正因为如此,嫌疑分类成为提升司法审查的重要理由。

然而,如何判断一个群体的政治动员能力?如何确认政治程序是否失灵?这必然涉及实体价值的判断。因此,"代表性强化理论"虽然是"程序论"观点,但实际上涉及实体价值判断的问题。正如艾克曼(Bruce A. Ackerman)教授所批评的,不应只在政治过程瑕疵的表面功夫上打转,不应纠缠于 discrete、insular 和 prejudice 的文义之中,而应深入探究造成弱势群体的深层社会结构问题,如贫富差距、性别歧视等。②

尽管"代表性强化理论"引起了一定的争论,但其突出的贡献在于提出了一个大致可接受的方向,由此,宪法学者与释宪机构可以在"结构性弱势"的概念下,从民主政治程序的瑕疵来论证哪些群体在何种程度内应当受到保障。

(二)嫌疑分类的构成要素分析

究竟什么样的分类是嫌疑分类?构成嫌疑分类的要素(factors)有哪些?在美国理论界与审判实践中,一直是一个颇具争议的问题。特别是后来在审判实践中发展出来的"准嫌疑分类"这个概念,更使得分类的要素复杂化了。

美国宪法第 14 修正案的平等保护条款(equal protection clause)最初仅用来保护获得自由的黑奴。该条款被认为是解决宪法争议的最后手段,直到沃伦法院(the Warren Court)之前,该条款很少被引用。如前文所述,在平等保护条款下,某些"分类"应较其他分类接受更为严格的审查的观点,可以追溯到美国最高法院 Carolene products 一案中的注脚四,当 Stone 大法官主张对"分散而隔离的少数"的立法歧视,阻碍了保护少数群体所依赖的政治程序的运作时,就应探求立法的动机。然而注脚四并没有明确这种"少数群体"的确切构成要素,也没有明确该政治程序仅仅是指没有能够保护

---

① 参见李思仪:《从宪法平等权观点检视有前科者之职业选择自由限制》,台湾大学法律学院法律学系硕士论文(2007 年 7 月),第 40 页。

② See Bruce A. Ackerman, Beyond the Carolene Products, pp. 740 – 746, 98 Harvard Law Review, 1984.

"分散而隔离的少数"的情形,还是包括那些保护少数群体的"肯定性歧视"(affirmative prejudice)也必须接受严格的审查。①

尽管在 1944 年的 Korematsu v. United States 案与 1964 年的 Mclaughlin v. Florida 案件中,将种族确认为嫌疑分类标准,然而直到 20 世纪 70 年代初期,美国最高法院一直未给嫌疑分类提供任何明确的标准。② 不久以后,法院在参考"分散而隔离的少数"这个含糊的标准之外,开始运用一些更为实质性的标准。在 San Autonio Independent School District v. Rodriguez 一案中,最高法院第一次使用了"嫌疑分类"(suspect class)这个概念,并提出了"嫌疑"的一般标准(the traditional indicia of suspectness):该分类所承受的不利益、有意识地被不公平对待的历史或者在政治上乏力,因此需要特别的保护。③ 1973 年,美国最高法院在审理性别歧视案件时,又提出另外两个判断因素:分类的相关性与(群体)特征的不可改变性。这样一来,到 20 世纪 80 年代前期,用以判断嫌疑分类的基本要素大致被确定下来:(1)对分散而隔离的少数的偏见;(2)该群体受歧视的历史;(3)群体寻求政治救济的能力(特别是政治上的乏力);(4)群体特征的不可改变性;(5)群体特征的关联性。④ 通过这些要素的综合运用,美国法院已经确认了一些群体是嫌疑分类,另一些群体是准嫌疑分类,而其他群体是非嫌疑分类。⑤ 如建立在种族、民族和宗教上的分类被认为是嫌疑分类,要接受严格的审查;而性别和私生子被认为是准嫌疑分类,要接受中度审查;而年龄、社会经济地位的分类以及智障者群体是一般分类,接受合理性审查。

1. 分散而隔离的少数(discrete and insular minorities)

"分散而隔离的少数"这个概念来源于 Carolene products 案的注脚四,

---

① See Marcy Strauss, Reevaluating Suspect Classifications, p. 144, Seattle University Law Review, Vol. 35:135, 2011.

② 例如 1971 年的 Graham v. Richardson 一案,法院认定外国人是属于"分散而隔离的少数"的一个重要种类,但对此却没有任何进一步的具体解释。

③ See Marcy Strauss, Reevaluating Suspect Classifications, p. 145, Seattle University Law Review, Vol. 35:135, 2011.

④ See Marcy Strauss, Reevaluating Suspect Classifications, p. 146, Seattle University Law Review, Vol. 35:135, 2011.

⑤ 一般认为,嫌疑分类与准嫌疑分类的理论基础和构成要素是相同的,只不过具有程度之别。See Kathleen M. Sullivan & Gerald Gunther, Constitutional Law 769 (15th ed.), The Foundation Press,2004.

然而注脚四并没有给出"分散而隔离的少数"的明确判断标准或判断要素。实践中,这个概念面临着几个难题:首先,对"分散"、"隔离"这些名词,缺乏一个普遍认同的具体的定义;其次,该群体是否必须同时符合"分散"、"隔离"、"少数"这几个条件?

一般认为,之所以将"分散而隔离的少数"列为嫌疑特征,是该群体缺乏政治动员能力,不能依赖正常的政治程序来保护其利益。然而,艾克曼教授却认为,群体的"分散"(discreteness)与"隔离"(insularity),反而会导致群体的"外显性"(visibility),使该群体成员在社会上无可隐匿,反而会促使其团结起来进行有效的政治动员。因此,真正的少数应该是"隐匿而散漫"(anonymous and diffuse)的少数。① 这无疑动摇了"分散而隔离的少数"作为嫌疑特征提升审查标准的基础。正是由于"分散"、"隔离"等概念的这种模糊性,法院开始结合其他因素来衡量嫌疑特征。

2. 受歧视的历史(history of discrimination)

群体受歧视的历史并不一定和群体统计学意义上的"少数"相关,事实上一些人数庞大的群体也曾经历过歧视。在考虑群体歧视的历史时,会引出两个问题:一是相关性问题(歧视的历史为什么能用来决定嫌疑的特征?);二是歧视的含义问题(怎么确定一个群体真正地经历过歧视?)。

历史上的歧视和群体的嫌疑地位相关,是因为这关系到该群体的政治动员能力、立法程序的保障,以及司法介入的问题。正因为如此,一些法官与学者认为受歧视的历史这个要素是"政治乏力标准"(the political powerlessness criteria)的一个"子集"(subset)。② 这主要是由两个原因导致的,一是由于受歧视的历史,该群体不能与其他群体组成联盟以获得有效的政治动员能力;二是由于立法者的偏见所导致的立法上的歧视。应当说,群体受歧视的历史与嫌疑特征是相关的。然而,这个判断因素也有着内在的模糊性。正如 Wilkinson 所指出的,在这个标准上,法院未能厘清受歧视的程度、种类以及持续时间这些问题。③ 例如像双性恋者这个相对来说出现历史较短的新群体,

---

① See Bruce A. Ackerman, Beyond the Carolene Products, pp. 723 - 724, 98 Harvard Law Review, 1984.

② See Marcy Strauss, Reevaluating Suspect Classifications, p. 150, Seattle University Law Review, Vol. 35:135, 2011.

③ See J. Harvie Wilkinson, The Supreme Court, the Equal Protection Clause and the Three Faces of Constitutional Equality, p. 981,61 Va. L. Rew. 1975.

是否具有嫌疑的身份特征？再如对于艾滋病群体,鉴于艾滋病在1981年才被确认,那对该群体的歧视能否构成历史上的歧视？法院在决定历史上的歧视时,常常以非裔美国人和女性为参照,然而这种简单的类比(analogy)一方面缺乏明晰性,另一方面又有着内在的不公平性和限缩性。① 实践中,这种类比在有关LGBT群体②以及亚裔美国人的讨论中遭到了广泛的质疑。

3. 政治上的乏力(political powerlessness)

政治上乏力指的是一个群体不能仰赖合法的政治程序保护其利益。在很多方面,该标准与先前的"群体受歧视的历史"和"分散而隔离的少数"有部分重叠之处,其背后的原因都是法院必须保护易受立法偏见伤害的群体。因此,一些法院认为政治上的乏力是根本的问题,而视其他因素为该问题的表征。然而,法院在阐述政治上乏力时,并没有形成一致的认识,最高法院也没能提供指导性的意见。对此,一些法官和学者提出了四个参考因素,或者单独运用,或者综合运用:其一,群体的投票能力;其二,群体的数量多寡;其三,证明政治动员能力的优惠性法律的存在;其四,群体成员担任重要政府职务的人数。③ 然而,没有投票能力是群体政治乏力的充分条件,但不是必要条件。一些少数群体,尽管拥有投票权,但也可能无法在政治程序中获得足够的票数以保护自己。其次,群体的数量多寡是一个相对的概念。如同性恋者,占美国人口的百分之四到百分之五,但分布不均,在大城市数量多,但在其他地方较少,这种多少应该如何衡量？而且以群体人数所占比例来考量政治上的乏力,与最高法院将性别确定为准嫌疑特征的判决不相符合。因为在相关判决做出的时候,妇女已经占了投票人数的多数。再次,对一个群体有利的法律的制定,可以证明该群体的政治影响力的观点,岂不是证明了女性并非政治上乏力,因为有保护女性的法律的存在？同样的情况也适用于同性恋者。因此,这样的判断标准失之于简单,这种探寻标准实际上去除了种族、性别等特征,从而将他们从嫌疑分类与准嫌疑分类中排除出去。再如对于同性恋群体,既有对其有利的立法,也有对其不利的立法,而

---

① See Marcy Strauss, Reevaluating Suspect Classifications, p. 152, Seattle University Law Review, Vol. 35:135, 2011.
② LGBT为女同性恋者(lesbians)、男同性恋者(gays)、双性恋者(bisexually)以及跨性别者(transgender)所构成的一个集合用语。
③ See Marcy Strauss, Reevaluating Suspect Classifications, p. 154, Seattle University Law Review, Vol. 35:135, 2011.

不同的立法考量会得出不同的结论,因此,这种判断方法就走到了逻辑的终点。最后,群体成员担任重要的政府职务人数的标准,也引来了学者的批评:一是政治上的能量不能简单通过群体担任政府职务的数量来衡量;二是法院难以明确地定义充分代表与未能充分代表的概念;三是由于相关数据的变化,群体的嫌疑特征需要被一次次地重新考量和评估,而这显然是法院无力承担的任务。①

4. 不可改变性(immutability)

群体典型特征的不可改变性常常被学者们所讨论,特别是自 LGBT 群体能否被归为嫌疑分类的讨论所引发的关注以来。然而,这同样引发了两个问题:一是如何定义不可改变性?二是其为什么与嫌疑分类的决定相关?

遗憾的是,法院没能为"不可改变性"提供一个具体、明晰的解释。最初,法院认为"不可改变性"是由一个人与生俱来的生理特征所决定的,"是由偶然的出生所决定的特征"②。这个解释曾引发了下级法院关于同性恋者(homosexnality)是否与生俱来的激烈讨论。之后,一些法院修正了"不可改变"的判断方法,判断是否"不可改变",依赖于某特征是否容易被改变,主张应以社会意义上的概念(social construct)取代生理上的概念。这一方面是意识到法院难以确定何谓"由生理所决定",另一方面是认为这样的任务不属于法院司法审查的范围。一个特征的难以改变,是由于一个人所无法控制的原因,或者这种改变对个人人格而言需要承受非常大的代价。这就是所谓的"难以改变标准"(too difficult to change criteria)。按照这种理论,性倾向(sex orientation)是不可改变的,于是同性恋者、双性恋者就有了嫌疑的特征。这同样引发了学术界的激烈争论。

不可改变性并不是寻求确保一个公平的立法程序,而是寻求"平等保护"这个概念自身,因此,其似乎是基于实体因素而非程序因素的考量。仅仅因为他们无法改变的特征,就对人予以不同的对待,这违背了公正和平等的基本原则。③ 这正是不可改变性与嫌疑分类的决定相关的理由。

实践中,没有法院单独以"不可改变性"来决定嫌疑的特征,而是将其与

---

① See Marcy Strauss, Reevaluating Suspect Classifications, pp. 159 - 160, Seattle University Law Review, Vol. 35:135, 2011.

② Frontiero v. Richardson, 411 U. S. 1973, pp. 677 - 678.

③ See Kenji Yoshino, Assimilationist Bias in Equal Protection: The Visibility Presumption and the Case of "Don't Ask, Don't Tell", 108 YALE E. J., 1998, p. 504.

关联性标准(relevancy criterion)结合起来运用。

5. 关联性(relevancy)

法院会考虑一个群体典型特征的关联性或者该特征与个体参与和贡献社会的能力是否相关。建立在没有关联性特征之上的分类在根本上是不公平的,特别是当这些特征难以改变的时候。因此,如果一个特征不能反映一个人参与和贡献于社会的能力,就会被假定为没有关联性,建基于其上的法律就会构成非法的歧视。例如,在 Mathews v. Lucas 一案中,法院认为,私生子像种族或民族一样,是个体所无法控制的原因所决定的特征,而且其和一个人参与、贡献社会的能力无关。[1] 因此,一个不可改变但没有关联性的特征就有了嫌疑的特征。

关联性有助于确认政治程序是否能保护一个群体,或者针对一个群体的立法是否受到了偏见(bias)或刻板印象(stereotype)的影响。由于偏见的证据很难被确认,法院常常以关联性作为其替代(proxy):如果群体特征与合法的立法目的之间几乎没有关联性(rarely relevant to),该立法就应当接受严格的审查;如果有一定的关联性(sometimes relevant to),就应接受中度的审查;如果有较强的关联性(often relevant to),就应接受合理的审查。[2]

像前述其他因素一样,关联性也面临着内在的含糊性的问题。怎么确定一个特征的关联性？这种关联是广义的、抽象意义上的关联,还是仅仅与具体的受审查的法规目的相关联？例如一个有性侵犯前科的人,应聘一个公立学校岗位,其前科这个特征是不是关联因素？而如果应聘一个公共运输公司的司机职位呢？我国台湾地区就限制有特定犯罪前科者终身不得担任计程车驾驶员的法律规定是否违"宪",曾引发过激烈的争论,争论的核心,其实就是特定犯罪前科这个特征的关联性问题。

上述构成因素,为嫌疑分类的判断提供了一个大致的标准。然而,遗憾的是,尽管这些判断因素在具体的案件中一再被援引,却一直缺乏明确的定义,法院也从未明确地解释过这些因素彼此间的关系,没有明确哪些因素应该予以优先考虑,或者在考量嫌疑特征时厘清每一个因素的权衡比例。一个备受历史歧视但拥有政治动员力的群体是不是嫌疑分类？一个受到一般

---

[1] Mathews v. Lucas, 427 U.S., 1976, pp. 495-518.
[2] See Miriam J. Aukerman, The Somewhat Suspect Class: Towards a Constitutional Framework for Evaluating Occupational Restrictions Affecting People with Criminal Records, p. 18, 57 J. L. SOC'Y, 2005.

性的歧视,也并非完全政治上乏力,但也没有强大的政治动员力,并且典型特征并非不可改变的群体,能否构成嫌疑分类？这样的组合几乎没有穷尽。这些问题没有解决,涉及嫌疑分类的司法审查就可能会导致不一致的结果。另外,近些年来,美国最高法院在上述嫌疑分类的构成要素之外,开始采取"纯粹的嫌疑标准"(pure suspect classification)来决定嫌疑分类。[1] 这就产生了一种相当不同的概念,其所蕴含的平等保障基础也不尽相同。按照该标准,白人和非洲裔美国人一样,是按照种族这个"嫌疑标准"所做的分类,所以都要接受严格的审查；男人和女人一样,是按照性别这个"准嫌疑标准"所做的分类,所以都要接受中度的审查。这就是所谓的"对称性原则"(the doctrine of symmetry)。该原则下,法院考虑的不是特定的受歧视的分类(class),而是表面上的分类(facial classification)问题。[2] 这样一来,嫌疑分类的判断就在"嫌疑分类"(suspect class)与"嫌疑分类标准"(suspect classification)之间来回转换,使得问题更趋复杂化。

平等保护案件的审查结果在很大程度上与某群体被认定为嫌疑分类、准嫌疑分类或者没有嫌疑的分类相关。然而,在嫌疑分类这个具体问题上,尽管已有数十年的判例法实践,美国最高法院却未能为嫌疑分类的判断因素提供一个明确一致的解释标准。正如 Wilkinson 教授所评论的,"嫌疑分类是一匹法院拒绝驯服的烈马"[3],这就使得在嫌疑分类的认定上有了某种程度的随意性,给司法实践带来了一定的困惑。然而,美国法院的判例和学术界的讨论,毕竟为嫌疑分类的判断提供了理论上的指引和一个可以操作的大致的标准。

在美国学者的研究基础上,台湾地区学者李思仪从八个方面对嫌疑分类、准嫌疑分类的构成要素进行了分析[4]：第一,与生俱来并不是(准)嫌疑分类之必要条件。嫌疑性的根源应该是令人无奈、不得已、痛苦、难以挣脱的身份枷锁,而非与生俱来,与生俱来只是嫌疑性的增强因素,但并不是必

---

[1] See Reginald C. OH, A Critical Linguistic Analysis of Equal Protection Doctrine: Are Whites a Suspect Class?. 13 Temp. Pol. &Civ. Rts. L. Rev. 2004, p.583.

[2] See Kenji Yoshino, Assimilationist Bias in Equal Protection: The Visibility Presumption and the Case of "Don't Ask, Don't Tell", 108 YALE E. J. ,1998,p.489.

[3] See J. Harvie Wilkinson, The Supreme Court, the Equal Protection Clause and the Three Faces of Constitutional Equality, 61 Va. L. Rew. 1975, p.983.

[4] 李思仪:《从宪法平等权观点检视有前科者之职业选择自由限制》,台湾大学法律学院法律学系 2007 年硕士论文,第 55—62 页。

要条件。第二,不具可归责性亦非必要条件。嫌疑性的根源应该是难以摆脱、令人痛苦的身份,而不是某个分类的形成是否具有可归责性,所以,不具可归责性只是嫌疑性的加强因素,不是必要条件。第三,不可改变并非必要条件。不可变性为考量要素之一,但并非嫌疑分类的必要、充分的条件;不可改变也不是绝对的,而是有程度之别的概念。第四,稳定性是必要条件。稳定性的意义是受歧视者不得不留在群体中,而且分类的稳定性与受歧视的历史,以及政治和社会上的歧视相互定义。分类的稳定性是社会决定的因素,并非事物本质使然,稳定性的核心意义在于形成"离开"所处弱势团体之阻碍。第五,与个人能力及正当立法目的缺乏关联性为重要条件。人们隶属于某群体,基于此个人无能为力的身份而受到歧视与损害,又难以逃脱此身份枷锁,这群人是刻板印象底下为达某个正当立法目的之错误代称,往往和个人实际上拥有的努力有一段差距,与正当立法目的或公共政策没有足够的关联。第六,长期受歧视的历史为主要条件。第七,政治上弱势为主要条件。第八,社会上乏力为重要条件。

应当说,对于嫌疑分类(准嫌疑分类),难以(也不应该)采取单一的、放诸四海而皆准的标准,综合观察(但不要求每个标准皆符合)也许会是比较好的判断方式。从上面的分析可以看出,判断一个分类是否构成嫌疑分类(准嫌疑分类),稳定性、与个人能力及正当立法目的缺乏关联性、长期受歧视的历史、政治上弱势、社会上乏力是比较重要的条件;与生俱来、不具可归责性、不可变性并非必要条件,但会是讨论其他条件时顺带提到的理由,例如在探讨同性恋是否具有稳定性时,就会附带提及性倾向是否与生俱来、不可改变。

以分类标准的实践来看,今日美国平等权的三重审查标准大致为:种族、肤色、原族裔为嫌疑分类,适用严格审查标准;性别、非婚生子女为准嫌疑分类,适用中度审查标准;财产地位或贫富、犯罪前科、身心障碍、性倾向则非嫌疑或准嫌疑分类,适用合理审查标准。分类标准、权利类型与分类目的三项要素对于美国法院选择审查标准的影响大致是:原则上法院会先看系争规定的差别待遇是否涉及嫌疑或准嫌疑分类;如果是就会提高审查标准,而未必会再考虑事务领域。故即使是在原本应宽松审查的社会经济立法领域,如果立法者采取嫌疑分类,法院还是会适用严格审查标准。法院首先看系争规定之差别待遇是否涉及嫌疑或准嫌疑分类,如果是,就会提高审查标准,不必再考量受限制的基本权利类型。嫌疑分类对于法院审查标准的影响力大于事务领域或权利类型,但如果是准嫌疑分类则未必。如果系争政府行为并未涉及嫌疑准嫌疑分类,法院会考量系争分类是否涉及基础性权利,如果是,也会提高审查标准。此外,若分类的目的是为了对弱势的一群人提供"优惠性差别待遇",则法院可能会因此放松审查标准,例如,种族优惠性差别待遇不因以种族为分类标准而适用严格审查标准。因此,在平等权司法审查上,影响审查标准宽严最重要的因素是分类标准,其次是权利类型(事物领域),规范目的也有一定的影响力。

三、三重审查基准的内容

美国各级法院在总结司法实践经验的基础上,建立了完善的三重审查基准体系,即合理审查、严格审查和中度审查。

审查基准 审查事项	严格审查基准	中度审查基准	合理性审查基准
适用目的	重大、迫切的利益	重要的利益	正当的利益
手段与目的之间的关联度	必要之关联;最小限制手段	实质关联或紧密契合之关联	合理关联
适用范围	基础性权利(自由)的限制;涉及"嫌疑分类"(种族)的平等权案件	(种族、性别)优惠性差别待遇案件;"准嫌疑分类"(性别、婚生子女等)的平等权案件	社会与经济性自由(权利);"一般分类"(财产地位、犯罪前科等)的平等权案件
适用结果	一般推定违宪	弹性较大(可能违宪,也可能合宪)	一般推定合宪

美国"三重审查基准"的适用

(一)合理审查标准

传统美国法院对于其他政府机关所为的区别分类,不问其性质或类型为何,均采取所谓合理关联性审查标准(the rational relationship test; the rational basis standard)。根据该审查标准,法院在审查法律或其他政府措施是否合宪时,只要其证明合法利益(legitimate interest)的存在,及具有促进此一利益的合理关联(rationally related)。简言之,所为的区别应具有合理的基础(reasonable basis)。实务运作的结果,则是只要证明公权力的行使并非随心所欲,且可自圆其说时,即可轻易通过宪法之检验;仅在公权力出于恣意(arbitrary)所为的区分,完全欠缺合理的基础时,始有违反平等保护的可能。①

（二）严格审查标准

该基准是在审理种族歧视案和基础权利限制的案件中逐渐发展起来的。如涉及种族歧视的"华盛顿诉戴维斯案"和涉及基础性权利限制的"达德里奇诉威廉斯案"。② 这类案件确立了对以嫌疑分类平等权案件和基础性权利限制的案件应予以严格审查,立法目的必须具有重要的政府利益,手段与目的之间有紧密的关联性,且由政府承担证明合宪性的举证责任。

（三）中度审查标准

1973 年 Frontier v. Richardson 案中大法官布莱恩(Justice Brennan)主笔的协同意见书中,联邦最高法院提出性别歧视如同种族歧视的观点,之后 1976 年联邦最高法院在 Craig v. Boren 案中提出性别歧视的中度审查基准(Intermediate Scrutiny)。在判决中,法院要求以性别为立法分类的法律"必须服务于重要的政府目标,并且(分类)必须与这些目标的实现具有实质关联"。这种标准看似是对严格审查标准和合理审查标准的一种妥协,因而被称为"中度审查标准"。③

美国将对职业自由这种社会经济自由的限制的审查基准设定为合理性审查,使用最为宽松的审查基准,但如果对职业自由的限制涉及嫌疑分类或准嫌疑分类,则会提高审查标准为中度甚至严格审查基准,如女性就业、少数族裔的职业选择等,这就提升了公民职业自由的保护。

---

① 法治斌:《司法审查中之平等权:建构双重基准之研究》,载《法治国家与表意自由》,台北正典出版文化有限公司 2003 年版,第 214 页。

② 参见[美]杰罗姆·巴伦等:《美国宪法概论》,刘瑞祥等译,中国社会科学出版社 1995 年版,第 153 页。

③ 参见黄昭元:《宪法权利限制的司法审查基准:美国类型化多元基准模式的比较分析》,载《台大法学论丛》第 33 卷第 3 期,第 39—41 页;廖元豪:《美国"种族优惠性差别待遇"合宪性之研究——兼论平等原则之真义》,载《东吴大学法律学报》第 9 卷第 2 期。

第三节 日本的双重审查模式

在日本宪法第 12、13 条基本权总则的规定中,明确表示了由于"公共福利"而对基本权进行限制的可能性。以此为依据,在第 22、29 条保障经济自由的规定中又重述了基于"公共福利"而对经济自由限制的必要性。因此,同其他基本权相比,经济自由被认为要服从较多的限制。现代宪法承认社会上、经济上弱者的社会权,国家负有实现该社会权的义务,因此,"在宪法中对经济自由进行广泛的限制,是实现社会上、经济上弱者的社会权所不可缺少的前提"①。因此,对经济自由的规制,既可以是出于消极目的的"警察权"限制,也可以是出于积极目的的"社会权"规制。

一、双重标准理论的确立与实践

经济自由是受宪法保障的权利,并不能随意加以限制,对经济自由的限制必须有一定的界限。问题是,对经济自由进行限制的界限是什么?判断限制经济自由的法律之合宪性应遵从什么样的标准呢?

对此,日本理论界引介并倡导双重标准理论,其代表人物是伊藤正已教授和卢部信喜教授。因为他们的想法是继承美国的 caroene products 判决及其脚注四的宗旨,所以区别市民的精神自由与财产自由,主张市民的精神自由是第一位的。该想法具体为:当对限制人权的法律进行违宪审查时,首先,对限制精神自由的立法,要以一个严格的标准("严格的审查标准")审查其合宪性;其次,经济自由的审查标准,要以宽松的标准("合理的审查标准")审查其合宪性。其根据在于:宪法第 22 条、第 29 条关于经济的规定明确显现根据公共福利的界限;市民的(精神)自由是民主政治过程不可缺少

---

① [日]工藤达朗:《经济自由的违宪审查标准——关于财产权和职业自由》,童牧之译,韩大元校,《中外法学》,1994 年第 3 期。

的权利。①

之后,双重标准理论在司法实践中得到了运用。日本最高法院在"零售商业调整特别措施法事件"②和"药事法事件"③两个判决中,提供了判断限制职业自由的法律合宪性的标准。这就是在美国判例理论基础上加以体系化了的"双重标准"(double standard)理论,即主张对于规制以表达自由为中心的精神自由立法的合宪性,应特别采取比限制经济自由立法更为严格的基准的那种理论。④

二、规制目的的消极与积极之分

"零售商业调整特别措施法事件"和"药事法事件"这两个案件的判决提供了判断限制职业自由的法律合宪性的标准:

(1) 职业自由与宪法上规定的其他权利,特别是精神自由相比,更有必要加以限制。不仅为了保障和维持社会生活的安全与秩序等消极目的要对职业自由加以限制,而且为了协调国民经济的发展、保护经济上弱者的权利等积极目的,也要对职业自由加以限制。

(2) 为了达到积极目的,在必要、合理的范围内,允许在宪法中对职业自由给予限制。对该限制,法院要尊重立法机关的裁量,当立法机关超越其裁量权而制定的法律限制措施显失合理时,法院可以判决其违宪。

---

① [日]三浦隆:《实践宪法学》,中国人民公安大学出版社2002年版,第167页。

② 该案案情如下:《小卖商业调整特别措置法》规定在政令指定的市内,欲设立同法所规定的小卖市场,应取得都道府县知事许可,其目的为防止小卖商之间的过当竞争。大阪府依该规定制定了"大阪府小卖市场许可条例",规定小卖市场间至少须有七百公尺的距离。被告因未取得大阪府知事的许可,将他所有建筑物出租给一小卖商人而被认为违反法律。被告主张该法律所规定小卖市场的许可制及距离限制,不当地限制自由竞争,漠视消费者的利益,助长既存业者追求其独占利润,故违反宪法第二十二条第一项职业自由之规定。参见陈秀峰:《司法审查之基准——"二重基准"论在美日之演变》,载《现代国家与宪法》,元照出版有限公司1997年版,第624—625页。

③ 本案起因于《药事法》,该法规定药局的开设,如果配置不适当将不予许可,并授权都道府县以条例规定形式制定配置基准。广岛县条例遂规定新设立药局应与已存药局距离一百公尺。被告为在广岛县经营医药品一般贩卖业,向广岛县知事申请营业许可,因不符合上述药事法及条例而受不许可处分,被告主张该药事法及条例之距离限制规定违反宪法第二十二条第一项。参见陈秀峰:《司法审查之基准——"二重基准"论在美日之演变》,载《现代国家与宪法》,元照出版有限公司1997年版,第625—626页。

④ 参见[日]芦部信喜、高桥和之:《宪法》,林来梵、凌维慈、龙绚丽译,北京大学出版社2006年版,第165页。

（3）基于消极的目的而对职业自由给予限制时，先由立法机关合理裁量，但必须是为重要的公共利益所必要的、合理的措施，但如有更缓和的限制手段能够充分达到同样的目的时，该限制为违宪。

根据上述标准，零售市场的距离限制，是为保护零售商的积极目的的限制，不能认为限制手段是显失合理，因此，最高法院判决其符合宪法；与此相反，《药事法》规定的距离限制，是为了防止对国民的生命、健康造成危险的消极目的的限制，有其他可以替代的手段，因此，最高法院判决其违宪。

最高法院的判例理论将法律限制的目的分为积极目的和消极目的两种，与此相对应，确立了不同的违宪审查标准。一般认为，消极目的限制是关于人权的内在的限制，因此应在必要的最小的限度内；积极目的的限制是对经济自由进行的政策性的限制，所以，为实现社会权而不得不做出大幅度的限制。学说界善意地采纳了这种判例理论。在学说上，积极目的限制的违宪审查标准称为"明白性的原则"或"合理性标准"，消极目的限制的违宪审查标准称为"严格的合理性标准"。①

对于规制职业自由合宪性的判定基准这个问题，芦部信喜教授总结道：对职业自由规制的审查，通常适用"合理性"基准。这一基准是就立法目的及达成立法目的的手段这两方面，以一般人的立场为标准来审查其合理性可否被认可，由于它是以立法机关所下的判断具有合理性为前提（合宪性推定原则）的，为此可以说是比较宽松的审查标准。该"合理性"标准，根据规制职业活动的目的，被分为两种来适用：对于消极的、警察性的规制（消极目的规制），采用"严格合理性"的基准，即法院基于立法事实审查规制的必要性与合理性以及有无"同样可以达成目的的，更为宽松的规制手段"；而对于积极的、政策性的规制（积极目的的规制），则适用所谓的"明显原则"。"明显原则"指的是只有当该限制措施明显极为不合理时，才将其定为"违宪"的方法，即承认立法机关广泛的立法裁量，对规制立法是否具有"合理性"实施宽松的审查。②

可以看出，日本学界和司法实践中将公民的自由分为精神自由与经济自由，并以"合理性标准"和"严格的标准"分别审查限制两种自由的立法。

---

① ［日］工藤达朗：《经济自由的违宪审查标准——关于财产权和职业自由》，童牧之译，韩大元校，《中外法学》，1994年第3期。

② 参见［日］芦部信喜、高桥和之：《宪法》，林来梵、凌维慈、龙绚丽译，北京大学出版社2006年版，第196页。

但是,正如学者所指出的,这种审查的标准并不绝对。① 对某些限制经济自由立法的审查,也可以采用"严格的合理性标准"。这种审查基准介于严格审查与合理性审查之间,类似于美国的中度审查基准。基于积极目的和消极目的限制职业自由的不同审查基准,实际上也蕴含着这种限制与人格权和个人发展的权利的关系。一般说来,对职业自由基于积极目的的规制,更多的是在职业的执行方面,与社会大众的关系更为紧密,其行为有较多的"外部性";消极目的限制,更多的是职业的选择方面,更接近于公民人格权核心。所以,这种限制理论虽更多地受到美国理论的影响,但在实质上与德国的三阶段理论不乏相通之处。

日本对职业自由的限制审查:不同规制目的下的两重审查模式:

{
　对精神自由的限制——严格审查基准
　对经济自由的限制 { 积极目的规制——合理性基准
　　　　　　　　　　 消极目的规制——严格合理性基准
}

第四节　对德、美、日三国审查基准的检视

如上文所述,德、美、日等国对限制职业自由的审查,在理论与实践的互动下形成了各自独特的模式,这些模式各有其特点。

一、德国的三阶段审查基准

德国三阶段审查理论将职业自由所受限制的程度和限制所需要的正当化理由联结起来,限制职业自由越是接近人格权核心,对限制的审查就越是严格。这种类型化的审查基准有坚实的法理基础和精致的理论架构,能够

---

① [日]工藤达朗:《经济自由的违宪审查标准——关于财产权和职业自由》,童牧之译,韩大元校,《中外法学》,1994年第3期。

有力地保护公民的职业自由。

但是,这种理论也有其不足:

(1) 三阶段理论以职业主观资格为切入点,会面临职业选择主客观资格纠缠不清的困境。如按照德国法上职业选择主观/客观限制的区别标准,所有一身专属的个人特性,都是属于职业主观资格的限制,只不过涉及性别者大多是保护性规范,这类保护性规范会被归类到客观限制中的一般职业禁止范畴内。

(2) 运用三阶段理论审查对部分人职业自由限制的情况,会模糊掉真正应该重视的"分类"这个重点,而看不清这类职业限制对部分人群造成的影响。对部分人职业自由的限制实际上涉及平等权问题。对平等权审查的出发点是"分类",这是比例原则里面找不到的,因此比例原则无法胜任平等权案件的审查。自由权的中心在于国家应不应该对人民进行限制,注重在限制"量"上的多寡,包括限制的目的何在、如何限制(手段与目的的关联性)等问题,一般没有应对"谁"限制的问题存在;而平等权审查模式的重点在于分类标准(对哪些人作限制)、分类效果、分类标准与目的间的关联性等。比例原则强调"手段与目的的关联性",审查的是限制的手段能否达到目的? 是否侵害最小? 又是否过于严苛? 平等权嫌疑分类、准嫌疑分类,可能出现在职业执行自由之限制(如禁止妇女于夜间工作之规定)、职业选择主观资格的限制(公职招考时所定的性别比例),以及职业选择的客观限制中一般职业禁止对某些劳工的保护规定(禁止妇女从事)。职业自由限制以全民为规范对象者,直接从受限制的基本权(职业自由)的角度切入即可,不必以平等权进行审查。部分人受差别待遇应有以平等权进行审查之警觉。

比例原则在德国仅适用于自由权领域。平等权案件涉及对人的分类所造成的差别待遇问题,不是对某种权利的限制或侵害,而是这种分类对某一特定人群的差别对待,从而造成的歧视和对这个特定人群的伤害。所以在此,比例原则无用武之地。在平等权领域,德国另外发展出"合理差别待遇"基准,这一审查基准的关键在于"事物本质之探求"。

"事物的本质"之概念为德国联邦宪法法院在诸多判决中所引用,并以之作为衡量行政行为是否违反平等原则而构成恣意的基本标准。"事情的本质在客观上是可以确定的,是现实的事情逻辑上的结构,其合乎存在的秩序特点,权威地建构了法。"①对"事物的本质"的讨论一直深入到法哲学上的基本问题,涉及存在与当为、物质与精神、事实与价值之间的关系。如果视"事物的本质"为立法者及(从事法的续造)法官的指标,则已赋予"事物的本质"超乎纯粹事实的意义,而使其得以进入意义及价值的领域:一则法秩序必须尊重存在于人类肉体、心灵及精神中的某些基本状态;二则在既有的法秩序下,"事物的本质"仍然保留有作不同形成的空间,将若干"有悖事理的",对事物本身不恰当的可能性排斥在外。② 特别在与正义的要求(相同事物作相同的处理,不同事物作不同的处理)结合时,事物的本质更显其重要性:它要求立法者(有时也包括法官)针对事物作不同的处理。③ 因此,"事物的本质"理论可以理解为实践法学的一束方法论说明。

德国法学家海因里希·德恩伯格(Heinrich Dernberg)曾提出下述见解:"从某种程度上讲,生活关系本身就含有它们自身的标准和它们自身的内在秩序。隐于这种关系中的内在秩序被称之为'事物之性质'。善于思考的法学家在没有实在规范或在规范不完善或模糊不清时肯定会诉诸这一观念。"④依德国学者拉伦兹(K. Larenz)的解释,"事物本质"为一种"有意义的,且在某种方面,已具备规律性的生活关系,也就是社会上一种已经存在之事实及存在之秩序"⑤。因此,事物本质就是一特定生活关系中既存的秩序,亦即"社会生活关系中就事物之性质所分析出之法律上的重要特征"。据此,"平等原则并不是说机械、无条件地不容有差别待遇的平等,而是容许透过客观衡量合理地加以区别,是否或在何种程度内容许对于特定情事秩序加以区别,应当依现存事物范围的本质而定,即与'事物的本质'相符"⑥。例如执业医师法要求初任医师的人必须具有医学院毕业证书,如果对有证书的和无证书的不加区别,任何人都可以担任医师,必定会对公众的健康造成极大的危害。但以外观之美丑作为决定公务员录取标准者,则不合乎事项本

---

① [德]阿图尔·考夫曼、温弗里德·哈斯默尔主编:《当代法哲学和法律理论导论》,郑永流译,法律出版社2002年版,第250页。
② [德]卡尔·拉伦茨:《法学方法论》,商务印书馆2003年版,第290页。
③ [德]卡尔·拉伦茨:《法学方法论》,商务印书馆2003年版,第290页。
④ [美]E·博登海默:《法理学——法律哲学与法律方法》,邓正来译,中国政法大学出版社1999年版,第459页。
⑤ 陈新民:《德国公法学基础理论》,山东人民出版社2001年版,第676页。
⑥ 周佑勇、伍劲松:《行政法上的平等原则研究》,载《武汉大学学报》(哲学社会科学版),2007年第4期。

质必要性的要求。平等乃允许合理的透过本质的考虑,在特定事情的秩序上是否作区别以及如何作区别,某种情况是否相同,视其所属法律意旨及目的而定。然而,德国学说以"事物的本质"等不确定的法律概念作为审查标准,首先即面临了定义上的难题,在如此抽象的意涵之下,对平等权的审查具有高度的不确定性,将因观察角度的不同容有不同的评价与结论,亦即在抽象意涵的架构下,将导致论理上与结论上的开放性,此时毋宁是委诸司法广泛的决定空间。

二、美国的三重审查基准

美国的三重审查基准并不区分自由权与平等权,而是适用同样的标准审查。

但三重基准也有其僵化性。经济自由并非绝对低于精神自由,有些经济自由与个人人格发展有着非常密切的关系。因此,这种优位权利的划分未免僵化与武断。最高法院大法官 Potter Stewart 曾说:"个人自由权与财产权的二分法实属谬误,财产并无权利,人民才有权利,享受财产不受非法剥夺的权利,本质上即是个人的权利,其重要性并不亚于言论或旅行的权利……事实上,个人自由权与财产权之间根本上是一种相互依存的关系,缺乏其一,另一个也失去意义。"[1] 其他学者也表示了同样的质疑,如 Paul 认为,要比较财产权与其他权利的价值(如言论自由),或是去比较立法者在此两个领域所作成的妥协,是相当困难的。[2] 宪法学者 Gerald Gunther 也质疑道:"经济性权利与其他权利间是否先天即有'根本性'的差异?财产权及经济利益的保护,从宪法文义或从历史经验上,是否真的逊于其他权利的保护?"[3] 而有些精神自由,如言论自由中的某些"低价值言论",并非绝对

---

[1] 405U. S. 538,552(1972).

[2] Paul Freund,The Suppreme Court of the United States 35(1961).转引自何永红:《基本权利限制的宪法审查——以审查基准及其类型化为焦点》,法律出版社 2009 年版,第 25、第 106 页。

[3] Gerald Gunther,Cases and Materials on Individual Rights in Constitutional Law,pp.161-162(1981).转引自何永红:《基本权利限制的宪法审查——以审查基准及其类型化为焦点》,法律出版社 2009 年版,第 25、第 106-107 页。

重要。①

的确,尽管面临着理论上的质疑,但这种宪法权利的"差序格局"以及对不同类型的权利适用不同的审查基准却自有其价值,因此要完全否定是不可能的。美国法院以嫌疑分类、准嫌疑分类的理由提高经济领域立法中涉及平等权的审查基准,在一定程度上弥补了这些缺陷,对于保护公民的职业自由具有重要意义。

三、日本的双重审查基准

日本最高法院对职业自由限制审查的类型化标准,无疑受到美国双重标准理论的影响,而其限制目的的消极与积极的分类,似乎又有德国功能法的观点,即国家机关对促进公共福利的积极规制措施,法院尊重其专业性判断与裁量,立法机关有较大的立法形成自由;而为防止社会危害性发生的消极规制措施,系以维护公共福利与保障人权为目的,因此法院具有确信的判断能力,能以利益衡量的方法确定限制必须是最小且必要。

然而,这种类型化审查标准,也有其自身的缺陷。第一,通常立法目的未必能区分是积极的还是消极的。有的原来认为是消极目的的,现在很可能会认为是积极目的。由于这种审查标准能自动地与限制目的的区分相对应,因此靠立法者细微的技巧也能够确立审查标准,这就很可能导致违宪审查权的自我否定,使因积极规制而对职业自由造成极大侵害的规范,在宽松的审查标准下竟然躲过了违宪宣判,这就为职业自由权的限制的合宪性控制留下缺口。第二,积极规制和消极规制的划分,是由限制人权的理由决定的,而不是由被限制的人权的性质所决定。这就使职业自由所受侵害程度与公共利益的保护之间没有一致的逻辑。正如日本学者所指出的,违宪审查标准是与各项人权的性质相对应的公共福利的内容的具体化,因此,主要依据限制目的进行分类,就超出了本来的课题,变成了审查标准的自我目的化。因此,取代目的二分论的标准,实质上最终还应寻求人权的性质,根据

---

① 参见美国最高法院将言论分为"低价值言论"(low-value speech)和"高价值言论"(high-value speech),以不同标准审查其合宪性。这就是所谓的"双阶理论"(The Two-level Theory)。See, eg., Geoffrey R. Stone, Content-Neutral Restrictions,54 University of Chicago Law Review 46,47 n. 2(1987).

人权的性质作出规定。① 而且更为重要的是,在对职业自由限制的审查上,日本的这种对精神自由与经济自由二分的审查模式,由于没有像美国那样发展出与之相配的"平等权"审查模式,因此在涉及对部分人职业自由限制的审查情形时,往往会面临审查上的困难。

第五节　中国职业自由限制审查模式的构建

　　由以上分析可以看出,德国在比例原则基础上发展出来的对职业自由限制审查的"三阶段"理论,已演绎为逻辑严密而规整的审查模式,但对于涉及平等权的限制部分人职业自由的审查,则虽有基于"事物本质"理论而适用的"合理差别待遇"基准,但由于适用上的抽象性等原因,尚未能建构起类型化的基准。而美国法律的务实与注重经验,使其没有演绎出德国"三阶段"审查那样的规整审查模式,而是在自由权与平等权两方面建构起"双线"类型化基准,对职业自由这种经济自由的审查适用"合理性基准",但对职业自由限制对象的嫌疑分类或准嫌疑分类的情形,则从自由权的审查中移出,放在平等权的审查之中,借以提高审查基准,从而发展出了次一级的类型化基准,使得审查更为精细化,也更具实用性。日本的双重审查模式受到美国双重审查基准的强烈影响,但其对于经济自由的基于消极目的和积极目的的规制又似乎受到德国功能法的影响。总之,其对职业自由两种规制目的下的两重审查基准非常简明,但由于积极目的与消极目的区分上的问题,实践中很容易造成对职业自由的保障不足;更关键的是这种限制审查模式的出发点是由限制人权的理由决定的,而不是由被限制的人权的性质和重要性所决定的,这与德国审查模式中的"人格权核心接近"以及与美国基于"分类"对限制职业自由的审查所隐含的"人格权核心接近"相比,有着时代的

---

① ［日］工藤达朗:《经济自由的违宪审查标准——关于财产权和职业自由》,童牧之译,韩大元校,载《中外法学》,1994年第3期。

差距。

实际上,德国和美国的职业自由限制审查模式蕴含着共同的法理:人的尊严与人的自由发展。在德国"三阶段"审查模式下,侵害职业自由的程度越深,越是逼近人格权核心,对其的审查就越严格;而美国虽以较低的基准("合理性审查"基准)来审查对职业自由的限制,但对构成嫌疑分类或准嫌疑分类的特定人群职业自由的限制将提升审查基准到"中度审查"甚至"严格审查",这种审查基准的提升与人格权核心接近成比例关系。

"人格尊严"(human dignity)已被庄严地写进中华人民共和国宪法之中。因此,在设计中国职业自由限制审查模式时,可以导入"人格权核心接近"理论,将德美两国审查模式的优点结合起来,构建出以人格尊严("人格权核心接近")为统一法理基础的"双线"审查模式。"双线"审查模式也即自由权与平等权分开审查的模式:如果职业自由的限制是对所有人的限制,没有涉及主体的分类与区别对待,就以自由权的审查模式展开,适用"三阶段"模式来具体审查;如果职业自由的限制涉及构成嫌疑分类或准嫌疑分类的特定人群,就应结合"三重审查模式"进行审查。至于"三阶段"审查模式中为人所诟病的"三阶层之流动性",可借鉴德国学说上所发展出来的"双重控制"之审查方式,以避免政府"以职业执行之限制为名,行干预职业选择自由之实",在必要时提高职业执行之限制的审查密度,防止其实质效力逸入职业选择阶层。此外,对于职业选择主观、客观资格纠缠不清的指责,例如"前科"这个属于职业主观资格限制当中的"道德标准"要求,在实践中常常达到职业选择客观禁止的实际效果的情况,可以考虑将这些主观资格要求视同对人的"分类",从嫌疑分类(准嫌疑分类)的角度加以检视,从而纳入平等权的审查模式之中。至于嫌疑分类与准嫌疑分类应当如何确定的问题,应当对基本的判断因素进行综合分析,在这方面,已有学者作了一些理论上的探索,美国在司法实践中也形成了一个大致的标准。这些都为构建中国职业自由之限制的审查模式提供了丰富的理论储备。当然,构建一个精微的审查模式,不但要以德美等国的相关制度为镜鉴,更要立足于中国的现实,这当是不言而喻的。

本章小结

本章通过对域外经验的探讨与借鉴,尝试构建一个职业自由的审查框架。需要指出的是,虽然中国宪法尚未规定职业自由,司法审查制度也付诸阙如,但相关的理论储备还是非常必要的。德国、美国与日本等国对职业自由的审查制度可以作为未来中国制定相关规范的镜鉴。当然,构建一个具体而精微的审查模式,要立足于中国的现实,但我们的目光也必须更为高远。

CHAPTER 5

职业自由的保障:"双线审查模式"的尝试

> 职业向有才能的人开放!
>
> ——法国大革命的口号
>
> 所有进步社会的运动,到此处为止,是一个"从身份到契约"的运动。
>
> ——[英]亨利·梅因

当下的中国,对职业自由特别是对公民职业选择自由的限制相当严重。这不仅表现在可以做出限制的主体多元,限制职业自由的规范层级较低,还表现在很多限制相当随意,缺乏科学性、必要性与合理性。而在这些对职业自由的限制中,又以人所具有的社会身份(如户籍)、年龄、性别等对人的职业选择的影响最为严重。特别是在国家公职人员的招录中,这些限制表现得最为明显。[①] 这种现象尤其值得关注。这一方面是因为公职招录中的这类限制已经构成了一种制度性的歧视,另一方面是因为这种歧视被认为是最不应该的歧视。因为在当前就业歧视严重的情况下,国家公职的录用应该体现出最大的公平与公正,以垂范于社会,最大限度地保护公民的职业自由,但在实际中却成为对公民职业自由限制最为苛刻、最不公正的领域,并且在实际中已造成了很多恶果。[②] 这不仅令人心痛,而且引人深思:这一切是如何形成的?应该怎样走出这一困境?

此外,作为职业自由之一种的营业自由,所受到的限制也是相当严重。实践中不但存在对营业自由执行方面的限制,还存在诸多对营业自由选择方面的限制,其中尤以对民营企业在市场准入方面的歧视性待遇最为严重。

---

① 公职招录中对公民的职业限制与社会上的企业在招聘中对公民的职业限制不同。公职的招录单位是国家公权力机关,其对公民的职业限制常常会侵犯公民的职业选择自由,因为职业自由是自由权,是公民针对国家的防御权,公权力机关作为公法人,是职业自由的义务主体;而企业在招聘中对公民的资格限制属于其职业自由(营业自由),因此与公民的职业自由形成了权利的冲突,这两者之间的冲突是基本权主体之间的冲突,需要解决的是基本权冲突如何衡量的问题。对于这个问题,德国联邦宪法法院基本上采取"基本权价值位序"、"手段"与"目的取向"的衡量方式。因此,企业在招聘中对公民的职业资格限制属于基本权冲突,不在本著的讨论范围之内。而公权力机关对公民职业资格的限制才会直接侵犯公民的职业自由。公权力机关对公民的职业限制通常通过两种方式进行:一是抽象行为的限制,即以法律、法规甚至政策、红头文件等对公民的职业资格予以限制;二是具体行为的限制,即公权力机关直接设置招录的资格限制。本章主要是对公职招录中的各种限制进行基准审查的尝试。

② 这种由于就业歧视而引发的悲剧很多。2003年4月3日,浙江大学学生周一超因为是乙肝病毒携带者被拒录公务员而杀人泄愤。2007年5月17日,武汉大学经济管理学院国贸专业大四一女生因受乙肝就业歧视而跳楼自杀。

这种基于"身份"差别而形成的企业分类构成了"嫌疑分类",不但有悖于市场主体平等的原则,更是对企业营业自由的侵犯。因此,这些对企业营业自由的限制,必须通过严格的审查方能正当化。

第一节 公职招录中"双线审查模式"的尝试

一、公职及其限制

　　公职的观念非常古老。在西方,它在基督教会里的发展最为清晰,并在使教会从封建主义的私有化世界中脱离出来的长期斗争中呈现出特别的优势。教会领袖提出了两个论点:第一,教会职位不能由世俗官位所有者和他们的领地赞助人所有,或分给亲戚朋友;第二,教会职位不能买卖或出售。任人唯亲和买卖圣职都是罪孽,而只要私人控制着宗教公职的分配,罪孽就可能产生。与之相反,公职应该由教会的法定权威按照上帝的意愿并为上帝尽职着想来分配。我们可以说,上帝是第一个领导精英,虔诚和神学知识是他对其官员所要求的条件(无疑,管理能力、处分钱财的技能和政治上的随机应变之道也是所要求的条件)。[①] 公职观念就是这样被公务系统的倡导者从教会接收过来并世俗化的。这些体现了公职所应有的特质,就是摒弃出身、财产、地位等无关的因素,只考虑公职本身所需要的条件,并且禁止对公职的随意授予或"保留"。

　　取得一定的公职既是公民职业自由的体现,同时又是公民参与管理国家事务的一种途径。[②] 日本宪法学界认为,"就任公务"是国民直接参与政治

　　[①] 参见[美]迈克尔·沃尔泽:《正义诸领域——为多元主义与平等一辩》,褚松燕译,译林出版社 2002 年版,第 168—169 页。

　　[②] 限于主题,本著对"就任公职"的权利从公民职业自由的角度进行分析,而不从"参政权"的视角分析。

上的意思决定之方法,是国民的一种参政权。① 台湾地区学者李惠宗也解释了"服公职之权"的两层意义:"一为国家对人民一定工作资格的认定,此一意义与人民之工作权竞合。另一意义系国民基于与国家之主动关系而来之基本权,后者具有国民权之性质。"②

由于公职的重要与相对稀缺,公职的录用对所有的人都必须公平。当然,这并不意味着公职的"进入"不能有限制,而是要求这种限制必须公平,不构成不合理的限制或对部分人构成不合理的"差别待遇"。如果这种限制是对所有人的要求,那么这种限制必须符合比例原则,不能构成对公民职业选择的实质性否定;而如果这种限制是针对部分人的,那么就要警惕这种限制是否涉嫌对人的"嫌疑分类"或"准嫌疑分类"。只有对影响职业选择的各种限制进行必要的审查,才能保障公民的职业自由。

二、中国公职录用中的职业限制类型及特点③

"公职太重要了,以至于不能被当作凯旋的战利品……因此考试成为至关重要的分配机制。"④与世界大多数国家一样,我国公职领域的招录,也以考试形式为主,这就是所谓的"公务员考试"。⑤ 在公职的招录中,常常存在着诸多的限制,主要体现在各种招录资格上。

(一) 职业限制的类型

当前,我国公务员招录中的限制主要体现在地域、年龄、性别、健康、政治面貌、身体特征和特定的社会身份等方面。

1. 地域限制

地域限制主要表现为对特定省份(县市)户籍的限制,一般与招考单位所在地有着对应关系。在中央与地方公务员招考中,有很多岗位只限于某

---

① 参见[日]阿布照哉等编著:《宪法(下)——基本人权篇》,周宗宪译,元照出版有限公司2001年版,第48页。
② 李惠宗:《宪法要义》,元照出版有限公司2001年版,第474页。
③ 本节涉及2011年国家公务员就业限制的资料参阅了中国政法大学宪政研究所2011年11月发布的《2011年国家公务员招考中的就业歧视调查报告》。
④ [美]迈克尔·沃尔泽:《正义诸领域——为多元主义与平等一辩》,褚松燕译,译林出版社2002年版,第169页。
⑤ 某些部门和某些岗位并非严格意义上的"公务员",比如妇联、残联和工会的工作人员,但是由于这些公职人员需要参加统一的公务员考试,因此一般意义上将这些公职人员的选拔考试也统称为公务员考试。

地户籍。2005年中央国家机关(包括国务院各部委、垂直管理系统和党群机关)公务员招录总人数为5456人,而对生源户口限制(限北京户口)的人数为2528人,占到总录取人数的46.3%。① 近些年虽有所改观,但地域限制依然严重。在2011年中央国家机关公务员(包括中央党群机关、中央国家行政机关、中央国家行政机关直属机构和派出机构、国务院系统参照公务员法管理事业单位)招考中共招录职位9762个,而对生源户籍有要求的共计955个,占到9.78%。地方公务员招考中的户籍限制更甚。一些地方的组织和人事部门制定的本地《公务员录用办法》明确规定具有本地户籍是报考的必要条件,这些规定直接成为地方政府招考公务员时施加户籍限制的依据。近几年来一些地方虽在逐渐减少这类规定,但还没有完全根绝。

甚至被视为社会公正的最后一道防线的法院系统,在其公职人员招录中也不乏户籍歧视的现象。如2010年浙江省临安市法院书记员一职,要求报考的社会人员须为"浙江省户籍";海南省在其"法院系统招考公务员职位表"中单列"户籍"一栏,在全部招考的67个岗位中有11个岗位明确要求"海南省户籍(含海南生源)",占该省全部职位总数的16%;江西井冈山市法院司法警察岗位,要求报考人员为大专学历,但是"大专学历人员限江西户籍、江西生源毕业生或江西省内高校应届毕业生",这就意味着该岗位对于持同等学历的非江西户籍和生源的报考人员,构成了户籍(生源地)歧视;新疆生产建设兵团的法院系统公务员招录,则展示了另外一幅户籍限制的图景:农一师法院的全部四个岗位,全部要求"限南疆地区户籍"。

2. 年龄限制

2011年中央国家机关公务员招考所涉及的岗位中,由于存在《公务员录用规定(试行)》对年龄限制的制度性规定,就业歧视比例为100%。这种制度性、规范性的歧视最不易为人察觉,但这种歧视却为害至深。现实中,有些岗位甚至在《公务员录用规定(试行)》规定之外,又附带了更加严重的歧视,再次将年龄标准降低。以2011年公务员招考为例:中国民航空中警察总队系统支队科员的92个职位,均要求"28周岁以下"。在法院系统的招录中,对于报考人员的年龄做出了更加严苛的限制。黑龙江省高级人民法院聘任书记员一职,要求28岁以下报考;湖南省湘潭市中级人民法院聘任书

---

① 参见蔡定剑主编:《中国就业歧视现状及反歧视对策》,中国社会科学出版社2007年版,第378页。

记员一职,限于30周岁以下人员报考;湖南省高级法院的司法特警岗位,限制28岁以下人员报考;广东省博罗县人民法院(非法律业务职位)司法警察岗位,要求25岁以下人员报考;云南省保山市隆阳区人民法院司法警察岗位,要求18－31岁人员报考。从这些例子可以看出在公务员招录中的年龄限制的严重程度,以及设置这些年龄限制的随意性。

3. 健康限制

2011年中央国家机关公务员招考所涉及的9762个岗位中,由于存在制度性的健康歧视的规定,就业歧视比例为100%。由于人事部、卫生部2005年1月20日发布的《公务员录用体检通用标准(试行)》中存在健康歧视的条款,所以所有公务员招聘中都存在健康限制。与年龄限制的情况类似,中央机关公务员和地方机关公务员中健康限制均占总职位数的100%。例如公安机关(含铁路公安、交通民警)对于身体健康的要求是必要的,但是仍需要对具体的岗位职责作出区分;对于文职人员的健康要求就应该区别对待,因为公安机关中的文职、服务、行政、技术岗位人员的身体条件不需要达到较高水平。比如,公安部纪委监察局办公室主任科员以下一职,主要负责行政事务管理和信息化建设,显然对于其专业素质的强调更为重要,对于该类岗位的身体健康限制有歧视之嫌。

4. 性别限制

2011年中央国家机关公务员招考所涉及的9762个岗位中,性别限制也比较严重,占总职位数的15.6%;对比2010年的统计结果,2011年性别歧视的现象更显严重,限制岗位数量由2010年的1203个增加至2011年的1519个,占总体岗位数量的比例由2010年的12.96%增加至2011年的15.6%。性别限制主要是限于男性或建议男性报考。从工作岗位分布考察,主要集中于铁路公安系统、海事系统、出入境检查检疫系统、煤矿安监系统、交通部长江航运公安局、海关系统等。这些行业系统限招男性或者建议男性报考,主要理由是岗位工作劳动量大、长期出差或出海等。这些看似保护关爱女性的措施,实际上限制了女性自由择业的权利,减少了女性的就业机会,加剧了女性在公务员招考中的竞争激烈程度,构成了对女性的就业歧视。

当前在公务员招录中的性别限制呈现出一个鲜明的特点:大量性别限制是以建议性、软性限制的方式,建议男性人员报考,从而暗示、排斥女性人员报名。① 相比以往大多以硬性条件仅限男性报考的方式相比,这种软性建议的方式似乎更加"温情脉脉"、充满关怀。但是这种限制方式的危害并不因此降低,女性报考人员同样会因为这些建议而"望而却步",同样达到了排斥性的效果。

5. 政治面貌限制

根据近年来就业歧视统计的数据,政治面貌歧视的数量和比率一直居高不下,没有明显改观的迹象,社会也缺乏对其危害的深层认识。政治面貌歧视在历次公务员招考中都比较严重。2011年中央国家机关公务员招考所涉及的9762个岗位中,涉及政治面貌限制的岗位共1861个,占岗位总数的19.1%。政治面貌歧视主要表现在要求报考人员须为中共党员或共青团员。当然,也有一个岗位限招"群众",显然这也构成了政治面貌歧视。

值得注意的是,在法院系统公务员招录时,也存在政治面貌的限制性要求。根据2011年中国政法大学宪政研究所的调查,法院系统有20个岗位对报考人员的政治面貌作出了限制。例如,天津市津南区人民法院政务综合职位,主要从事文稿起草、宣传教育等工作,限定政治面貌为"中共党员"。再如,上海市长宁区法院审判工作人员,从事法院审判工作、作为法官的后备队伍,在其招考要求中提出"中共党员优先"。根据《法官法》的规定,担任法官必须"有良好的政治、业务素质和良好的品行",但这并不意味着对于政治面貌的限定有了法律依据。良好的政治素质首先应该是对于宪法和法律的遵奉,而不是根据个人的政治身份判定的。

政治面貌歧视的广泛存在,不仅是对职业自由的侵犯,而且是对政治信仰纯洁性的玷污,值得引起我们的深思和反省。

6. 社会身份限制

社会身份限制是指在工作招录过程中基于应聘者的社会身份而给予的区别对待,包括出身限制和特定身份的限制。出身限制包括要求政治历史清白、家庭成员没有不良记录、本人无犯罪记录等。比如,2011年公务员招录中,外交部地区业务司英语一职的招录要求"个人经历、历史状况清楚",中国保险监督管理委员会西藏监管局专业监管岗主任科员及以下一职要求"档案材料齐全,历史清白"。对上述非涉密的专业技术岗位作出个人经历

---

① 参见《2011年国家公务员招考中的就业歧视调查报告》,中国政法大学宪政研究所2011年11月发布。

的限制,显然侵犯了个人隐私,人为设置了与职业能力无关的入职障碍,属于出身歧视。特定的身份主要是对学生干部、支边扶贫等身份的要求和待遇,以及限国有单位工作经验的限制、限当地工作经验的要求等。这些种类繁多的优惠政策加剧就业中的不公平现象。另外,对工作经验本身的要求由于和工作能力相关,一般并不被认定为歧视。但是,如果将国有单位与非国有单位的工作经验区分开来,则就构成了就业歧视:这种区别并不必然和工作能力直接相关,只有拥有特定身份的人才有资格报考,体制外的工作者根本没有机会报考。比如,2011年中央纪委监察部机关机关厅室局"纪检监察五"一职,要求"仅限服务期满、考核合格的大学生村官报名"。根据官方公布的数据,2011年"大学生村官等服务基层项目人员报名踊跃,有6000余名服务基层项目人员报考108个中央机关定向招录职位"。据此测算录取比率约为1.8%。与此同时,2011年总体公务员考录比约为63.6∶1(即为1.57‰)①,低于特定针对基层项目服务人员职位的录取比率。考虑到部分限于或优先针对基层服务人员招考的职位大多是热门岗位②,因此优越性更加明显。虽然政府鼓励高校毕业生和其他人才到基层服务,但是这不应成为其在公务员考录过程中获得优待的理由,否则构成就业歧视。

7. 学历限制

公务员要求较高的个人素质、理解能力、表达能力,因此对于学历的要求是必要的。但是,公务员招聘中对于学历不合理要求的问题也应该得到重视,比如2011年国家海洋局北海分局维权执法处科员一职,主要从事"按照国家和国际有关法律法规,进行海上维护国家海洋权益的执法监察等工作",但是要求研究生(硕士)及以上人员报考。这种执法类岗位一般大学毕业生也可胜任,限制硕士学历是对人才的浪费。

值得关注的还有对于学历性质的限制。在公务员招考中部分岗位存在对于学历性质的限制。学历性质限制是指,要求报考人员须为统招本科(或大专)毕业生、普通招生计划毕业生、国民教育毕业生、全日制普通高等院校毕业。这些概念颇为繁杂,但却不约而同地传达了对民办教育、非全日制教育、成人教育、自学函授教育等(以下统称为"非国民教育")获得学历的

---

① 盛若蔚、何扬:《热点解读:"公务员热"出现降温苗头》,载《人民日报》2010年12月6日。
② 比如中央党群机关(含中央司法机关)的273个职位中,有16个职位对服务基层人员提供优越待遇(比如定向限招、优先招录、预留名额、放宽专业),占该部分岗位总数的5.9%;而中央党群机关是最热门的岗位最集中的部分。

歧视。

8. 身体特征限制

近年来,身体特征限制较之以往已经下降,原来比较常见的"五官端正、形象气质佳"等要求已经不复存在。在 2010 年 11 月最新修订的《公务员录用体检特殊标准(试行)》中,对于一些特殊岗位(含警察岗位)的体检标准进行了修订,比如将禁止乙肝病原携带者的岗位缩小至特警。但是其中第三条规定,影响面容且难以治愈的皮肤病(如白癜风、银屑病、血管瘤、斑痣等),或者外观存在明显疾病特征(如五官畸形、不能自行矫正的斜颈、步态异常等),不能报考警察职位。这里没有区分警察的具体岗位,对相貌做出统一限制,涉嫌身体特征歧视。在对身体特征进行限制时,必须提供科学、充分的依据。在法院系统招录公职人员过程中,身体特征歧视出现在对司法警察(法警)身体条件的限制。司法警察属于人民警察的序列,首先需要达到人民警察的任职条件。根据警察的岗位职责,《警察法》和《人民法院司法警察暂行条例》要求担任司法警察应当满足"身体健康"的条件。根据 2010 年 11 月最新制定的《公务员录用体检特殊标准(试行)》,并没有对警察岗位的身高(中国民航空中警察职位除外)、体重做出限制性规定。法院系统招录司法警察的身体特征限制,其实与两个已经被废除的规范性文件有密切的关系:《公安机关录用人民警察体检项目和标准》和《司法行政机关录用监狱劳教人民警察体检项目和标准》。法院系统的司法警察招录体检标准基本延续了这两个规范性文件的相关内容,对身高、体重加以限制。比如,黑龙江省哈尔滨市中级人民法院司法警察岗位,要求"男性身高 175cm 以上(女性身高 165cm 以上),双眼裸视 1.0 以上,体重不高于标准体重的 25％或不低于标准体重的 15％"。

9. 残障限制

中国政法大学宪政研究所在 2011 年的调查中,没有发现某个岗位具体的招聘条件中有明确排除残障人士的要求,但是公务员招考依据的体检标准中却存在歧视性的规定。《公务员体检录用标准》中没有有关肢体残障的规定,但有对视力和听力提出了具体要求;《公务员录用体检特殊标准(试行)》中则除了对视力、听力、嗅觉的要求外,还规定"肢体功能障碍,不合格"。实际上,有视力和听力障碍的人也可以胜任部分公务员岗位;在诸如警察等特殊行业中,残障人可以承担文职和行政类事务。因此,不对岗位职能和性质进行分析判断,而把有身体或感官功能障碍的人一律排除在外,涉嫌残疾歧视。

（二）职业限制的特点

从以上列举的公职招录中的各种限制可以看出，当前我国公职招录中存在严重的歧视，对公民的职业自由侵害甚巨。

1. 限制的普遍性

这主要表现在三个方面：首先，公职招录中限制的种类很多，从地域、性别、健康、年龄到社会身份等等，各种限制不一而足。其次，受到限制的职业类型很多，几乎所有的公职岗位都有各种各样的限制。再次，实施限制的部门很多，从中央党政机关到地方各级政府，都存在着种类繁多的限制，甚至人大、法院、检察院、工会、妇联等部门，因为自身性质或职能所系，理应成为彰显职业选择自由的最好例证，却也存在着相当严重的招录歧视。

2. 限制的随意性

公职招录中的很多限制缺乏科学的依据，甚至缺乏常识的认知；有些限制规定死板僵化，严重落伍于时代。这些都显示了权力的随意与轻率，以及思维方式的保守与僵化。

3. 限制中的身份意识浓厚

公职招录中一个明显的特点是各种"身份"限制严重，这体现了一种浓厚的身份意识。这些身份表现在户籍、家庭出身（政治历史清白、家庭成员没有不良记录、本人无犯罪记录）以及各种社会身份上，如复转军人、学生干部、"三支一服"大学生等。这些身份的划分与我国传统的身份等级文化有相当的暗合。社会的进步是一个"从身份到契约"的运动，在这个过程中，作为个人社会坐标的身份越来越淡化，一个人与他人、与社会的关系，更多地通过彼此的契约而得以展现。这将使每个人被公平地对待而不是因为身份受到区别对待。职业招录中的身份限制本质上与"从身份到契约"的转变相反，是一种"前现代"的思维。

4. 限制的原因复杂

我国职业招录中的种种限制，有着复杂的社会原因，呈现出历史与现实交织的斑驳图景。如户籍限制，既是计划经济时期遗留的问题，但在市场转型时期，又由于种种原因在职业招聘中被强化。

5. 限制的后果严重

首先，公职招录中形形色色的限制构成了对公民职业自由的严重侵犯，特别是就任公职还是公民"参政权"的体现，因此这些限制侵犯的不仅是公民的经济权利,还侵害了公民的政治权利。其次,公职招录中的限制造成了严重的社会问题:割裂了中国社会,造成了严重的社会对立;阻碍了许多人上升的途径,社会固化问题日益严重;一些特殊设置的限制,造成了"萝卜招聘"现象,加重了社会不公。

三、"双线审查模式"的尝试

中国公职招录中的资格限制问题严重,已是不争的事实。不合理的限制构成歧视,是对公民职业自由的侵犯。如何解决这个问题,值得人们深思。

当前,对于就业中的歧视问题,学界与诉讼当事人或者"倡诉者"多诉诸宪法的平等原则,这在操作上实属无奈之举。《宪法》规定"中华人民共和国公民在法律面前一律平等","公民有劳动的权利和义务"。劳动权包括了就业的权利,而平等当然包括了就业上的平等,因此不合理的职业限制侵犯了公民的就业平等权。这种就业平等权来自宪法平等权的推定,但平等并不意味着无差别,只有不合理的差别才构成对平等的侵犯。但不合理的差别如何认定,才是问题的关键。此外,《劳动法》规定"劳动者就业,不因民族、种族、性别、宗教信仰不同而受歧视";《劳动促进法》规定"劳动者依法享有平等就业和自主择业的权利。劳动者就业,不因民族、种族、性别、宗教信仰等不同而受歧视","用人单位招用人员,不得歧视残疾人","不得以是传染病病原携带者为由拒绝录用"以及"不得对农村劳动者进城就业设置歧视性限制"。《劳动法》禁止就业歧视,并且明确了歧视的四种类型:民族、种族、性别和宗教信仰,但采用列举而非概括的规定,容易遗漏其他歧视情形,而且所列举的歧视类型过窄。《劳动促进法》明确规定了平等就业权,但对歧视仍然采取列举而非概括规定,虽然将歧视的类型扩大到残疾人、传染病病原携带者和农村劳动者,但所列举的歧视类型依然过窄;另一方面也和《劳动法》一样,没有规定相应的法律责任。

除此之外,还有两个问题:首先,公职招录的限制既有针对所有人的,也有针对部分人的。前一种限制是否合理涉及的是限制的"程度"问题;后一种限制是否合理涉及的是对人的"分类"问题。诉诸就业平等权主要解决的是第二个问题,但对第一个问题却无能为力。其次,限制的"程度"是否合理,"分类"或者"差别待遇"是否合理,都需要具体的审查基准,这也是现有的制度所不能提供的。因此,我们应该另辟蹊径,寻求一个真正解决问题的方法:这就是在宪法中明确规定公民的职业自由,并且在实践中寻求对限制公民职业自由的审查基准。在宪法中规定职业自由的必要性,前文已有论证;对于职业自由限制的审查基准,前文已介绍了德国、美国等国的司法经验,我们所要做的,是如何将这些基准运用于中国的司法实践。虽然我国尚未建立司法审查制度,但相关的理论准备还是有必要的。下面我们以具体事例探讨如何在公职招录的资格限制中运用审查基准的问题,以献芹于未来的司法实践。

(一)"自由权"审查基准的运用

公职招录的限制如果是针对所有人的,不直接涉及对人的"分类"或"差别待遇",换言之,这类限制涉及的是限制本身的"程度"问题,那么,就应适用"三阶段"这个审查基准。对限制职业自由进行审查的"三阶段"模式包括了对职业执行限制的审查和对职业选择限制的审查,对职业选择的审查又包括了对职业主观许可要件的审查与对职业选择客观许可要件的审查。

1. 案例1. 在读法律硕士状告人事部

2006年11月,1969年7月出生的四川大学在读法律硕士杨世建,因在中央、国家机关2006年考试报名申请时以超过35岁为由被拒,向北京市第二中级人民法院提起行政诉讼,状告国家人事部拒绝受理他报名参加考试的具体行政行为违法。

杨世建在校期间表现出色,发表了十几篇文章,承担过3个课题的研究工作,出版了一套经济法课件光盘,2004年高分通过司法考试,获得2004—2005年度四川大学优秀研究生一等奖。在考上川大研究生之前,杨世建有十几年的教学和教育管理经验。从2006年七八月开始,杨世建开始找工作,没想到的是,因为年龄的原因他屡屡碰壁:他想到高校去教书,但多数高校也将硕士年龄限制在35岁;他想去企业,没想到的是多数企业的行政或人事主管的年龄竟已限制在28岁以下;10月底,他报考公务员被拒。当年,杨已经37岁,还没有意向单位,他已经不知道今后该怎样生存下去。这使杨世建下决心拿起法律武器捍卫自己的权利。杨世建状告人事部,主要理由有三:一是人事部年龄设限有违《宪法》关于"公民人人平等"以及"公民有劳动的权利和义务"的规定,对他构成了就业歧视。二是有违新的专门法律规定。国务院公布的《公务员暂行条例》以及在2007年1月1日起生效的《公务员法》对于报考公务员均未设定年龄上限。而人事部设定35周岁的限制依据的是1994年出台的《国家公务员录用暂行规定》,已是过时的规章。三是人事部的规定具有导向性。现在社会上企业招聘也或多或少有年龄限制,很多招考招聘行为对年龄的限制成为很难克服的一种社会现象。①

这是一起以年龄限制公民职业自由的典型案件。根据对职业自由限制的"三阶段"审查基准,对公民年龄的限制属于限制职业选择自由的主观要件,要接受较"合理性审查"更严格的"可支持性审查"。在具体的审查中,分为三个层次:首先,从适当性原则来衡量,必须要有较个人职业选择自由更值得优先保护的"重要社会法益"时,这种年龄的限制才符合宪法要求。我们认为,公务员的年龄设置应该体现一定的社会法益,这种法益应是保证所招录的人有足够的知识、理性与社会经验,使其有能力履行国家公务职能。人这方面的能力无疑与人的年龄有一定的关系,太年轻往往不够成熟理性,年龄太大则会有种种影响工作的健康问题或其他问题。由于国家公职的履行关涉社会公共利益,因此一般说来,较之个人的职业选择自由是一个"重要社会法益"。因此,对公务员的任职年龄进行限制是有必要的。其次,再做必要性原则的衡量,也即在多数可选择的限制手段中,应选择一适当并侵害最少限制手段。为了实现履行国家公务职能这个法益,除了年龄限制之外,有没有其他可以采取的手段?为了保证公务员具备履行国家公职的能力,除了年龄之外,完全可以采取其他的考察手段以达到目的,例如各种业务能力的考试、能圆满完成工作的健康要求的考核等等,这些限制比起年龄的限制,对公民职业选择自由的侵害更小;而且,即使要限制年龄,也可以根据实际情况,将公务员的招录年龄限制在一个更科学、更合理的年龄,以使更多有志之士、有能力之人能够进入公务员队伍。难道超过了35岁,就没有能力担任公职?这显然是荒谬的。现代社会,30岁之前是学习期,30－50岁是智力贡献期,这个期间正是人生最年富力强的时期。显然,无论从哪方面来说,35岁的年龄限制对于公职录用来说,都不是一个必要的限制手段。最后,做狭义比例原则的衡量,也即利益的衡量,也就是这种限制手段的采取,尚不得过度,"令人不可以忍受"。35岁的年龄限制,既然不是保证公职履行能力的必要手段,那么其背后有没有其他特别的社会法益?一般认为,公务员招录年龄之所以规定不超过35岁,一与政策提倡有关,"干部队伍年轻化"使得这种年龄限制具有了某种"正当性";二是出于经济的考虑,认为

---

① 燕赵都市网:http://news.yzdsb.com.cn/system/2005/11/13/000550939.shtml,2012年5月10日访问。

年轻人健康状况好,服务时间会更长,较之年龄大的人在社会保险、福利方面更容易计算等等。我们认为,"干部队伍年轻化"的政策与基于经济考虑的"功利需要"都不能与公民的职业选择自由的重要性相比。不合理的年龄门槛,给人们在心理上带来了无形的压力和负担,给许多人带来了挫败、浮躁、抑郁感。职业选择自由是公民的基本权利,直接关系着公民的尊严与人格的自由发展,它绝不是一项"政策"或功利的计算所能否定的;更何况在现代社会,35岁就"老去",失去流动、选择职业的机会,将给国家带来极大的损失,而让各个阶层各个年龄的人士进入公务员队伍,更能增加它的新鲜血液和广泛的代表性。世界卫生组织(WHO)给"青年"下的定义是45岁以下,可是有一部分明明"正值青年"的人却在招聘会上屡遭冷遇。招聘单位一般都规定应聘者"年龄在35岁以下",大家似乎"英雄所见略同",之所以如此,与国家公职招录中的年龄限制是分不开的,可以说,在这方面,国家机关起到了不好的"表率"作用。"上行下效",年龄限制遂成了一条大家习以为常、见怪不怪的潜规则,默默地支配着人们的生活。在这种状况下,整个社会的心理年龄无形老化,民族的心态无形老化。因此,35岁的年龄限制,其背后所体现的"社会法益"并不足以否定个人职业选择自由,因此,这种限制是不适当的。

至此,我们可以得出结论:国家公务员职业招录中的35岁年龄限制是侵犯公民职业选择自由的违反宪法的规定,应予废除。

2. 案例2. 公务员考试第一难过政审关

兰瑞峰报考浙江省文成县的公务员,成绩第一,但因为其大舅刘化荣犯滥伐林木罪于2004年被判处有期徒刑3年,缓刑3年,兰瑞峰参加公务员招考时刘化荣还在缓刑考验期内,没有通过"政审"。2007年10月31日,兰瑞峰向文成县法院提起行政诉讼,请求确认其公务员资格。2007年11月28日,文成县法院一审判决兰败诉,依据是1996年人事部、公安部颁布的《公安机关人民警察录用办法》,其中有规定:考生有直系血亲和对本人有重大影响的旁系血亲中有被判处死刑或者正在服刑的不得报考人民警察。"在招考期间,兰瑞峰的舅舅刘化荣正在缓刑考验期内,属于正在服刑,而且刘化荣是属于对兰瑞峰有重大影响的旁系血亲。"

兰瑞峰不服上诉,2008年4月14日,温州市中级人民法院做出驳回上诉、维持原判的终审判决。温州市中级人民法院认为,报考公务员,除应当具备《公务员法》的条件外,还应具备省级以上公务员主管部门规定拟任职所要求的资格条件。所以,浙江省人事厅和浙江省公安厅制定的《浙江省公安机关人民警察录用办法》所规定录用人民警察的资格条件显然适用本案。缓刑也属于服刑,其舅舅系两代以内旁系血亲。① 这个案件在社会上激起了强烈反响。对该案件的判决,周永坤教授从实证层面上的合法性和法理层面的合理性两方面进行了分析②,其法理层面的分析尤为精当。这给人们提供了看待问题的另一个视角。我们尝试从职业自由的角度来观察此案的判决。

  对限制职业自由进行审查的"三阶段"模式包括了对职业执行限制的审查和对职业选择的主观许可要件的审查与职业选择客观许可要件的审查。所谓职业选择的"主观许可要件",包括个人的知识能力、年龄、体能上之要件,资历、国籍身份、最低道德要件,如无一定之前科纪录等。此案涉及的是原告亲属的犯罪对其职业的影响问题,属于职业申请人的属人要件中的"道德要求",因此依然是限制职业选择之主观许可要件的情形。此种主观的许可要件只有为保护"重要的公共利益而有必要"始可合理化。同样的,在具体的三个层次的审查中,我们首先从适当性原则来衡量,即对原告职业选择自由的限制是为了一个较其个人职业选择自由更值得优先保护的"重要社会法益",这个"重要社会法益"的实现,可以通过限制公民的职业选择自由而达成,两者之间有因果关系。以此来分析本案,可以看出,《公安机关人民警察录用办法》和《浙江省公安机关人民警察录用办法》中"考生有直系血亲和对本人有重大影响的旁系血亲中有被判处死刑或者正在服刑的不得报考人民警察"的规定,我们没有看到公安部门对为什么要这么规定的解释。对此,我们可以一般地判断,之所以做出这样的规定,是基于这么一个法益:维护警察队伍的纯洁性、可靠性,以更好地维护社会安全和保护人民的利益。相比较个体公民的职业选择,这不能不说是一个"重要的法益"。问题是,这个法益的实现与这样的规定之间有什么因果关系? 一个"有直系血亲和对本人有重大影响的旁系血亲中有被判处死刑或者正在服刑的"考生,一旦成为人民警察,就一定会破坏警察队伍的纯洁性、可靠性? 就无法好好履行警察的职责? 这是根本讲不通的逻辑! 而且,这样规定的背后还隐藏着一种

---

  ① 参见《公务员考试第一名难过"政审关"》,深圳新闻网:http://www.sznews.com/news/content/2008-04/28/content_2006663.htm,2011年8月8日访问。
  ② 参见:《一项违法悖理的判决》,载 http://guyan.fyfz.cn/b/583600,2010年9月19日访问。

非常落后的反人性的观念,是古代的家族株连制和腐朽的血统论在今天的投影;是产生于"革命"时代的政治审查在当代的余绪,它直接导致了威权的压迫和对个体权利的漠视、践踏。时代在前进,这样的规定根本不能适应时代发展的需要,应予废止。因此,《公安机关人民警察录用办法》和《浙江省公安机关人民警察录用办法》中的相关规定不能通过职业主观许可要件的第一层审查——"适当性原则"的衡量,自然也就不必进行第二和第三层次的审查了。

至此,我们可以得出结论,"考生有直系血亲和对本人有重大影响的旁系血亲中有被判处死刑或者正在服刑的不得报考人民警察"的规定,构成了对公民的职业选择自由的侵犯,是违法的。

公务员招录中的其他限制,如健康、学历、身体特征等,均涉及对公民选择职业的主观许可要件的限制,因此,也都应当通过三阶段的审查模式予以审查,以判断这些限制是否构成对公民职业自由的侵犯。

(二)"平等权"审查基准的运用

公职招录的限制如果是针对部分人的,就涉及"平等权"问题。"平等权"表现为对人的"分类",这时就要警惕这种分类是否涉嫌对人的"嫌疑分类"或"准嫌疑分类",即就是"一般分类",也要审查这种分类是否合理。"分类"经常与身份相连,而身份经常与特权相关。遗憾的是,当前的公职招录中涉及身份限制的很多,对公民职业自由的限制最为严重,然而却绝少进入司法程序,社会似乎也对这种限制习以为常,表现出了一种集体的无意识。

1. 案例 3. 户籍的重量

2010 年 8 月 15 日,北京市人力社保局发布《北京市各级机关 2010 年下半年考试录用公务员公告》,740 个机关公务员职位面向全市招考 1025 人,公告明确,参加考试人员范围为"具有北京市常住户口且人事行政关系在京的人员,年龄须在 18 周岁以上、35 周岁以下",并特别注明"不包括 2010 年非北京生源应届毕业生及户口档案保留在学校的非北京生源往届毕业生"。①

这是公务员招录中一个典型的地域限制的例子。有学者感叹,在任何一个现代国家,就业歧视无论表现在种族、性别或者地域上,都是不能被允

---

① 参见新华网:http://news.xinhuanet.com/edu/2010-08/16/c_12451586.htm.,2012 年 11 月 8 日访问。

许的。如果有用人单位敢实施任何一种歧视,被人告发,就会大祸临头,政府部门对歧视的敏感度更高。然而,作为首善之区的北京,公务员招考还会有这样公开的歧视。而媒体也好,报考的大学生也好,都没有人质疑这种做法涉嫌违法。而且这次公务员考试,主要面对的是"80 后"一代人,而这代人被公认是权利意识最强的一代。① 这的确令人遗憾。对职业选择的地域限制在我国公职招录中非常普遍,人们也已习以为常,甚至表现出一种集体无意识。虽然有来自学界和社会有识之士的不断质疑和批评,但这种歧视依然顽强地存在。对此,我们尝试从职业自由的角度来分析地域限制问题。

我们认为,对公民职业的地域限制,有与种族、民族等限制同样的性质。地域涉及对人的分类,而这种分类带有强烈的与生俱来的特征,从而形成人的特定"身份",有如中世纪的身份制,在一定程度上与美国的种族歧视相类似。据中国政法大学宪政研究所开展的中国十大城市就业歧视状况调查的相关数据显示,在公务员的录用考试中,对于户籍有要求的仅排在学历要求后面,列第二位,占 43%。② 户籍制度将中国社会切割开来,人为地使中国社会呈现分裂状态,使很多人的才能难以得到发挥,也引发了越来越严重的社会对立情绪。在中国,地域是对人的一种"标签式"的身份分类,这种分类已经构成"嫌疑分类"。对于这类限制职业自由的审查,我们可以借鉴美国对涉及"嫌疑分类"的平等权审查基准。

美国对职业自由这类经济自由限制的审查采取的是宽松的合理性审查基准,然而一旦对经济自由的限制涉及种族等"嫌疑分类",就会提高到最强烈的审查基准——严格审查基准。这种基准要求对公民的此类限制在适用目的上必须基于"优势或重大迫切利益";在限制的手段与目的之间有必要的关联,而且要选择能达到目的的最小限制手段。我们就以此来分析中国公职招录中的地域限制问题。首先,对公职招录的地域限制是为了实现什么"优势或重大迫切的利益呢"? 对职业选择的地域限制之所以如此顽固,是中国半个多世纪以来所实行的户籍制度与市场经济不正常结合的产物。户籍制度的存在使政策性的地域歧视成为可能,对非本地户籍人员的就业歧视则是计划经济体制的余绪,而在市场转型时期,户籍限制又成为地方政

---

① 参见张鸣:"北京公务员招考公然歧视",载 http://view.news.qq.com/a/20100911/000020.htm,2012 年 11 月 9 日访问。

② 参见蔡定剑主编:《中国就业歧视现状及反歧视对策》,中国社会科学出版社 2007 年版,第 216 页。

府提高本地人就业率、减轻社会保障负担与降低城市发展成本的功利性算计的产物。可以看出,这才是公职招录中地域限制的真正原因。而这显然无法成为一个"可以说得出口"的理由。因此,公职招录中地域限制的理由并非是基于什么"重大迫切利益",而毋宁是一种需要改变的落后的不公正的规则。通过各种限制保证合格的公职人员的选拔,这才是公职招录中真正要实现的法益。其次,对公务员职业的地域限制与要实现的真正法益即限制的真正目的之间有必要的关联么?显然,公职招录中的地域限制与保证合格公职人员的选用之间并没有合理关联。本地的人才未必一定比外地的优秀,反而是地域限制将很多优秀的人才排除到公职之外,使他们无法发挥其才华,造成人才的浪费。因此,以严格基准来审查职业的地域限制,无论是在适用目的上还是在限制目的与手段之间的关联上都无法通过审查。

因此,我们可以得出结论:该案例对公务员职业招录的地域限制构成了对公民的"嫌疑分类",是对公民职业自由的侵犯。

2. 案例 4. 法官招聘,只限男性

2011 年,辽宁抚顺市望花区法院执行局招录法官一职,主要从事执行判决及调解工作。该法院以经常外出办案为由,对此岗位限招男性,理由是要经常外出办案。

这是一起典型的职业选择性别限制的例子。性别歧视是我国公民职业限制中最为常见、最为严重的一种。中国政法大学宪政研究所曾在 2010 年 8 月发布《当前大学生就业歧视状况的调查报告》,报告显示,68.98%的用人单位对大学生求职者的性别有明确要求。该百分比超过了残疾、户籍、地域、身高长相、政治面貌、无病原携带等歧视,位居大学毕业生就业面临的歧视类型的第一位。调查报告还显示,43.27%的大学生遇到用人单位明确要求性别是男性的情况。

法院作为行使独立裁判权的司法机关,通常被认为是公正的最后一道防线,其对于法律的理解和执行,都赋予法律以真实的生命和内涵。然而遗憾的是,就是在这么一个公众对之寄予厚望的机构,在职业录用中也存在严重的歧视,性别歧视就是其中最严重的一种。中国政法大学宪政研究所发布的《2011 年国家公务员招考中的就业歧视调查报告》显示,2011 年,全国法院系统共有 939 个岗位构成性别歧视,占法院系统全部岗位的 31.2%,但像以往"仅限男生"这样的措辞很少见,取而代之的是"建议男生报考",有些职位的发布者还尝试说明倾向于男生的理由。① 然而,也许是性别歧视的根深蒂固,人们特别是女性在职业性别限制面前往往表现出一种无力感,似乎这种歧视习以为常,难以撼动。这也造成在性别歧视面前,很少有人站出来以法律武器来捍卫权利。2012 年 7 月 11 日,才有了中国首例女性提起的就业性别歧视诉讼。② 但这起诉讼的起诉对象是企业,实际中尚未发生就公务员招录中性别歧视所引发的诉讼。③ 我们认为,对职业选择的性别限制涉及对公民职业自由的侵犯。在职业选择上的性别分类构成了"准嫌疑分类"。学者认为,判断一个分类是否构成嫌疑分类(准嫌疑分类),需要考虑这种分类的稳定性、与个人能力及正当立法目的缺乏关联性,以及长期受歧视的历史、政治上弱势、社会上乏力这些较为明显的特征。④ 据此,我们认为,性别的分类有稳定性,女性历史上长期受到歧视也是不争的事实,这种歧视表现在政治生活、社会生活与家庭生活的各个领域,而且,这样的歧视与差别对待并无真正科学的依据,更多的是一种陋习。因此,职业限制上的性别分类很多情况下会构成"准嫌疑分类"。美国法上虽对职业自由的限制采取较为

---

① 参见徐丽:《学者评公务员招录歧视:不能预先限定精英范围》,载《南方周末》2011 年 12 月 2 日。

② 2012 年 6 月,曹菊这个生于 1991 年的女孩从北京的一所院校毕业,获得大专文凭。和大多数毕业生不同,她并没有太多地沉浸在离校的感伤中,反而希望尽快踏出校门,赶紧找工作,找到工作,就可以帮助在山西老家的亲人了。曹菊的父亲身体一直不好,母亲也因为在外打工过度劳累病倒了,为了支撑起这个家庭,哥哥 16 岁就辍学打工。6 月 20 日,曹菊向巨人教育集团的"行政助理"一职投递了简历,却被对方以"仅限男性"的职位要求而拒绝录用。此次遭遇,让曹菊对社会上的人才评判标准产生了怀疑。"我不知道这个社会衡量能否适应某项工作或者是否有能力的标准是什么。读大学时,我觉得想干哪一行,就按哪一行的标准努力,比如打字工作,我不懂开机不行,不懂打字不行,但怎么能把性别当作评判标准呢?"2012 年 7 月 11 日,曹菊将巨人教育集团投诉到北京市海淀区人力资源和社会保障局,同时以"平等就业权被侵害"为由向海淀区法院提起诉讼,请求法院判被告向原告赔礼道歉,并赔偿 5 万元的精神损害抚慰金。这是我国发生的首例女性提起的就业性别歧视诉讼。但海淀法院立案庭却在法定期限内未予受理该案件。参见:http://news.sohu.com/20120725/n348975418.shtml.,2012 年 12 月 5 日访问。

③ 当前对公务员招录中的性别歧视尚没有进入诉讼程序的。民间对职业性别歧视所做的最大努力就是向有关部门举报,如 2012 年 8 月 28 日,深圳市民间公益人士郭彬通过 EMS 特快专递将一封举报信寄往福建省人力资源和社会保障厅。郭彬在举报信中指出,厦门市公务员局发布的 2012 年秋季考试录用公务员招考职位表中存在严重的性别歧视,希望有关部门责令厦门市公务员局修改或者删除招考职位表中的歧视性规定。参见 http://edu.sina.com.cn/official/2012－08－29/0938353537.shtml,2012 年 12 月 8 日访问。

④ 参见李思仪:《从宪法平等权观点检视有前科者之职业选择自由限制》,台湾大学法律学院法律学系硕士论文(2007 年),第 55－62 页。

宽松的审查基准,但若这种限制涉及性别等"准嫌疑分类",就归入平等权的审查,司法实践中常以更严格的"中度审查基准"进行审查。"中度审查基准"要求这种"准嫌疑分类"必须是基于"重要的利益",而且限制手段与目的之间要有"实质关联或紧密契合之关联"。依此分析,辽宁抚顺市望花区法院执行局招录法官限男性,以"经常外出办案"将女性排除在外,这是以性别决定法官能否胜任职务的理由。对选任法官的这种性别分类显然构成"准嫌疑分类",要接受较为严格的基准审查。首先,是适用目的审查,即这种分类是否是基于"重要的利益"。该法院在招录中只限男生,其理由是"经常外出办案",这也许是出于某种"方便",却也不乏功利的考虑,如女性的特殊生理周期、怀孕产假等会耽误"工作"等。但这样的理由显然是用人单位的一种自私的算计,无法成为将性别限制正当化的"重要的利益"。法院招录性别限制的目的只能是该项工作只适合于男性或只适合于女性,这是由工作本身的性质决定的。如2011年辽宁省本溪市明山区人民法院执行局法官一职,主要从事案件执行,因需要"看押女被执行人",因此限定女性人员报考。在此种情况下,性别要求是基于岗位责任的需求,应该说这种性别限制是基于"重要的利益"。其次,限制手段与目的之间是否有"实质关联或紧密契合之关联"?显然,"经常外出办案"并非提出性别限制的充分条件,并没有证据说明女性无法经常外出办案,所以这种性别限制与限制所要达到的目的或法益——经常外出办案这个岗位责任的要求之间没有实质性的关联。

因此,我们可以得出结论:辽宁抚顺市望花区法院执行局招录法官一职的性别限制构成"准嫌疑分类",侵犯了公民的职业自由。

3. 案例 5. 司法警察,复转军人优先

2011 年,湖南湘西自治州凤凰县法院招聘司法警察一职,要求达到大专学历,但是复员军人可放宽到中专文化。对"复转军人进法院"的批评早已成为社会共识①,并且通过国家司法考试统一了审判人员的录用标准。然而,非审判人员(比如法警)是否可以优先招用复转军人呢?

对公职的限制还有一种特殊的表现形式,即对某些具有特殊"身份"的人的优惠政策。以法院系统为例,主要有两种情况:第一种情况是对服务于国家特定项目政策的人员给予的优惠,这些政策名目众多,主要针对服务农村和基层的人员的优惠政策。这个优惠政策体系颇为复杂,有的是中央政

---

① 参见贺卫方:《复转军人进法院》,载《南方周末》,1998 年 1 月 2 日。

府制定的全国性措施(比如选聘高校毕业生到农村任职),有的是地方政府施行的地域性策略(比如选调生计划)。这些政出多门、层级繁复、构成多样、人员复杂的政策体系本身即构成了巨大的暗箱,在不同场合下形成了不同的优惠方案:降分录取、特招岗位、优先录用等,由此形成的制度性歧视也是多种多样的。第二种情况是对于特定身份(经历)给予优先录用,与国家政策确定的优惠不同,其由招考单位决定,因此更具有不确定性。[1] 本案例涉及的就是第二种情况。

　　复转军人是一种"身份",法院对具备这种身份的人优惠录用,事实上对其他人的职业选择自由构成了一种基于"身份"的限制。依这种身份对求职者分类,虽不像"嫌疑分类"和"准嫌疑分类"那么严重,但这种对不同群体的"差别对待"构成了"一般分类",因此也必须接受审查。借鉴美国司法经验,对限制公民权利的"一般分类"要进行"合理性审查"。该审查基准要求分类的适用目的必须有"正当的利益",并且在限制手段与目的之间要有合理的关联。依此分析本案例。首先,法院招录中对"军人"身份的分类是基于什么样的"正当利益"?法院司法警察招录中优先考虑复转军人,多是基于完成对复转军人进行职业安置以稳定军心这个"政治任务"。因此,军人的分类实际是为了解决复转军人的就业问题。对承担审判任务以维护社会正义最后一道防线的法院来说,法官职业的专业性要求才是法官招录中最应该考虑的,这才是法院招录人才中真正的"正当的利益"所在。所以,军人的这种身份分类在此不具有"正当的利益"。其次,军人身份这种分类与法院对职业限制的"正当目的"之间是否有合理的关联?我们无意质疑复转军人本身的素质和技能,由于军人经历的特殊性,很多复转军人身上都具有某些良好的品质,如"对事业忠诚的优良传统、严守纪律的优良传统、为人民服务的优良传统"等[2],但其职业能力应当通过平等的考核、测试,才能决定是否达到录用资格,而不是通过其身份和经历而对职业能力形成判断。如果中专文化水平可以胜任司法警察工作,那么对这一职位的学历要求就应该统一为中专,而不应该对不同群体区别对待。所以,军人身份分类与法院对职业限制的"正当目的"之间并没有合理的关联。

---

[1]　参见中国政法大学宪政研究所《2011 年国家公务员招考中的就业歧视调查报告》。
[2]　参见《复转军人保持优良传统渐成主力军》,载 http://rcxfy.chinacourt.org/public/detail.php? id=2149,2013 年 2 月 11 日访问。

因此,我们可以得出结论:湖南湘西自治州凤凰县法院司法警察一职对复员军人的优惠录用,构成了"一般分类",且无法通过"合理性审查",所以属于侵犯其他公民的职业自由的行为。

有一种观点认为,对军人和服务于国家特定项目上的人员给予就业上的优惠,是对这些特殊人群的一种"补偿",因为他们之前为国家做了很多"贡献",而以前的职业生涯使他们失去了重新就业的优势,因此这种特殊"照顾"是合理的。这实际上涉及一个古老的问题——"公职保留"。迈克尔·沃尔泽曾专门分析了退伍军人的公务就业优先权问题。他分析道,老兵在公务就业中享有优先权的政策似乎被广泛接受了,尽管有一些政治上的抗议和法律上的争议。接受的范围可能和受益的范围有关:老兵来自所有阶级和社会群体。或者,可能人们普遍同意老兵事实上失去了上学或工作的机会,而与他们同龄的其他成员却大踏步向前了,因此,一项优先权政策就在同一群体中重新确立了平等,来弥补由征兵在他们当中造成的不平等。这有时甚至也理所当然地被当作对国家感激之情的合法表述。但无疑,"职位是支付这种债务的错误的流通货币"[①]。正如罗尔斯第二个正义原则的后半部分所表述的:"社会和经济的不平等应这样安排,使它们……依系于在机会公平平等的条件下职位和地位向所有人开放。"[②]公职太重要了,以至于不能被当作凯旋的战利品。所以"当为某人保留了一个职位的时候,除了本人以外,团体中的所有其他成员就成为了'外国人'"[③]。因此,对军人和服务于国家特定项目政策人员给予就业上优惠,这些政策的施行,虽然可能缓解暂时的就业压力,但会形成长久的制度性歧视,造就缺乏平等的制度暗箱。因此,可以探索采取对复转军人等这些特定身份的人员的经济补偿,根据市场原则解决就业问题,而不是采取"公职保留"这种支付债务的"错误的流通货币"。

公职招录中的户籍、性别以及其他限制,如残障、政治面貌等,均涉及对公民的"分类",是对公民贴上的某种"身份标签",无论这些差别待遇涉及"嫌疑分类"、"准嫌疑分类"还是"一般分类",均应通过相应的"严格审查"、"中度审查"和"合理性审查"予以正当化,否则,就会构成对公民职业自由的

---

① 参见[美]迈克尔·沃尔泽:《正义诸领域——为多元主义与平等一辩》,褚松燕译,译林出版社2002年版,第201页脚注。
② [美]约翰·罗尔斯:《正义论》,何怀宏等译,中国社会科学出版社1988年版,第79页。
③ [美]迈克尔·沃尔泽:《正义诸领域——为多元主义与平等一辩》,褚松燕译,译林出版社2002年版,第195页。

侵犯。

涂尔干认为,良好的社会是一个要求劳动的"有机"分工的社会,在那里,"没有任何性质的障碍可以阻止(个人)在社会框架中拥有……与他的努力相符的职位"①。将职业自由写入宪法,以宪法庄严地宣示公民的职业自由,并且以精心构建的审查模式对各种职业限制进行审查,才能有效地保护公民的职业自由。

第二节 营业自由中"双线审查模式"的尝试

一、营业自由及其限制

营业自由是广义上的职业自由的一个重要组成部分,但营业自由有其独特的含义,是一个相对独立的经济自由种类。营业自由的基本含义是,"个体有根据自己的意愿设立并经营企业或者从事合法的自由职业的自由,也有拒绝违背自己意愿设立并经营企业的自由或者拒绝从事自己不愿意的个体职业的自由"②。区分营业自由与一般意义上的职业自由,对于中国这样的转型经济国家具有特殊的意义。由于长期计划经济的思维惯性与垄断性行业利益的交融,特别是制度层面的规范缺失,实践中对企业,特别是民营企业营业自由的不合理限制情况非常突出。因此,对营业自由的限制进行审查,以保护企业的营业自由,就非常必要。循着前文公职招录中的审查路径,如果对营业自由的限制是针对所有类型企业的,则这种审查应以"自由权"审查基准展开;而如果对营业自由的限制,是针对某种类型的企业的,则此种审查就应以"平等权"审查基准进行。

---

① [法]涂尔干:《论社会分工》,转引自迈克尔·沃尔泽:《正义诸领域——为多元主义与平等一辩》,褚松燕译,译林出版社 2002 年版,第 171—172 页。

② 吴越:《经济宪法学导论》,法律出版社 2007 年版,第 141 页。

二、"自由权"审查基准的运用

如果对企业营业自由的限制,是针对所有企业的,那么此种限制应当以三阶段审查基准进行审查,依次通过适当性、必要性以及狭义比例原则的检验。如果无法通过适当性、必要性以及狭义比例原则的审查,那么此种限制就构成对营业自由的侵犯。

(一)营业自由执行阶段的限制

案例1:我国《娱乐场所管理条例》第28条规定:"每日凌晨2时至上午8时,娱乐场所不得营业。"据文化部文化市场司解释,娱乐场所,是指以营利为目的,向社会开放,消费者自娱自乐的场所。大致包括两类,一是以人际交谊为主的歌厅、舞厅、卡拉OK场所等;二是指依靠游艺器械的经营场所,如电子游戏厅、游艺厅、台球厅等。① 然而,这一营业时间的限制性规定的合理性遭到了一些从业人士的质疑。

案例2:河北一位做市政工程建设的民营企业家陈先生告诉记者,一些地方城市道路等技术门槛并不是太高的PPP(政府与社会资本合作)项目,招投标中却明确提出了不少高要求:有的要求"企业要有20年以上行业经验",有的要求"取得多项国际证书",还有的要求具有"行业顶级资质"。②

案例1与案例2涉及对企业营业自由的干预。根据"三阶段审查"方式,这些属于对营业自由执行阶段的限制,也即营业应该以何种方式、内容来进行。由于营业的执行不涉及能否"开业"的问题,因而立法者对此进行规范时,只要符合公益考量,且在合乎目的性的情况下,就享有较大的限制空间。在此,立法者可广泛考虑功利的算计,法律仅保护个人不受过分沉重与无理的侵犯。这类限制具有一般化的特点,对于从业限制并不构成重大阻碍。具体言之,这些限制应当依次通过以下原则的检验:

首先,适当性原则的检视。适当性原则在此旨在防止立法权作"不符本质"的滥用。限制营业自由的措施,只要与"公共利益"有"合乎本质与合理的衡量"即为足够。案例1中《娱乐场所管理条例》对于营业时间的限制性规定,无疑有公共利益的考量。根据文化部文化市场司的解释,此规定是参考

---

① http://news.sina.com.cn/c/2006-02-17/01558225540s.shtml.
② 参见《民企对PPP项目观望多出手少 准入门槛是阻碍之一》,载《人民日报》,2016年07月18日。

了日本和我国台湾地区对娱乐时间的规定。中国的娱乐场所是大众消费场所,不鼓励通宵达旦的娱乐。通宵达旦不但有害消费者的身心健康,而且会影响他们的工作、生活。不仅如此,在向一些娱乐场所经营者征求意见时,他们也反映两点以后消费者数量减少,开启全部设备、配备经营管理人员会导致经营成本过大,甚至是入不敷出,所以大多数经营者都支持国家规定凌晨2点钟停止营业。此外,还考虑到,凌晨2点之后属于事故多发时段,管理人员劳累,事故隐患不易发现,同时也是政府部门管理的薄弱时段。综合上述原因,国家决定在凌晨2时至早8时这一时段应当停止营业。这是维护消费者合法权益,也是保障经营者合法收益的有效规定。① 应当说,这样的限制符合公共利益的考量。案例2中一些地方城市对某些PPP项目招投标中提出一定的要求、设置一定的门槛确有其合理性,其目的在于使得企业能够提供专业、高性价比的公共产品和服务,如果没有这种限制,就无法保证项目的顺利完成。应当说,这种限制的目的符合适当性原则。

其次,必要性原则的检视。该原则要求在多数可选择的限制手段中,选择一适当并侵害最少的限制手段。为了达成《娱乐场所管理条例》对于经营者、消费者利益的维护,防止由于通宵达旦的娱乐而导致的对消费者身心健康的损害,以及防止由于管理人员过度劳累而导致的事故多发,进行营业时间的限制是必要的,而且相对来说,是对经营者的经营活动侵害最小的限制手段。而案例2中,一些地方城市在PPP项目招投标中提出的"从业经验"、"行业资质"等要求,属于对参与项目的企业的专业性考察,符合行业内的一般性做法,对于确保合格企业的选拔、保证项目的质量是必要的。

再次,狭义比例原则的检视。即对营业自由的限制的手段的采取,尚不得过度,"令人不可以忍受"。案例1的限制性规定参考了其他国家和地区对娱乐时间的规定,符合世界上多数国家的做法;而且正常的经营时间,已足以带给这些企业合理的利润,况且两点以后企业经营成本过大,甚至是入不敷出。所以,这种限制符合狭义比例原则。案例2中一些地方对某些PPP项目招投标中的门槛设置严苛,如行业经验要"20年以上"、"取得多项国际证书"、"行业顶级资质"等限制明显过高。"市政特级企业"全国也没多少家,而20年以上的行业经验,又将不少设立不久的企业尤其是民营企业排除在外。不少民企负责人吐槽,一些PPP项目招投标设置的各种壁垒和门槛,

---

① http://news.sina.com.cn/c/2006-02-17/01558225540s.shtml.

让企业没得投。"明明技术门槛不高,可招标的框框却不少,一些 PPP 项目成了'萝卜招标'……"①不必要的规模、资质等限制构成了一道道"隐形门",将一些注重企业建设运营能力、专业能力突出、竞争性强但不符合这些条件的企业,特别是民营企业排除在外。

由以上分析可知,案例1对营业自由的限制,通过了适当性、必要性与狭义比例原则的检验,因此属于合理的限制,而案例2对营业自由的限制,无法通过狭义比例原则的检验,因此属于不正当的限制。

（二）营业自由选择主观许可要件的限制

案例3:《村镇银行管理暂行规定》第二十五条规定:"村镇银行最大股东或唯一股东必须是银行业金融机构。最大银行业金融机构股东持股比例不得低于村镇银行股本总额的20%,单个自然人股东及关联方持股比例不得超过村镇银行股本总额的10%,单一非银行金融机构或单一非金融机构企业法人及其关联方持股比例不得超过村镇银行股本总额的10%。"②

银监会于2006年着手开展新型农村金融机构试点工作,自此,村镇银行模式已成为我国未来农村金融改革的重要取向。然而,银行机构做主发起人的限制性规定,严重阻碍了村镇银行的建立。显然,这种对营业自由的限制属于对营业自由选择主观许可要件的限制。营业自由选择的主观许可要件,系指自然人或法人在营业选择时所应具备的属人要件,此种主观的许可要件只有为保护"特别重要的公共利益而有必要"始可合理化。不同于对营业自由执行阶段限制的明显性审查,对营业选择的主观许可要件的限制,须通过更为严格的可支持性审查。

首先,适当性原则的检视。限制营业选择自由的主观要件,须有较个人自由更值得优先保护的"重要社会法益"存在时,这种职业的"主观许可要件"的规定才符合宪法要求。银监会坚持村镇银行的主发起人、最大股东必须是符合条件的银行业金融机构,主要基于以下考虑:一是为了保护存款人利益,需要通过引进银行机构做主发起人或最大股东,以确保经营存贷款的村镇银行能有效防范金融风险,保障储户利益,防止重蹈20世纪90年代农村基金会的覆辙。二是为了确保村镇银行的可持续发展,需要利用银行业

---

① 参见《民企对 PPP 项目观望多出手少 准入门槛是阻碍之一》,《人民日报》,2016年07月18日。
② 根据《中国银监会关于鼓励和引导民间资本进入银行业的实施意见》(银监发[2012])第27号第一项第四款的规定,村镇银行主发起行的最低持股比例由20%降低为15%。

运营和管理的经验、技术及网络优势,使村镇银行从创立起就具有良好的发展基础,以保证其服务质量和水平。可见,从保障村镇银行开办后安全运营的角度看,银监会的规定不无道理。① 村镇银行严格的发起人制度对于维护村镇金融市场稳定、加强对村镇银行的监管起到了积极的作用,因此,可视之为"重要的社会法益"。然而从银监会按照"低门槛、严监管;先试点、后推开"的原则以"先解决金融服务空白问题"的村镇银行设立目的来看,坚持银行机构做主发起人的规定限制了其他市场主体的进入,严重制约了村镇银行的建立和发展。而后者又何尝不是"重要的社会法益"? 两相比较,发展村镇银行以解决农村金融服务空白,实现村镇银行服务"三农"的设立目标,无疑是《村镇银行管理暂行规定》首先要达成的目的,而严格的发起人制度则无疑侵害了这个目的。退一步,就算严格的发起人制度符合维护村镇金融市场稳定和便于监管这个公共利益,但这种手段对达成该公益是必要的和符合比例原则的么?

其次,必要性原则的检视。为了保护存款人利益,确保村镇银行的可持续发展这个目的的实现,并非一定要以最大股东或唯一股东为银行业金融机构才能实现,而是可以通过合理的制度设计和严格的法律监管来实现。例如放宽主发起人制度,扩大主发起人范围,使多种资本形式加入村镇银行的设立过程中来;在保留银行业金融机构作为主发起人的基础上,探索双主发起人制度,将小额贷款公司、民间资本以及非银行业金融机构列为"唯二"的主发起人;增加主发起人以外的其他发起人资本投入,创造多元的股本构成等。② 反之,严格的主发起人制度和苛刻的主发起人条件使得村镇银行的发起人过于单一,从而导致主发起行持股比例过高,进而形成主发起行对村镇银行的全面掌控,丧失独立性而沦为主发起行的分支机构。村镇银行的股份中民间资本比重太低,也会从侧面对上述现象造成影响。主发起行"一股独大"不利于实现村镇银行服务"三农"的设立目标,且会为村镇银行带来主发起行的"沉疴旧疾",既不利于村镇银行长远发展,又侵害了客户的利益。村镇银行的人才缺口是其面临的一大难题,富有经验又熟悉当地情况的管理人才更是难得,绝大多数村镇银行的管理人员都是由主发起行任命

---

① 参见崔淑卿、李晓春:《我国村镇银行建设进展缓慢的原因及对策》,载《经济纵横》,2010年第3期。

② 参见白倩云:《我国村镇银行主发起人法律制度研究》,河北经贸大学硕士论文,2016年3月,第26页。

调派的,虽然能够减缓人才缺口的压力,但同时会带来一些历史遗留问题。这正反映了村镇银行照搬主发起行治理模式和风险控制体系等不适于村镇银行的制度,所带来的在治理结构及内部控制上的缺陷。① 因此,以最大股东或唯一股东必须为银行业金融机构来限制村镇银行的设立,并非必要的和侵害最少的限制手段,因此,无法通过必要性原则的检验。依照"三阶段"的审查原则,如果对职业自由的某项限制无法通过必要性原则的审查,就不必再进行下一阶段的审查。但为了进一步解释该审查原则,不妨继续进行下一个阶段的审查。

再次,狭义比例原则的检视。村镇银行严格的发起人制度不符合我国农村金融市场的需要,也使得民间资本进入村镇银行的难度加大,到了"令人不可以忍受"的地步。村镇银行为农村金融开辟了一条新的发展道路,多数民间资本都对村镇银行的创建持乐观态度,村镇银行可以有效吸收社会上的闲置民间资本,并将吸收到的民间资本用于农村金融体系的建设。目前,我国尚未有允许小额贷款公司吸收存款的相关规定,小额贷款公司的资金来源与投资渠道仍然受到限制,因此,多数小额贷款公司希望通过投资来转制成村镇银行。然而到目前为止,我国法律仍未放开对小额贷款公司转制村镇银行的限制。另一方面,在我国现行村镇银行主发起人制度下,小额贷款公司转制为村镇银行后,其控股权势必要让与作为主发起人的银行业金融机构,可以说在另一种意义上使得小额贷款公司多年的苦心经营付之东流,这也不是小额贷款公司希望的结果。现阶段,金融机构改革在各地逐渐展开,各地区都被下达了成立村镇银行的硬性指标,但村镇银行的发起并非纸上谈兵,各地发展情况不同,资源稀缺性不同,经济落后地区心有余而力不足,这时,民间资本可以作为经济不发达地区村镇银行的发起力量。很多小额贷款公司、民间资本都愿意投资村镇银行,但如果作为村镇银行发起主力的大型商业银行对此却之不恭,民间资本就很难在发起村镇银行的过程中起到应有的作用。②

由以上分析可知,案例3对营业选择自由的主观许可要件的限制,无法通过适当性、必要性与狭义比例原则的检验,因此属于不合法的限制,应予

---

① 参见白倩云:《我国村镇银行主发起人法律制度研究》,河北经贸大学硕士论文,2016年3月,第11页。

② 参见白倩云:《我国村镇银行主发起人法律制度研究》,河北经贸大学硕士论文,2016年3月,第14页。

以废除。

(三) 营业选择自由客观许可要件的限制

案例4：2001年全国人大常委会修订的《药品管理法》第14条第3款规定："药品监督管理部门批准开办药品经营企业，除依据本法第15条规定的条件外，还应当遵循合理布局和方便群众购药的原则。"实践中，一些大中型城市药品监管部门以规范性文件的形式，将《药品管理法》第14条第3款中"合理布局"的概念转化成了对零售药店的间距限制。例如《北京市药品零售企业监督管理暂行规定》第9条第1款规定："药品零售企业之间应有350米的可行进距离(历史形成或药品监督管理部门另有规定的除外)，繁华商业区内可不受间隔距离限制。"《上海市药品零售企业开办、变更暂行规定》第4条第2款规定"药品零售企业原则上按本市常住人口7000人至10000人配置1个。新开办的药品零售企业，按照店与店之间相距不小于300米设置"。350米、300米、50米，如此参差不等的数据，据说是力图克服零售企业之间的无序竞争，遏制"药店多过米铺"的现象。但这类规定也受到了相关企业的质疑，他们认为药品监督管理部门应该关注的是药品的安全有效，而零售企业的间距、营业面积、供应能力等因素，则应是由市场来调整的事情。药品经营许可审查基准可以对许可条件作进一步的规定，但这是否意味着可以将"合理布局"和"方便群众购药"原则转化为350米、300米等参差不等的药店距离？

案例4对营业自由的限制，涉及对营业选择自由客观要件的限制。"营业活动中通常蕴含人、事、物之要素，凡对此等营业活动之要素设定条件者，原则上均应构成对营业选择自由之客观容许性限制。其中尤其以营业处所之地域限定或建筑物条件所加之限制，均将使得不符该等规定者，根本地无法从事某一行业。"[1]该要件系指个人对该要件之成就完全没有影响力的要件，这类情形存在着不当立法动机的危险。一般而言，只有为了"保护极为重要的公共利益，防止现实的和极为可能的重大风险而又必要"的时候，才能合法化对营业自由选择客观要件之侵害。同样，我们以适当性原则、必要性原则以及狭义比例原则来审查此种限制，而且，这种审查不同于前述的明显性审查和可支持性审查，而是更为严格的强烈的内容审查。

首先，适当性原则的检视。对营业自由选择设定的"客观许可要件"的

---

[1] 蔡宗珍：《营业自由之保障及其限制》，载《台大法学论丛》第三十五卷第三期。

规定,须是为了防止明显而高度的危险,并保障符合宪法基本决定的"极重要的社会法益"时才能合理化。在该药店距离限制问题上,审视《药品管理法》的立法宗旨,应在于加强药品监督管理,保证药品质量,保障人体用药安全,维护人民身体健康和用药的合法权益。《药品管理法》第 14 条、第 15 条规定的药品经营许可,也是从确保药品安全有效角度设定的。换言之,药品规制的目的,在于确保药品安全有效,降低健康风险,而医药产业规模、结构等经济性因素并非其考虑因素。

《药品管理法》第 15 条规定的"合理布局"和"方便群众购药"原则,据称是根据世界卫生组织(WHO)关于人人享有初级卫生保健,以及我国政府的承诺,消费者在步行 15 分钟以内的距离可以获得药品而设定的。但这可以用以作为"方便群众购药"的正当化根据,用以解释"合理布局"却失之牵强。"合理布局"其实更重视的是防止药品经营企业的"低水平重复和无序竞争",保障经营者的效益,而对确保药品安全有效并无太多助益。在我国,药店的"合理布局"演化成了各级药品监督管理部门对药店之间的"可行进距离"的量化规定。应当承认,药店距离限制规定一定程度上减少了新药店的进入,有助于实现"合理布局"的目标,但并不能因此就能保证药品安全。"合理布局"背后体现的是药品监督管理部门一种别样的规制哲学,即不仅关注药品监督的安全有效,还关注医药市场的结构,试图通过行政手段来减少市场的重复竞争。药监部门这么做是以行政的手段干预了经营者的营业自由,减少了消费者对药店的选择可能。

其次,必要性原则的检视。这就要求在可选择的限制手段中,选择一适当并侵害最少的限制手段。这着重于行政规制手段的比较与选择上,要求所选择的规制手段和规制目标相匹配。在中国的很多城市,药店开设距离的限制,成为药品经营企业许可的条件之一。对药店距离加以限制的前提假设是如下的链条:在不存在药店距离限制的区域,药店会变得过于集中,从而导致从业者之间的过度竞争,从而发生经营不稳定、设施不完备的现象,因此无法确保药品供应的质量。[①] 但这种推理更多是一种想象。绝大多数药店的经营者从营利角度出发,都会将选址视为一个非常重要的事项,去咨询专业人士、分析市场、调研商机。因此担心药店的过度竞争,往往是不必要的。其实,从确保药品安全的角度出发,完全可以放宽对药品经营企业

---

① 焦洪昌、李树忠主编:《宪法教学案例》,中国政法大学出版社 1999 年版,第 214 页。

入口的规制,转而将规制重心放在对药品经营企业成立后的日常性、动态性规制,对其经营活动进行监督检查,要求企业遵守药品经营质量管理规范,披露信息,并倡导发挥行业协会的自律性规制功能,这或许能对药品经营企业的营业自由以更大限度的尊重,更好地规范和促进药品企业之间的竞争。

再次,狭义比例原则的检视。该原则旨在考察所采取的手段,会不会对营业自由有过度的限制。我国对药店的距离限制,更多情况下变成了药品经营企业进入和竞争的壁垒。实际上药店的开张和关闭,在中国的医药市场上每天都在发生。而药店距离的限制,使得某些在供应品种、服务质量、经营效益等方面不能满足当地群众需求的药店仍在营业,而具有更先进经营谋略、供货渠道、管理水平的药店,却因距离的原因而无法进入药品市场展开充分竞争。对于京、沪等大城市而言,由于已有药店较为均匀地分布在黄金地段,加之黄金地段的租金非常之高,加上 300 或 350 米的药店间距限制,从而加大了经营者选址的成本,使其选址变得非常困难。[①] 就如同一些业内人士认为的,药店的距离限制,就会形成一种不正常的现象,在一些地段好的地方,早已有一些经营规模小、经营管理水平低的药店在经营,占据了有利的商业位置,而一些后来的有竞争力的药品零售企业无法在其附近开店,只好选择离有利位置较远、商业价值差的地点经营。结果是,小而差的药店在服务大量的顾客,大而优的品牌药店只能服务于少量顾客。[②] 这无疑妨碍了社会资源的最优化配置,使群众的利益受损,得益的是少数的现有药店经营者,这将在很大程度上限制自由竞争,是保护那些执行高价策略或是管理不善或是实力不强,但已先期开办了的药店,不符合市场经济的要求。

由以上分析可知,案例 4 对营业选择的客观许可要件的限制,无法通过适当性、必要性与狭义比例原则等任何一个原则的严格审查,因此属于不合法的限制,应当予以取消。

三、"平等权"审查基准的运用

如果对企业营业自由的限制,是针对某类企业的,那么对此种限制的审

[①] 宋华琳:《营业自由及其限制——以药店距离限制事件为楔子》,《华东政法大学学报》2008年第 2 期。

[②] http://www.hn.chinanews.com/news/szws/2008/0702/1242.html.

查,就应当启用平等权审查基准,以"嫌疑分类"或"准嫌疑分类"的视角来检视。美国对营业自由等涉及经济自由的限制,往往采取的是宽松的合理性审查基准(rational basis review standard),然而对经济自由的限制涉及"嫌疑分类"(suspect class)或"准嫌疑分类"(quasi-suspect class),就会提升到中度审查标准(intermediate scrutiny test)甚至严格审查基准(strict scrutiny test)。这种基准要求对"人"(包括法人)的经济自由的限制在适用目的上必须基于"重大、迫切的利益"或"重要的利益",而在手段与目的之间有"必要的关联"或"实质关联",且要选择能达到目的的最小限制手段。

(一)涉及"嫌疑分类"的严格审查

案例 5:日林集团拥有企业员工 3.5 万人,是一家集勘察设计、建筑施工、建材生产、森林资源开发、海外投资、国际贸易为一体的多元化民营企业,是中国建筑装饰百强企业。据日林集团王董事长介绍,企业近年来发展较快,目前需要在丹东临港工业区建设 22 万伏变电站,但是必须由国家电网来建,可是国家电网迟迟不将这一项目列入建设规划;企业自己想出钱建设,国家电网又坚决不允许,造成企业供电不足,机器时转时停,严重影响生产。在离辽宁禾丰牧业股份有限公司生产园区不远处,抬眼可见一座巨大的热力冷却塔。虽近在咫尺,但蒸汽问题一直困扰着这家以饲料生产为主的农牧企业。公司副总裁告诉督查组,园区蒸汽由一家市政热力公司负责,价格大致为 200 元/吨,企业每年购置蒸汽费用约为 1000 万元。这几年,煤炭价格不断下降,蒸汽价格却没有任何下降或优惠。如果企业自己生产蒸汽,成本价也就 100 元/吨。期待能够打破这种价格和供给垄断。这两个企业的负责人建议,国家在发展战略上应鼓励有社会责任感、有实力的民营企业进入一些重要领域,以避免由于行业垄断造成巨大浪费;铁路、交通、电力等领域也应尽快打破国有资本垄断,让这些领域形成充分市场竞争,从而大幅度降低建设成本,提高运营效率和效益。①

这个案例涉及民营企业在市场准入(market access)方面相对于国有企业的不同待遇。民营企业成为一种"身份"标签,决定了其在市场中的劣势地位,这不但与市场经济所要求的市场主体地位平等的原则相悖,而且侵犯了民营企业的营业自由。对于这种基于身份的差别待遇,应当以平等权的视角来予以检视。

---

① 参见《多领域准入门槛过高 民企吐槽"难获平等市场地位"》,《经济参考报》,2016 年 8 月 2 日。

由于中国特定的历史发展等方面的原因,民营企业的"民营"身份,同自然人的"种族"一样,带有强烈的与生俱来且无法改变的特征,这种身份使其饱受市场准入方面的歧视,却缺乏寻求政治救济以及法律救济的能力。因此,此处对企业"民营"身份的分类构成了一种"嫌疑分类",应以平等权审查基准来审查这些限制民营企业市场准入的规定是否正当,也即这种对民营企业市场准入的限制,是否基于"重大、迫切的利益",而在手段与目的之间是否有"必要的关联"且为达到目的的最小限制手段。

首先,对民营企业市场准入的限制是为了实现什么"重大、迫切的利益"呢?市场准入制度是指政府准许自然人、法人进入市场从事经营活动的法定条件和程序的总称。① 市场准入制度有法哲学和法经济学上的基础。社会本位原则的确立,使政府从"守夜人"的角色中走出来,以对经济的积极干预来克服市场自发调节的不足所导致的"市场失灵",市场准入成为国家干预的主要内容而正式成为法律制度。市场准入制度设计的初衷是通过对经营者自由权利的必要限制来保证经济秩序和经济效率的实现,而且,对经济效率与经济秩序的追求也最终能够实现经济自由。② 如果缺乏对市场主体的必要准入限制,市场经济所固有的盲目性和滞后性等缺陷将被放大,极易导致市场竞争的无序和市场资源的错配,从而降低经济效率,损害正常的市场竞争机制。所以,对企业,包括民营企业进行市场准入方面的限制是必要的,保证经济秩序和经济效率的实现可以构成进行这种限制的"重大、迫切的利益"。

其次,对民营企业市场准入方面的这些限制与所要实现的目的之间有"必要的关联"吗?为了保证经济秩序和经济效率这个重大法益的实现,必须对企业的市场准入进行限制,但如果这种限制仅仅是或者主要是针对民营企业,那么这种歧视性限制与保证经济秩序和经济效率的实现这个目的之间,显然缺乏必要的关联。作为市场经济价值理念的公平,包括程序的公平、主体地位的平等和主体间的等价交换。就市场准入法律制度而言,为了效率或安全的需要,存在对某些主体进入特定市场进行准入控制的必要;但同时,市场准入制度也追求公平竞争的实现,这也是制度安排中不能忽视的

---

① 李昌麒:《经济法》,法律出版社 2007 年版,第 189 页。
② 李翙楠:《我国市场准入制度中的所有制歧视分析》,载《当代财经》,2016 年第 4 期。

一个重要价值追求。① 市场准入是市场经济制度体系中的组成部分,是政府调控经济的重要手段。由于准入是对市场自由的干预,所以市场准入制度必须建立在合理、公平的基础之上。市场准入制度存在的合理性与必要性并不意味着市场准入制度可以完全无视市场主体对自由的诉求,可以任意地限制市场主体的活动空间。② 在市场准入限制与营业自由相冲突时,市场准入制度的构建必然需要追求价值冲突的弥合,即一种"度"的控制。

因此,市场准入制度的构建,应当依据质量技术标准以及必要的规模等指标,而不应该以"身份"标准来设定。这是市场主体开展公平竞争的基础。在公平原则的指引下,监管机构应保持中立,既包括实质的利益无涉,也包括形式公正。就实质方面而言,政府必须废除不必要的行政垄断,成为独立的市场宏观监管者,排除当前广泛存在的歧视性规则。就实质方面而言,要求政府做到程序公开和信息公开,行政裁决程序应当司法化,保障执法主体能够以中立和没有偏私的方式实施法律。③

2013年11月12日中国共产党第十八届中央委员会第三次全体会议通过的《中共中央关于全面深化改革若干重大问题的决定》指出:"建设统一开放、竞争有序的市场体系,是使市场在资源配置中起决定性作用的基础。必须加快形成企业自主经营、公平竞争,消费者自由选择、自主消费,商品和要素自由流动、平等交换的现代市场体系,着力清除市场壁垒,提高资源配置效率和公平性。"而"建立公平开放透明的市场规则。实行统一的市场准入制度"是其中的关键内容。然而,由于历史发展与行业垄断利益等诸多方面的原因,民营企业在市场准入制度中遭受了诸多显性或隐性的歧视。这其中,包括立法层面的所有制歧视,即部分法律政策仅允许国有企业进入特定市场;也包括执法层面的所有制歧视,即管制机构在实施法律过程中的"滥权"与"越权"行为。④

案例5中所反映出来的对民营企业在变电站与蒸汽生产等方面的准入限制,无疑是基于所有制的差别待遇,是维护行业垄断利益的不正当限制。这种限制,违背了市场主体平等的原则,在限制手段与目的之间缺乏"必要

---

① 廖志雄:《市场准入法律制度研究》,载《经济法学评论》(第四卷),中国法制出版社2004年版,第260页。
② 吴弘:《市场准入制度的理论基础》,载《经济法研究》,2008年第4期。
③ 贾晓燕、封延会:《市场准入——澄清、流变和制度构建》,载《河北法学》,2009年第7期。
④ 李翃楠:《我国市场准入制度中的所有制歧视分析》,载《当代财经》,2016年第4期。

的关联",侵犯了民营企业的营业自由,严重地阻碍了民营经济的发展。①

(二)涉及"准嫌疑分类"的中度审查

案例6:地方保护主义成了阻碍民间资本进入PPP(public private partnership)项目的重要壁垒。"最典型的就是为获得当地PPP项目投标资格,外地企业须办理一系列繁杂的备案手续,或者要与本地企业合作才能参与竞标。"一位参与了多次地方PPP项目招投标的民营企业家告诉记者,备案手续往往要盖十几个部门的公章,增加成本不说,等手续办完了,竞标时间往往也过了。"更夸张的是,在一些项目招标中,备案手续只有拿到招标文件后才能办理,而且要求更为严苛,经常包括与项目本身无直接关系但外地企业又较难在短时间内实现的指标,例如要求在当地的办公室面积必须超过多少平方米等。"该企业家告诉记者,由于地方保护主义,许多PPP项目在没有充分竞争的情况下"花落本地"。

这个案例涉及"外地"企业在市场准入方面相对于"本地"企业的不同待遇。"外地"在这里成为一种"身份"标签,决定了其在本地市场中的劣势地位。这同样有悖市场主体地位平等原则,侵犯了外地企业的营业自由。对于这种基于"身份"的差别待遇,同样应当以平等权的视角来予以检视。企业的"外地"身份,同样带有与生俱来且难以改变的特征,这种身份使其在市场准入方面遭到与本地企业不同的待遇,饱受各种地域歧视,却缺乏寻求法律救济的能力。因此,此处对企业"外地"身份的分类构成了一种"准嫌疑分类",应以平等权审查基准来审查这些限制外地企业市场准入的规定是否正当,也即这种对外地企业市场准入的限制,是否基于"重要的利益",而在手段与目的之间有"实质性关联"?具体审查程序可参照前文,兹不赘述。

---

① 中国民间投资在2016年出现骤然反转,民间投资增速相较2015年甚至"腰斩",引发中央高度重视。2016年5月4日国务院常务会议决定,国务院派出9个督查组分赴18个省、区、市开展督查,包括北京、河北、山西、辽宁、吉林、黑龙江、江苏、浙江、福建、江西、湖北、湖南、广东、重庆、四川、陕西、青海、新疆等。督查结果初现,5月28日,中国政府网刊登《促进民间投资健康发展专项督查述评(之一)》,述评表示,市场准入不公现象严重,很多项目对民企"没门",不少地方政府"不带民营企业玩"。很多项目国有企业"吃肉",民营资本只能"喝点汤"。参见《民间投资督查:歧视严重 "民企只能喝点汤"》,载《凤凰财经》,2016年5月29日。

本章小结

　　中国当前的职业限制问题严重,公职招录以及对营业自由的限制尤其如此。因此,如何解决公职招录中的歧视和对营业自由的不合理干涉就成为一个迫切需要解决的问题,这其中一个关键环节就是要寻求对职业限制进行审查的具体而精微的模式。"三阶段审查模式"契合针对所有人(企业)的职业(营业)限制;但如果限制涉及对人(企业)的"分类","平等权"的审查基准就有了用武之地。在当今中国宪法上职业自由的规定阙如、违宪审查制度缺失的情况下,这种"双线审查模式"的运用难逃沙盘演练之讥,但建构职业自由限制的审查框架的尝试,却并非没有意义。

结　语

> 正义，法律最美的结局。
> ——法谚

　　职业是人生存的根本，是人参与社会以发现自我、成就自我的渠道，是与他人发生联系，在社会之网中织成自己人生坐标的路径，是奠定个人尊严、实现人格自由发展的基础性条件。所以，黑格尔才会说："人无工作，一如无物。"自由是人的本质性规定，要求自由乃是人类根深蒂固的一种欲望，整个法律和正义的哲学就是以自由观念为核心而建构起来的。因此康德才会宣称，自由乃是"每个人据其人性所拥有的一项唯一的和原始的权利"。职业自由是个体依法选择职业、执行职业和结束职业的自由，是个人生存的保障，与个人尊严和人格发展紧密相关；职业自由还是社会经济发展的源泉，对宪政秩序的存续有着基础性的意义。正是职业自由所具有的独特而重要的价值，使其为世界上大多数国家的宪法所明文规定。

　　计划经济时期，"城乡二元"的户籍制度分割了中国社会，"包分配"式的国家计划用工和私有经济的根绝，如同"普罗克汝忒斯之床"，将劳动者"加工"成一颗颗整齐划一的"螺丝钉"，嵌在巨大的国家机器之中。在那个农村老太太因为卖自家几个鸡蛋都被当作"资本主义尾巴"而割掉的年代，人们不但事实上失去了自由选择职业的可能，甚至职业自由的讨论也成了理论上的"禁区"。改革开放以后，随着商品经济的发展和市场经济体制的确立，中国经济重新焕发了青春与活力，但由于历史的惯性与制度的缺失，嫁接在过去观念与制度根基上的劳动力市场，很快展现出暮气深重的一面，而过去计划经济下的一些缺陷反而在市场的背景下被加倍放大。这从职业市场中各种基于户籍、性别、健康以及社会身份等原因而对公民施加的严重限制可知，也可从国家对企业的经营许可与营业自由的随意与不合理干预中深切体会到。职业自由所具有的人权保障价值，使其不能被劳动权等其他基本权利所通约，这就使职业自由入宪有了价值上的正当性。职业自由入宪，以宪法庄重地宣示职业自由这个基本权利，才能实现对人民职业自由的根本保障。这正是本著写作的意义所在。

职业的概念在本质上有"针对未来"的性质，因此应坚持职业概念的开放性；职业自由是针对国家的防御权，所以应警惕对职业自由概念的各种"积极"意义的诠释，这有将职业自由消解于其他基本权利中的危险。职业自由与宪法上的劳动权是两个相互联系但本质上完全不同的概念，而且在中国特殊的语境下，劳动权更是展现出强烈的意识形态特点。这使得在劳动权被不断高扬的同时，职业自由却成为被批判、被否定的对象。改革开放后，随着市场经济的发展，劳动力资源的自由流动成为必然，然而职业自由这个基本权利的缺位使国人的职业选择受到极大的限制。在这样的背景下，很多学者试图通过对劳动权的重新阐释，使职业自由进入劳动权的含义之中，从而获得宪法的保护。这个出发点无疑是善意的，但却有着路径选择的错误。由于劳动权与职业自由本质上的不同，这样的努力不但成效有限，而且存在危险。循此路径，职业自由就容易迷失在劳动权巨大的身影里，甚至会以"积极自由"的面孔出现，结果自由很容易被"强制"附体，并进而与融入中国传统"仁政"观念的法律父爱主义结合，成为限制甚至消解职业自由的观念与制度性因素。以自由的名义限制，以前进的形式倒退，历史总是如此相似！这是我们应该特别警惕、也是本著极力想表述的。

由于自由的非绝对性与作为经济自由的特殊可限制性，职业自由也无疑是可限制的。然而，不当的限制会损害职业自由，因此，对这些限制本身应该进行限制，也即这种限制必须有目的上的正当性，并且要接受形式上和实质上的检验。在此，对公共利益的理解与把握以及法律保留原则、比例原则与非歧视原则的运用就非常重要。为了防止对职业自由的过度限制，以致于侵害职业自由的核心，就应当为职业自由的保护筑起一道"防火墙"，这就有赖于建立一个具体可行的审查模式。当前，德国、美国和日本等国家已经在司法实践的基础上建立起了各自针对职业自由限制的审查基准，特别是德国的"三阶段审查模式"和美国的类型化审查模式，彰显了人权保护的核心价值，对于未来中国相关制度的建设与司法实践有着重要的借鉴意义。

如今，中国已将"人格尊严"庄严地写入宪法。因此在未来中国对职业自由限制的审查上可以导入"人格权核心接近"理论，将德国和美国审查模式的优点结合起来，构建起中国限制职业自由的审查模式。我们可以设想构建出以人格尊严("人格权核心接近")为统一法理基础的"双线审查模式",即自由权与平等权的分开审查模式,如果限制职业自由没有涉及主体的分类,而是对所有人的限制,那么就以自由权的审查模式展开,适用"三阶段模式"来具体审查;如果限制职业自由涉及对部分人的限制,特别是涉及嫌疑分类或准嫌疑分类,就应结合平等权的审查模式进行审查。这样一个"理想"的审查模式究竟有多少合理性,还有待于理论上的进一步论证与实践中的不断检验。本著以当前中国职业限制中最为严重的公职招录和对企业特别是民营企业营业自由的不合理限制为例,运用所构建的这种"双线审查模式"对公职招录与企业营业自由中的各种限制进行审查,就是这样的一个尝试。

当前,我国理论界对职业自由鲜有探索,这与职业自由重大的宪政价值很不相符,也无法贡献于亟待解决的诸多社会难题。本著不避浅陋,对职业自由及其限制的相关理论作了初步探讨,以作芹献,俾能补益于中国的法治建设,则此愿足矣!

参考文献

一、中文著作

1. 周永坤:《法理学》,法律出版社 2010 年版。
2. 杨海坤:《宪法学基本论》,中国人事出版社 2002 年版。
3. 胡玉鸿:《"个人"的法哲学叙述》,山东人民出版社 2008 年版。
4. 胡适:《容忍与自由》,法律出版社 2011 年版。
5. 应奇、刘训练:《第三种自由》,东方出版社 2006 年版。
6. 秦晖:《实践自由》,浙江人民出版社 2004 年版。
7. 张文显:《二十世纪西方法哲学思潮研究》,法律出版社 2006 年版。
8. 李强:《自由主义》,中国社会科学出版社 1998 年版。
9. 王世杰、钱端升:《比较宪法》,商务印书馆 1999 年版。
10. 吴经熊:《法律哲学研究》清华大学出版社 2005 年版。
11. 夏勇:《中国民权哲学》,三联书店 2004 年版。
12. 张志伟:《西方哲学十五讲》,北京大学出版社 2004 年版。
13. 王怡:《宪政主义:观念与制度的转捩》,山东人民出版社 2006 年版。
14. 邱小平:《法律的平等保护——美国宪法第十四修正案第一款研究》,北京大学出版社 2005 年版。
15. 莫纪宏:《实践中的宪法学原理》,中国人民大学出版社 2007 年版。
16. 韩大元:《宪法学》,高等教育出版社 2006 年版。
17. 许崇德:《宪法》,中国人民大学出版社 1999 年版。
18. 许崇德:《中华人民共和国宪法史》(上卷),福建人民出版社 2003 年版。
19. 李步云主编:《宪法比较研究》,法律出版社 1998 年版。
20. 蔡定剑主编:《中国就业歧视现状及反歧视对策》,中国社会科学出版社 2007 年版。

21. 张千帆:《西方宪政体系》(下册·欧洲宪法),中国政法大学出版社 2005 年版。

22. 刘放桐编著:《现代西方哲学》,人民出版社 1981 年版。

23. 王海明:《新伦理学》(上册),商务印书馆 2008 年版。

24. 刘海年、素步云:《中国人权百科全书》,中国百科全书出版社 1998 年版。

25. 吴越:《经济宪法学导论》,法律出版社 2007 年版。

26. 薛波、潘汉典:《元照英美法词典》,法律出版社 2003 年版。

27. 张翔:《基本权利的规范建构》,高等教育出版社 2008 年版。

28. 高景芳:《职业自由论——一个宪法学的视角》,法律出版社 2012 年版。

29. 郭春镇:《法律父爱主义及其对基本权利的限制》,法律出版社 2010 年版。

30. 王全兴:《劳动法》,法律出版社 2008 年版。

31. 关怀主编:《劳动法学》,群众出版社 1985 年版。

32. 魏定仁、甘超英、付思明编:《宪法学》,北京大学出版社 2001 年版。

33. 曾庆敏主编:《法学大辞典》,上海辞书出版社 1998 年版。

34. 董保华:《劳动法论》,世界图书出版公司 1999 年版。

35. 冯彦君:《劳动法学》,吉林大学出版社 1999 年版。

36. 李景森、贾俊玲主编:《劳动法学》,北京大学出版社 2001 年版。

37. 肖海军:《营业权论》,法律出版社 2007 年版。

38. 王惠玲:《成文宪法的比较研究——以 107 部宪法文本为研究对象》,对外经济贸易大学出版社 2010 年版。

39. 孙芝兴等编:《摊贩经济研究》,上海人民出版社 2009 年版。

40. 何永红:《基本权利限制的宪法审查——以审查基准及其类型化为焦点》,法律出版社 2009 年版。

41. 法治斌、董保城:《法治新论》,台北元照出版有限公司 2006 年版。

42. 何春蕤:《性工作:妓权观点》,高雄复文图书出版社 2003 年版。

43. 谢瑞智:《宪法新论》,文笙书局 1999 年版。

44. 黄越钦:《劳动法新论》,中国政法大学出版社 2003 年版。

45. 傅肃良:《中国宪法论》,三民书局有限公司 1991 年版。

46. 黄越钦:《劳动法新论》,翰芦图书出版有限公司 2000 年版。

47. 李震山：《人性尊严与宪法保障》，元照出版公司 2001 年版。

48. 陈新民：《法治国公法学原理与实践》，中国政法大学出版社 2007 年版。

49. 林腾鹞：《行政法总论》，台北三民书局 1999 年版。

50. 陈慈阳：《宪法学》，元照出版公司 2004 年版。

51. 林子仪、叶俊荣、黄昭元、张文贞：《宪法———权力分立》，台北学林出版公司 2003 年版。

52. 李惠宗：《宪法要义》，元照出版公司 2001 年版。

53. 陈慈阳：《宪法学》，元照出版公司 2004 年版。

54. 谢瑞智：《宪法新论》，文笙书局 1999 年版。

55. 焦洪昌、李树忠：《宪法教学案例》，中国政法大学出版社 1999 年版。

56. 李昌麒：《经济法》，法律出版社 2007 年版。

二、译著

1. [美]约翰·罗尔斯：《正义论》，何怀宏等译，中国社会科学出版社 1988 年版。

2. [美]E·博登海默：《法理学——法律哲学与法律方法》，邓正来译，中国政法大学出版社 1999 年版。

3. [美]米尔顿·弗里德曼：《资本主义与自由》，张瑞玉译，商务印书馆 2006 年版。

4. [美]弗里德曼：《选择的共和国——法律、权威与文化》，高鸿钧等译，清华大学出版社 2005 年版。

5. [美]杰罗姆·巴伦等：《美国宪法概论》，刘瑞祥等译，中国社会科学出版社 1995 年版。

6. [美]安·兰德：《自私的德性》，焦晓菊译，华夏出版社 2007 年版。

7. [美]安·兰德：《通往明天的唯一道路》，广西师范大学出版社 2004 年版。

8. [美]哈罗德·J·伯尔曼：《法律与革命》，中国大百科全书出版社 1993 年版。

9. [美]詹姆斯·M·布坎南：《宪法秩序的经济学与伦理学》，朱泱等译，商务印书馆 2008 年版。

10. [美]查尔斯·弗瑞德：《何谓法律：美国最高法院中的宪法》，北京大学出版社 2008 年版。

11. ［美］布坎南:《财产与自由》,韩旭译,中国社会科学出版社 2002 年版。

12. ［美］迈克尔·沃尔泽:《正义诸领域——为多元主义与平等一辩》,褚松燕译,译林出版社 2002 年版。

13. ［美］凯斯·R. 孙斯坦:《自由市场与社会正义》,金朝武等译,中国政法大学出版社 2002 年版。

14. ［美］汉娜·阿伦特:《过去与未来之间》,译林出版社 2011 年版。

15. ［美］霍菲尔德:《基本法律概念》,张书友编译,中国法制出版社 2009 年版。

16. ［美］斯蒂芬·伯特曼:《奥林匹斯山之巅——破译古希腊神话故事》,韩松译,复旦大学出版社 2005 年版。

17. ［澳］布伦南、［美］布坎南:《宪政经济学》,冯克利等译,中国社会科学出版社 2012 年版。

18. ［英］约翰·密尔:《论自由》,商务印书馆 2005 年版。

19. ［英］以赛亚·柏林:《自由论》,胡传胜译,译林出版社 2003 年版。

20. ［英］霍布豪斯:《自由主义》,朱曾文译,商务印书馆 1996 年版。

21. ［英］伯特兰·罗素:《自由之路》,李国山译,文化艺术出版社 2005 年版,第 98 页。

22. ［英］哈耶克:《通往奴役之路》,王明毅、冯兴元等译,中国社会科学出版社 1997 年版。

23. ［英］哈耶克:《自由宪章》,杨玉生、冯兴元等译,中国社会科学出版社 1998 年版。

24. ［英］哈耶克:《法律、立法与自由》(第 2、3 卷),邓正来、张守东、李静冰译,中国大百科全书出版社 2000 年版。

25. ［英］奥格斯:《规制:法律形式与经济学理论》,骆梅英译,中国人民大学出版社 2008 年版。

26. ［英］A. J. M. 米尔恩:《人的权利与人的多样性——人权哲学》,夏勇、张志铭译,中国大百科全书出版社 1995 年版。

27. ［法］孟德斯鸠:《论法的精神》(上),张雁深译,商务印书馆 2009 年版。

28. ［法］托克维尔:《论美国的民主》,商务印书馆 1993 年版。

29. [法]邦雅曼·贡斯当:《古代人的自由与现代人的自由》,商务印书馆 1999 年版。

30. [法]雅克·马里旦:《自然法:理论与实践的反思》,鞠成伟译,中国法制出版社 2009 年版。

31. [法]弗里德里希·巴斯夏:《财产·法律与政府》,秋风译,贵州人民出版社 2003 年版。

32. [德]格尔哈德·帕普克:《知识、自由与秩序》,中国社会科学出版社 2001 年版。

33. [德]韦伯:《经济行动与社会团体》,康乐、简惠美译,广西师范大学出版社 2004 年版。

34. [德]罗尔夫·施托贝尔:《经济宪法与经济行政法》,谢立斌译,商务印书馆 2008 年版。

35. [德]乌茨·施利斯基:《经济公法》,喻文光译,法律出版社 2006 年版。

36. [德]马克斯·韦伯:《新教伦理与资本主义精神》,于晓、陈维纲等译,三联书店 1987 年版。

37. [德]何夫内尔:《基督宗教社会学说》,宁玉译,雷立柏校,华东师范大学出版社 2010 年版。

38. [德]柯武刚,史漫飞:《制度经济学——社会秩序与公共政策》,韩朝华译,商务印书馆 2000 年版。

39. [德]史塔克:《法学、宪法法院审判与基本权利》,许宗力等译,元照出版有限公司 2006 年版。

40. [德]卡尔·拉伦茨:《法学方法论》,商务印书馆 2003 年版。

41. [德]考夫曼:《法律哲学》,刘幸义等译,法律出版社 2004 年版。

42. [德]阿图尔·考夫曼、温弗里德·哈斯默尔主编:《当代法哲学和法律理论导论》,郑永流译,法律出版社 2002 年版。

43. 《马克思恩格斯全集》,人民出版社 1982 年版。

44. [荷]亨利·范·马尔塞文:《成文宪法的比较研究》,陈云生译,华夏出版社 1987 年版。

45. [印]泰戈尔:《吉檀迦利·园丁集》,冰心译,湖南文艺出版社。

46. [印]罗宾德拉纳特·泰戈尔:《人生的亲证》,宫静译,商务印书馆 2005 年版。

47. [印]阿马蒂亚·森:《以自由看待发展》,任赜,于真译,中国人民大学出版社 2002 年版。

48. [意]皮科·米兰多拉:《论人的尊严》,顾超一、樊虹谷译,北京大学出版社 2010 年版。

49. [日]芦部信喜、高桥和之:《宪法》,林来梵、凌维慈、龙绚丽译,北京大学出版社 2006 年版。

50. [日]三浦隆:《实践宪法学》,李力、白云海译,中国人民公安大学出版社,2002 年版。

51. [日]阿部照哉等编著:《宪法(下)—基本人权篇》,周宗宪译,元照出版公司 2001 年版。

52. [日]大须贺明:《生存权论》,法律出版社 2001 年版。

53. [日]山口重克:《市场经济:历史·思想·现在》,张季风等译,社会科学文献出版社 2007 年版。

54. [黎巴嫩]纪伯伦:《先知·沙与沫》,冰心译,湖南文艺出版社 1991 年版。

55. [古希腊]柏拉图:《理想国》,郭斌和、张竹明译,商务印书馆 1986 年版。

56. 《塔木德》,塞尼娅编译,重庆出版社 2008 年版。

三、论文

1. 张东荪:《职业自由的要求》,载《中国现代哲学史资料汇编》(第一集第二册),辽宁大学哲学系中国哲学史研究室 1982 年编。

2. 张岱年:《论价值的层次》,载《中国社会科学》1990 年第 3 期。

3. 喻术红:《反就业歧视法律问题之比较研究》,载《中国法学》2005 年第 1 期。

4. 徐显明:《"基本权利"析》,载《中国法学》1991 年第 6 期。

5. 赵宏:《限制的限制:德国基本权利限制模式的内在机理》,载《法学家》2011 年第 2 期。

6. 高家伟:《论德国行政法的基本观念》,载《比较法研究》1997 年第 3 期。

7. 聂鑫:《宪法基本权利的法律限制问题》,载《中外法学》2007 年第 1 期。

8. 杜承铭:《论工作自由权的宪法权利属性及其实现》,载《武汉大学学报》(社会科学版),2002年第4期。

9. 张学慧、谭红、游文丽:《论选择职业自由》,《同济大学学报》(社会科学版),2008年第6期。

10. 杜强强:《论法人的基本权利主体地位》,载《法学家》2009年第2期。

11. 陈学超:《劳动权性质论——自由主义视野下的初步探讨》,载《南京社会科学》2004年第3期。

12. 谢怀、陈明侠:《宪法确立的劳动法基本原则》,载《劳动法论文集》,法律出版社1985年版。

13. 刘嗣元:《谈市场经济条件下公民劳动权的实现》,载《法商研究》1995年第5期。

14. 韩秀义:《职业权利(权力)与宪政秩序》,载《河南师范大学学报》(哲学社会科学版)2006年第2期。

15. 李星:《马克思的职业思想刍论》,载《党史文苑》2008年第4期。

16. 姚国建:《在合理的差别待遇与歧视之间——论美国平等保护立法的司法审查基准》,载《石河子大学学报(哲学社会科学版)》2007年第5期。

17. 周佑勇、伍劲松:《行政法上的平等原则研究》,载《武汉大学学报》(哲学社会科学版)2007年第4期。

18. 龚群:《论保护少数的权利》,载《中国人民大学学报》2005年第3期。

19. 李惠宗:《德国基本法所保障之职业自由——德国联邦宪法法院有关职业自由保障判决之研究》,载《德国联邦宪法法院裁判选辑》(七),台湾"司法院"1997年编印。

20. 刘建宏:《基本权各论基础讲座(七)——工作权》,载《法学讲座》第23期。

21. 蔡茂寅:《工作权保障与劳动基本权的关系及其特质》,载《律师杂志》第219期。

22. 陈爱娥:《宪法工作权含义之演变——我国与德国法制之比较》,载《"全球化与基本人权:政治学与公法学之对话"学术研讨会论文集》,2003年12月。

23. [日]工藤达朗:《经济自由的违宪审查标准——关于财产权和职业

自由》,童牧之译,韩大元校,载《中外法学》1994 年第 3 期。

24. 许宗力:《宪法与政治》,载《现代国家与宪法》,月旦出版社 1997 年版。

25. 姚立明:《宪法"工作权"之性质——简介西德宪法法院四个代表性判例》,载《中山社会科学季刊》第四卷第二期。

26. 法治斌:《司法审查中之平等权:建构双重基准之研究》,载《法治国家与表意自由》,台北正典出版文化有限公司 2003 年版。

27. 黄昭元:《宪法权利限制的司法审查基准:美国类型化多元基准模式的比较分析》,载《台大法学论丛》第 33 卷第 3 期。

28. 廖元豪:《美国"种族优惠性差别待遇"合宪性之研究——兼论平等原则之真义》,载《东吴大学法律学报》第 9 卷第 2 期。

29. 陈秀峰:《司法审查之基准——"二重基准"论在美日之演变》,载《现代国家与宪法》,元照出版有限公司 1997 年版。

30. 萧文生:《关于职业自由(工作权)之判决》,载《西德联邦宪法法院裁判选辑(一)》,司法周刊杂志社 1990 年版。

31. 蔡宗珍:《营业自由之保障及其限制——"最高行政法院"2005 年 11 月 22 日庭长法官联席会议决议评析》,《台大法学论丛》,第 35 卷第 3 期。

32. 薛华勇:《权利的贫困——宪政视野下的小产权房问题透视》,载《法治研究》2009 年第 7 期。

33. 薛华勇:《基本权利视角下的职业自由——以对"小摊贩"的研究为切入点》,载《河南社会科学》2013 年第 11 期。

34. 薛华勇:《论"职业自由"的价值》,载《福建论坛(人文社会科学版)》2014 年第 8 期。

35. 薛华勇:《"职业自由"之概念解析》,载《东吴法学》2014 年秋季卷。

36. 薛华勇:《美国平等权审查框架下的"嫌疑分类"问题研究》,载《苏州大学学报(哲学社会科学版)》2016 年第 5 期。

四、学位论文

1. 刘建宏:《论人民职业自由之保障——德国基本法第十二条第一项之研究》,台湾辅仁大学法律学研究所 1991 年硕士论文。

2. 林子傑:《人之图像与宪法解释》,台湾大学法律学研究所 2006 年硕士论文。

3. 苏彦图：《立法者的形成余地与违宪审查——审查密度理论的解析与检讨》，台湾大学法律学研究所 1998 年硕士论文。

4. 陈怡凯：《基本权之冲突——以德国法为中心》，台湾大学法律研究所 1995 年硕士论文。

5. 李思仪：《从宪法平等权观点检视有前科者之职业选择自由限制》，台湾大学法律学院法律学系 2007 年硕士论文。

6. 白倩云：《我国村镇银行主发起人法律制度研究》，河北经贸大学 2016 年硕士论文。

五、网站资料

1. 周永坤：《什么是"第三种自由"？》载法律博客：http://guyan.fyfz.cn/b/－－576583.

2. 陈怡如：《从德国职业自由三阶说评析释字第五八四号之问题》，载 http://jyfd0916.googlepages.com/index.htm.

3. 陈爱娥：《宪法工作权含义之演变——我国与德国法制之比较》，载 http://www.law1954.com/article/sort06/info－25094－2html.

4. 《公务员考试第一名难过政审关》，载深圳新闻网：http://www.sznews.com/news/content/2008－04/28/content_2006663.htm.

5. 周永坤：《一项违法悖理的判决》，载法律博客：http://guyan.fyfz.cn/b/583600.

6. 张鸣：《北京公务员招考公然歧视》，载 http://view.news.qq.com/a/20100911/000020.htm.

7. 《复转军人保持优良传统渐成主力军》，载重庆市荣昌法院网：http://rcxfy.chinacourt.org/public/detail.php?id.

六、外文资料

1. J. Rawls. *A Theory of Justice*. Harvard：Harvard University Press, 1971.

2. Thaddeus Mason Pop. Balancing Public Health Against Individual Liberty：The Ethics of Smoking Regulation, 61 U. Pitt. L. Rev. 687, Winter, 2000.

3. Thaddeus Mason Pop. Counting the Dragon's Teeth and Claws: The Definition of Hard Paternalism, 20 Ga. St. U. L. Rev. 667, Spring, 2004.

4. Mark E. Chopko & Michael F. Moses. Assisted Suicide: Still a Wonderful Life? 70 Notre Dame L. Rev. 519. 526,(1995).

5. Apothecary Act Case,7 BVerfGE 377. See D. P. Kommers, The Constitutional Jurisprudence of the Federal Republic of Germany, Durham/London: Duke University Press (1989).

6. John Hart Ely. Facilitating the Representation of Minorities, Democracy and Distrust: A Theory of Judicial Review. Harvard: Harvard University Press, 1980.

7. Bruce A. Ackerman. Beyond the Carolene Products, 98 Harvard Law Review, 1984.

8. Marcy Strauss. Reevaluating Suspect Classifications, Seattle University Law Review, Vol. 35:135, 2011.

9. J. Harvie Wilkinson, The Supreme Court, the Equal Protection Clause and the Three Faces of Constitutional Equality, 61 Va. L. Rew. 1975.

10. Frontiero v. Richardson, 411 U. S. ,1973.

11. Kenji Yoshino, Assimilationist Bias in Equal Protection: The Visibility Presumption and the Case of "Don't Ask, Don't Tell",108 YALE E. J. ,1998.

12. Mathews v. Lucas,427, U. S. , 1976.

13. J. Wieland, GG-Kanmenter(Fn. 4), Art · 12, Rn. 49.

14. Miriam J. Aukerman. The Somewhat Suspect Class: Towards a Constitutional Framework for Evaluating Occupational Restrictions Affecting People with Criminal Records, 57 J. L. SOC'Y , 2005.

15. Reginald C. OH. "A Critical Linguistic Analysis of Equal Protection Doctrine: Are Whites a Suspect Class?" 13 Temp. Pol. &Civ. Rts. L. Rev. 2004.

跋（一）[①]

　　论文完成的一刻，没有预想中的喜悦，没有卸下担子的轻松，甚至没有长途跋涉后的疲惫感，只觉得身陷无际的虚空，被一种孤独与无力感裹挟，很多话涌到嘴边，却忽然失语。回想刚开始毕业论文写作时，左目眼底黄斑病变出血，视力骤降，右目又罹患白内障，以致论文写作不断延宕，久拖之下，身心俱疲。直至今日，勉强完成。忆及写作本身，实在乏善可陈，只是写作过程中老师的煦煦教导、同学的浓浓友情、亲人的默默挂念，才是值得永久铭记的。

　　首先要感谢导师周永坤教授。初识周师，"望之俨然"，继而"接之也温"。周师学者生涯，醉心学术，深究法理，淡泊名利，翩然有出世之风；而以博客济世，激扬文字，鞭挞群丑，悲悯苍生，入世又何其深也！耳提面命七载，所获教益良多。然而虽忝列门墙，却未得深入，有负期望，抱愧至深。

　　杨海坤教授，作为学科点责任人，认真负责，关心学生，对诸后学，多有提携。犹记当年课堂专题讨论，杨师寥寥数语的点评，高屋建瓴，点破迷津，足见学养之深厚。陈立虎教授，治学谨严，宽厚真诚。硕士期间，跟随立虎师攻读国际经济法学。之后，由于个人际遇变化，思想渐趋"形而上"，以为法理学的研究更接近人生的"大事因缘"，遂决定攻读法理方向的博士。立虎师以他惯有的宽容理解并支持我的这种幼稚想法。可时至今日，虽逸出"国经"，却未能深入"法理"，对于立虎师，感激之余又多了一份愧疚。

　　胡玉鸿教授，温柔敦厚，博学多思。虽为院长，事务繁忙，而能偷闲治学，佳作频出，令人称羡而自叹不可学也；古道热肠，提携后进，诗酒烟茶，快意人生，恍然魏晋之风流布于今日。曾听玉鸿师一学期课，课上互递香烟，妙语"胡说"与烟雾共舞，缭绕不绝，思之如在眼前。孙莉教授，真诚豪爽，哲

[①] 本书是在博士论文的基础上整理而成的，就以当初的"后记"为本书的跋语（一）。

人风范,学界誉为法理才女,长于思辨,言谈举止,魅力四射。预答辩中,孙老师对我的论文提出了诸多富有价值的修改意见,仔细思索,受益多多。

导师组的艾永明教授、黄学贤教授、王克稳教授等老师,也给了我诸多的建议,对于论文的修改完善,贡献甚多。法学院的其他老师,学识风范,足以启迪后学,特别是胡亚球书记的幽默爽朗、庞凌师兄的深沉睿智、高积顺教授的士大夫情怀,都丰富了我的人生经验。

写作过程中,同学的友情令人感动。高军担任高校教学副院长,事务繁忙,却一直关心着我的论文写作与发表,殷殷之情,溢于言表;杜学文虽远在太原,仍一直挂念着我的身体状况与写作,不时遥致问候,温暖人心;王琼雯聪慧善良,乐于助人,可惜情感变故,身心憔悴,论文写作也一再延迟。我们境况相似,写作过程中的感受相似,故而有同病相怜之感,因此相互激励、相互督促,终于完成了写作。在此,对琼雯表示由衷的祝福与感谢!师妹赵哲,又兼乡党,热情大方,助人为乐,多次帮我借阅资料、校对稿件。特别是每次从西安回来,都带来家乡特产相赠,不仅饱腹,更慰乡情。写作过程中,李瑰华、汪祥胜、吕尚敏、吴鹏飞、苏治、张今文、赵娴、吕康宁等同学和朋友也都以不同的方式帮助、激励着我,为我论文写作的灰色背景涂抹了温暖的色调。

此外,还要特别感谢王琼雯的母亲章亚君女士,她费心联系了无锡最好的眼科医生为我检查治疗,之后还搜集有关治疗资料,提醒我应该注意的事项。在此向她表达我深深的感激。

亲人的牵挂常常触动内心深处的柔软。少年失怙,作为家庭妇女的母亲,茹苦含辛,培育我们兄妹成人、接受高等教育。母亲一生要强,乐于助人,却从不愿麻烦别人,包括自己的孩子,却一直坚持邮寄各种东西给我们,我无法以现代商业与物流的发达来劝阻她,没有人能阻挡温柔而执拗的母爱。爱妻尤颖,单纯善良,全力支持我的学习与工作,宽容我一度低落的情绪,营造了一个隔绝各种压力的宽松而温馨的家庭环境,在此,向她表达我的歉意与感激。兄长薛华强、嫂子肖云,可爱的小侄女薛潇怡,远在广州的妹妹薛华育一家也都以各种方式关心着我和我的家庭,他们都是我坚持写作的动力。

与法学结缘,纯属偶然。当年高考填报志愿,本想填写中文,在那个工人谈恋爱都要会朗诵几句诗的还算纯真的年代,很多人心中都有一个朦胧的文学梦。可那时的秦地关中,却弥漫着一股"任侠尚武"的风气,就读的高中周围,也常聚集着一些社会混混,对在校学生敲诈勒索,流血群殴是家常便饭。那时候的自己年少轻狂,经常腰悬匕首,袖藏铁棍,曾为朋友义气所激,数度卷入群殴。刀来棍往,全然不惧,事后想起,方觉惊心。母亲忧心不已,因此坚持第一自愿要填报法律系,初衷是让我学法懂法,不致走上犯罪道路。就这样在1991年,我糊里糊涂地踏入法律之门。本科第二年分专业,当时有两个专业:经济法与法学,结果全年级47人超过40人都选择经济法专业,于是那一级我们都成了经济法专业的学生,那时,我还没弄清楚这两个专业之间的区别。从南大毕业后到苏大任教,主要讲授经济法课程,后来又接到国际贸易法的教学任务。为了补充专业知识,就报考了研究生,随陈立虎教授攻读国际经济法。毕业之后几年,渐渐对"技术性"较强的国经专业失去兴趣,而对形而上的哲学、宗教学等兴趣浓厚,觉得这些涉及人生根本问题的学科才是自己的兴趣所在。之后,在任性之中徘徊了几年,报考了周永坤教授的法理学方向博士,蒙周师不弃,收于门下。亲炙教诲,受益匪浅。本欲认真读书,却罹病目之患。博士论文,竟难完成。虽然最终完稿,却不忍翻阅检视。上负师恩,下负己心。不惑之年,一无所成,内心惶恐,数年一日。不幸欤?幸欤?实不知也。

已是深夜,全无睡意,听窗外雨声渐紧。检视以前的诗稿,发现了一首"无题"为名的短诗:时间的丛林里/ 神圣的静谧/ 凝固了一切喧嚣/ 一片叶子/ 从枝头悄然滑落/ 短暂而悠长的叹息/ 淹没了淅淅的春雨。看了一下写作时间,是2000年5月10日。那晚凭窗听雨,距今已经整整十三年矣!

《金刚经》说"无",《弥陀经》说"有"。"但愿空诸所有,慎勿实诸所无。"而菩提本无树,心中又何忧?往者不谏,来者可追。只管老实地走自己的路吧。

是为后记。

薛华勇
2013年5月10日夜
于独墅湖畔香滨水岸

跋（二）

　　三年多前博士论文完成之后，曾有整理成书的想法。本想大幅修改补充，无奈学力不逮而工作压力沉重，竟渐渐生起畏惧之心。后来诸事耽搁、岁月蹉跎，加之病目依旧，延宕既久，更有不忍触碰之感。后来于2015年下半年到台湾东吴大学访学，这才得以暂时撇开繁重的教学压力与家庭琐务，投入较多的时间进行资料的搜集、整理。一段时间之后，书稿渐渐成形。虽然待完善之处尚多，却已无继续修改之力。也许是该告一段落的时候了，以此给自己一种交代，结束长久以来的难以割舍又无法前行，从此开启另外一段学术旅程。

　　几年以来，世事变幻；神州万里，雾霾渐深。彷徨之际，儿子薛唯心诞生。这个情人节出生的孩子，带给了我从未有过的踏实和快乐，也让我在日常的忙碌中修行着自己的人生。去年十月桂花盛开的月夜，曾为他写下这样一首诗：

　　　　你是古老的种子
　　　　绽放的新芽
　　　　是清新的风
　　　　湿润我干涸的眼

　　　　你是月光的纯净
　　　　驱除夜的幽暗
　　　　是十月桂花香
　　　　让我离去又留恋

　　　　你是救赎，是暖
　　　　相伴遥远路途

是药，一点点
　　　去掉我身上的毒
　　也许年轻的生命，能点亮晦暗的人生。也许漫天的灰霾，也终有消散的时候。
　　感恩生命，感恩亲友！

薛华勇

2016 年 10 月 27 日凌晨

于苏州大学东校区文成楼 220 室